公認心理師 ベーシック講座

原田隆之［編著］

司法・犯罪心理学

JN046974

講談社

執筆者一覧 (執筆順)

原田隆之　筑波大学人間系(編著者:1章, 2章)

森田太樹　榎本クリニック(3章)

浦田　洋　甲子園大学心理学部(4章, 9章)

岡田裕子　上智大学ウエルネスセンター(5章)

野村和孝　北里大学医療衛生学部(6章)

蒲生裕司　よしの病院(7章)

嶋田洋徳　早稲田大学人間科学学術院(8章)

浅見祐香　早稲田大学大学院人間科学研究科(8章)

寺田　孝　府中刑務所(9章)

有野雄大　東京保護観察所立川支部(10章)

岩見広一　北海道警察本部刑事部科学捜査研究所(11章)

西中宏吏　早稲田大学人間科学学術院(12章)

相澤雅彦　府中刑務所(13章)

田部井三貴　千葉家庭裁判所佐倉支部(14章)

山田英治　福岡家庭裁判所(14章)

以下のURLに, 章末演習問題の解答, 正誤表等の情報を掲載しています。
https://www.kspub.co.jp/book/detail/5174869.html

はじめに

　日本は世界でも群を抜いて治安のよい国である。しかも，ここ15年以上連続して犯罪件数は減少の一途をたどっている。それは人々の遵法意識の高さ，警察など法執行機関の優秀さなどによるところが大きい。一方で，そうは言っても毎日，この国のどこかで犯罪が起こり，その被害をこうむっている人々がいる。また，厳密には犯罪ではなくても，いじめ，虐待，ストーカー，DV，アディクションなど，たびたび社会問題化する逸脱行動も多い。もちろん，一生犯罪と無縁の人生を送ることができれば，それに越したことはない。しかし，社会の一員として社会に生きるわれわれは，どうしても犯罪という問題から目を逸らすことはできない。

　われわれは，それらをいたずらに恐れ，憎むだけではなく，科学的に分析し，効果的な対処を行うことで対峙していくことが必要である。そして，不幸にしてそのような問題行動の被害者となった人々への支援を行うとともに，加害者側に対しても立ち直りのための支援を行うことによって，社会への再統合を手助けすることが重要である。犯罪心理学はそのような目的を持った応用科学なのである。

　さらに，人間性の理解という意味でも，犯罪心理学は独特の目的を有している。人間にはもちろん美しい面が多々あるが，憎しみや嫉妬，攻撃性のような醜い側面もある。その両面を見ないと人間というものの理解は深まらない。犯罪心理学は，否が応でもそのような人間の醜い側面に直面し，それを追究しようとする学問である。

　このように考えると，ともすれば犯罪心理学という領域は，特殊な領域であり，あまり身近に感じることのできなかった分野であったかもしれないが，実はそうではなく，社会に生きる一人ひとりにとって，そして人間というものに対する探究を深めたい人にとっては，ぜひとも深く学んでほしい一分野なのである。

　本書は「公認心理師ベーシック講座」シリーズの1冊として刊行されたものである。そのため，公認心理師カリキュラムおよび国家試験出題基準（ブループリント）に準拠した教科書として書かれている。執筆者のほぼ全員が公認心理師であり，「公認心理師の会」の会員として，警察，家庭裁判所，矯正機関，保護観察所，医療機関，NPO，大学や研究所などで，日夜最前線で臨床と研究に努めている専門家ばかりである。

　本書は公認心理師の資格を取得するためのテキストとしてはもちろん，公認心理師となった後も，さらに学びを深めるために活用していただけるように，基本的な内容から踏み込んだ専門的な内容まで網羅している。人間の心理や人間社会を一層深く理解するために，犯罪心理学を学んでいただければ幸いである。

2022年8月

原田　隆之

目次

第1部 犯罪心理学の歴史と理論

第 1 章 犯罪心理学とは

1.1節 犯罪の定義

　犯罪は，わが国のみならず世界中で大きな社会問題であり，常に人々の関心を集め続けている。それはまた現代の関心事というにとどまらず，人間の歴史が始まって以来，長く続く問題といってよい。ピンカー（Pinker, S.）の『暴力の人類史』によると，人類の歴史は先史時代からずっと血と暴力で彩られたものであったようだ。たとえば，前国家時代の暴力による死亡は，平均25％近くであったと推定されるという（Pinker, 2012）。つまり，近代的な統治機構を有さない部族社会などでは4人に1人が暴力の犠牲になって死亡していたことになる。20世紀以降になると，その数は1％以下となっているが，これは人類が暴力や犯罪と真摯に対峙して戦ってきた成果である。

　一方，それでも暴力や犯罪はわれわれとわれわれの社会を脅かし続けている。わが国では，犯罪件数は減少の一途をたどっているが，それでも年100万件の犯罪が起こっている。たしかに，殺人や暴力は大幅に減っているが，時代の変化とともに新しい種類の犯罪も生まれている。

　犯罪心理学とはどのような学問かについて議論するまえに，まず犯罪とは何かについて定義しておく必要があるだろう。

　わが国をはじめ現代社会では多くの国が法治国家であるので，犯罪は法との関連で定義される。そこでは，犯罪とは単に法に触れる行為というだけではなく，**「構成要件に該当する違法で有責な行為である」**と定義される。第5章で詳しく解説されるが，構成要件とは，刑罰法規に記載されている犯罪が成立するための要件のことである。しかし，構成要件に該当したといっても違法でない場合がある。たとえば，一般人が拳銃を保有していれば，銃刀

法違反を構成し違法であるが，警察官の場合は違法ではない。また，責任能力も問題となる。小さな子どもが人を傷つけても，子どもには責任能力がないため，犯罪とはならない。このように，法的に犯罪となる行為は，**構成要件該当性，違法性，責任能力**の3つを備えている必要がある。

しかし，犯罪心理学では，法的な定義には必ずしも当てはまらない逸脱行動や問題行動についても，その研究対象とすることがある。たとえば，精神障害者が人を傷つけても，責任能力がないとされた場合，その行為は法的には犯罪ではない。とはいえ，犯罪心理学的には，その行為（触法行為）がどのような背景を有していたのか，本人の病前性格や現在の病気とどのような関連があるのか，再犯防止のために何ができるのか，などといったテーマは大変重要である。

あるいは，法の網目をかいくぐって巧妙になされるいわゆる脱法行為がある。以前「危険ドラッグ」が社会問題になったことがあった。当時，違法薬物とは，さまざまな関連法規によってリストアップされた物質を指すもので，構成要件該当性の観点からそのリストに挙げられていない新たな薬物を使用することは，法的な意味では犯罪ではなかった。そのため，類似の作用をもつが化学的には微妙に組成の異なった新しい薬物を合成し，それを乱用する人々が現れたのである。こうした行為も法的には犯罪ではないが，犯罪心理学では，そこまでしても薬物を使用したい人々の心理とはどのようなものか，それを防止する方法はあるのか，などは重要なテーマになる。

ほかにも目まぐるしく変化する現代社会のなかで，法が社会の変化に追いついていけず，新たな問題行為が現れている現状にある。このような行為のなかにも，法的な定義では犯罪ではないけれども，他人や社会に害を与え，社会の秩序を乱すという意味では，「犯罪」と考えられるケースがある。

さらに，少年非行も犯罪心理学では重要なテーマである。詳しくは第4章で解説されるが，少年非行は**少年法**で定義され，成人による犯罪とは定義が異なっている。そして，非行少年に対する処分や処遇も成人とは大きく異なっている。

したがって，犯罪心理学が対象とする「犯罪」の定義は，法的な定義よりも一層幅広いものである必要がある。したがって，ここでは「犯罪」をさしあたって「個人または集団によってなされ，人，集団，社会に害をもたらす反社会的行為である」と定義しておきたい。

　犯罪を対象とする学問には，犯罪心理学以外にもさまざまなものがある。その違いは，主に犯罪というものをどのような視点から，どのような側面に焦点を当ててとらえるかによる。

　例えば，**犯罪学**は最も包括的で学際的な学問分野といえるが，主として法学の立場から研究している人が多い。とはいえ，心理学者，精神医学者，社会学者など近接領域の専門家も少なくない。**犯罪社会学**は，犯罪心理学と最も近接した領域であるが，どちらかといえば犯罪者個人に焦点を当てるよりも，犯罪を社会的な現象であるとみて，個人への社会的な影響の観点からとらえる学問であるといってよいだろう。**司法精神医学**は，精神鑑定や触法精神障害者の治療や支援などに関連する分野である。さらに，犯罪の生物学的な要因を探究する分野として**犯罪神経学**がある。

　一方，犯罪心理学は社会や集団に焦点を当てることもあるが，やはりその焦点は，個人の心理に当てられている。犯罪に至る人の心理について，パーソナリティ，価値観，態度などに焦点を当て，その人が置かれた背景との相互作用といった側面から，犯罪行動を理解しようとする。

　犯罪心理学は，応用心理学の一分野として発展してきた。そこでは，基礎的な心理学で見い出された人間の心理や行動に関する知識を犯罪行動の理解のために活用するとともに，その予防や対策に活かすことが目的とされている。そして，それによって安全な社会の実現に貢献することが究極の目的である。さらには，犯罪や逸脱行動を通して，人間というものをより深く理解するという目的もあるだろう。

　犯罪心理学のなかにも，より詳細な専門分野がある。これを場面ごとに分類してみると，警察をバックグラウンドとして研究，実践を行っている専門家は，犯罪捜査，自白，証言などをテーマとすることが多い（第11章）。また，裁判の場面で活躍する専門家としては，たとえば家庭裁判所の調査官，鑑定の専門家などが挙げられる（第12章，第14章）。少年矯正の場面では，非行少年の心理や更生に携わる専門家がいる（第4章，第9章）。成人矯正では，同様に犯罪者の心理や更生が主なテーマとなる（第9章）。社会内処遇として，保護観察などを専門とする人々もいる（第10章）。この分野ではまた，犯罪や非行の予防なども重要なテーマとなる。一方，被害者の心理や被害者への支援を専門とする分野もある（第13章）。

これと対応して，犯罪心理学を専門とする者が活躍する職業も多種多様である（**表1.1**）。犯罪心理学の研究者は，主に大学，研究所などで仕事をしている。大学で研究者となるには，大学院で修士や博士の学位を得ることが必要である。また，その専門分野の特性から，警察や矯正の現場経験を経た後に研究者となる者も多い。警察では，科学警察研究所や科学捜査研究所などに犯罪心理学の専門家がいる。全国の家庭裁判所では，家庭裁判所調査官が活躍している。刑事施設（拘置所，刑務所），少年鑑別所，少年院，保護観察所などでは，法務省の公務員として採用された専門家が矯正保護の業務に携わっている。その他，民間の医療機関，被害者支援組織などでも同様に犯罪心理学の専門家が数多く活躍している。

　一方，場面ではなく，対象とする犯罪の種類によって分類することもできる。窃盗，暴力，殺人，薬物，性犯罪，虐待，DV，テロリズム，少年非行など，分類の仕方はさまざまであるが，特定の種類の犯罪をテーマとして研究されることも一般的で，それぞれに専門家がいる。

　このように，横断的にみると，一口に犯罪心理学といっても多様な学問領域であることがわかるだろう。そして，それぞれの専門家が連携しながら，さらには隣接する学問領域と学際的な協力をしながら，犯罪心理学の研究と実践がなされているのである。専門家の連携や職務上の倫理については，第3章で詳しく解説する。

表1.1　犯罪心理学者の仕事

分野	主な職種・職場
研究	大学，研究所
警察	警察官，科学警察研究所，科学捜査研究所
裁判	家庭裁判所調査官
矯正	少年鑑別所（心理技官），刑務所（処遇専門官など）
保護	保護観察官
被害者支援	被害者相談センター，被害者支援NPO
児童福祉	児童相談所
医療	司法観察法指定医療機関，社会復帰調整官

犯罪心理学は応用心理学であるので，その理論を実社会でどう活かすかという実践面に着目することも重要である。このとき重要なのは，科学的研究で見い出されたエビデンスを実務に応用することである。すなわち，エビデンス・ベイスト・プラクティス（Evidence-Based Practice：EBP）である（原田，2015）。

捜査においては，**プロファイリング**をはじめとする科学的捜査手法が取り入れられ成果を上げている。また，被害者や目撃者などから話を聴取する際に，**司法面接**のような技法が用いられるようになっている（第11章）。犯罪者のアセスメントには，かつては専門家による面接や投影法などの心理検査が多用されていたが，これらは主観的になりがちであることに加え，一見科学的に見えてもその妥当性や信頼性には大きな問題がある（Lilienfeld et al., 2003）。したがって，現在では，**リスクアセスメント**などの科学的な方法が広がりつつあり，それによって，再犯リスクの予測精度が格段に高まっている（第6章）。さらに，非行少年や犯罪者の改善更生を図り，再犯予防を目的とする少年院や刑務所，保護観察所などでの処遇にも同様の動きが加速しており，**認知行動療法**などの科学的手法が取り入れられている（第8章）。

A. エビデンス・ベイスト・プラクティス（EBP）とは

EBPとは，科学的な根拠に基づいて，さまざまな実践活動を行うことである。これは医療の分野から始まった動きで，カナダの疫学者ガイヤット（Guyatt, G.）が**エビデンスに基づく医療**（Evidence-Based Medicine：EBM）を提唱したのが最初である（Guyatt, 1991）。それまでの医療では，ともすれば直観，好み，長年の慣行など主観的であいまいなものに基づいて臨床上の意思決定がなされることがあった。しかし，人間はさまざまな認知的エラーに基づく判断の誤りからは自由ではない。それは，どれだけ経験豊富な専門家でも同じである。したがって，効果的で倫理的な医療のためには，質の高い科学的研究によって得られたエビデンスを基にして意思決定することが必須なのである。

サケットら（Sackett et al., 2000）は，EBMには最新最善のエビデンス，患者の背景，臨床技能という3つの要素があることを提唱した（**図1.1**）。

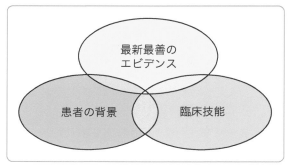

図1.1　EBPの概念（Sackett et al., 2000をもとに作成）

これを犯罪心理学の実践におけるEBPに則して説明してみよう。

i）最新最善のエビデンス

　　研究で得られたデータであれば，何でもエビデンスになるわけではない
し，古い研究知見はすぐに陳腐化する。最新の研究知見を常に実践に際し
て参照するとともに，エビデンスの質を吟味して，クオリティの高いエビ
デンスを実践に取り入れることが重要である。

　　一般に，EBPにおけるエビデンスとはランダム化比較試験（Random-
ized Controlled Trial：RCT）で得られた知見や，複数のRCTのメ
タアナリシスによる知見をいう（コラム）。犯罪心理学分野のメタアナリ
シスには，後述するコクランやキャンベル共同計画のサイトで比較的簡単
にアクセスすることができる。

Column　ランダム化比較試験とメタアナリシス

　エビデンスの質は，それがどのようなデザインの研究で導き出されたものかによっ
て決まる。現時点で，最も質の高いエビデンスはランダム化比較試験（RCT）によっ
て得られたものとされている。RCTとは，研究参加者をランダムに2つ以上の群に
分け，介入群には評価の対象となる介入を実施し，対照群には別の介入を行うことで，
結果にどのような差が出るかを観察する臨床試験である。介入群に有意に望ましい結
果が得られたとすると，その介入には効果があるというエビデンスとなる。とはいえ，
1つのRCTでエビデンスとすることは危険であるので，複数の同様のRCTを検索し，
それを統計的に統合することをメタアナリシスとよぶ。そして，メタアナリシスに
よって書かれた論文をシステマティックレビューとよぶ。これが現時点で最も信頼の
置けるエビデンスだとされている。

ⅱ）患者の背景

犯罪心理学分野では，「患者」に当たるのは，多くの場合犯罪者や非行少年，あるいはその家族である。また，被害者臨床では被害者やその家族が対象となる。EBPにおいては，エビデンスを単に機械的に活用するのではなく，相手の背景を考慮したうえでそれにマッチしたエビデンスを選択することが重要になる。

医療現場では，患者の価値観や希望，好みなどを聞きつつ，エビデンスのある治療方法を丁寧に説明し，実施していくことが重要であるが，犯罪心理学の実践では，それが難しい場面も少なくない。例えば，刑務所においては受刑者に改善指導の受講が義務化されている場合があるし，保護観察においても指導を受けることが遵守事項として定められている場合がある。そこに本人の希望などを取り入れる余地はほとんどない。

しかし，モチベーションのない犯罪者や非行少年に対して，何らかの指導的介入を強引に実施したところで，多くの場合望ましい効果は得られない。例えば，現時点で犯罪者の行動変容に最も効果が高いとされているのは**認知行動療法**であるが，モチベーションのない相手に強引に実施しても，効果が上がらないだけでなく，途中でドロップアウトしてしまうことも考えられる。そのようなときは，相手のモチベーションを考慮に入れて，それにマッチした介入方法を選択することになるが，モチベーションを強化する方法としては，**動機づけ面接**などの方法に多くのエビデンスがある。

ⅲ）臨床技能

EBPにおいては，数々の臨床技能を磨くことも必須である。それには，最新最善のエビデンスを検索し吟味する技能，科学的なアセスメント技能，対人関係技能，エビデンスのある介入を適切に実施する技能などが含まれる。公認心理師法でも，資質向上の責務（第43条）が定められており，公認心理師は常に効果的な業務遂行のために研鑽を積むことが責務なのである。

このように，犯罪者の処遇を担う人々には，科学としての犯罪心理学の理論や知識のうえに臨床的スキルを習得することが求められる。ここで重要になるのは，科学者―実践家モデル（Scientist-practitioner model）という専門家としてのあり方である。このモデルは，実践家は同時に科学者でもある必要があり，科学的な態度を有し，科学的エビデンスに基づいてその業務を行うべきであると説くものである。

B. コクランとキャンベル共同計画

　コクラン（Cochrane）とは，主に医療分野においてメタアナリシスによるシステマティックレビューを作成し，そのエビデンスを医療の専門家だけではなく，患者，その家族，一般の人々，政策決定者などにも届けることを目的とした国際的組織である。その姉妹組織である**キャンベル共同計画**（Campbell Collaboration）は，犯罪心理学を含む社会科学分野のシステマティックレビューをする組織である。これらの組織のウェブサイトでは，メタアナリシスによって見い出された質の高いエビデンスが，専門家でなくても理解できるように簡単に紹介されている。また，日本語での要約などが準備されているレビューもある。キャンベル共同計画によるレビューのタイトルの一例は，**表1.2**のとおりである。

　このように，犯罪のない安全な社会をつくるうえで，最も効果的で合理的な方法とは何かというと，それは間違いなく科学的エビデンスに基づいた方法である。犯罪の対策には，われわれ一人ひとりの生命，身体，財産などの安全がかかっているだけに，そこには確実な効果が求められることはいうまでもない。もちろん，科学も万能ではなく限界がある。とはいえ，主観や印象のような頼りないものに頼って犯罪を理解したつもりになり，効果のない対策をとり続けることは非常に危険である。したがって，現時点で最も確からしい科学的エビデンスに頼ることが，最も賢明な選択なのである。

表1.2　キャンベル共同計画のシステマティックレビューの一例

拘禁的判決と非拘禁的判決：再犯に対する効果
薬物依存者の再犯に対する薬物置換プログラムの効果
反社会的行動と非行への早期の家族／親訓練の効果
拘禁下における薬物乱用治療の犯罪行為に対する効果
街灯の改善：犯罪に対する効果
電子監視の再犯に対する効果
犯罪者に対する認知行動療法プログラム

章末演習問題 ✎

　エビデンス・ベイスト・プラクティスにおいて，メタアナリシスはどのような位置づけになるか説明しなさい。

〈引用文献〉

Guyatt, G. H.（1991）. Evidence-based medicine. ACP Journal Club March/April: A-16.

原田隆之（2015）. 心理職のためのエビデンス・ベイスト・プラクティス入門：エビデンスをまなぶ，つくる，つかう. 金剛出版.

Lilienfeld, S. O., Ritschel, L. A., Lynn, S. J., Cautin, R. L. & Latzman, R. D.（2013）. Why many clinical psychologists are resistant to evidence-based practice: Root causes and constructive remedies. *Clinical Psychology Review*, 33（7）, 883-900.

Pinker, S.（2012）. The Better Angeles of Our Nature: Why Violence Has Declined. New York: Viking.（ピンカー, S.（著）. 幾島幸子・塩原通緒（訳）（2015）. 暴力の人類史. 青土社）

Sackett, D. L., Straus, S. E., Richardson, W. S., Rosenberg, W. & Haynes, R. B.（2000）. Evidence-Based Medicine: How to Practice and Teach EBM. 2nd edition. London: Churchill Livingstone.

第 2 章

犯罪心理学の歴史と理論

　犯罪を理解するために，古代では犯罪とは悪魔や祟りなど超自然的な力の影響によるものと考えていた。宗教と国家が絶対的な権力をもつにいたった中世以降は，犯罪はこれらの権威を脅かす逸脱行為であるとされ，火あぶりや八つ裂きなどの残酷で威嚇的な刑罰が科された。近代になって，市民社会の誕生と科学の発展に伴って，犯罪行動を個人と環境の諸側面からとらえようという動きがみられるようになったが，その理解は必ずしも正確で科学的なものばかりであったとはいえず，さまざまな紆余曲折があった。

　もちろん，現代の犯罪心理学もまだまだ未成熟で多くの課題が残されている。しかし，これまでの犯罪心理学の発展の基盤のうえに，より一層科学的な傾向を強め，犯罪対策など，その実践においても研究によって見い出された科学的エビデンスに基づく対策の実践が重要視されている。

　本章では，古典的な犯罪心理学の理論から現代の理論まで，その潮流をたどっていきたい。

2.1節 ┃ 初期の犯罪心理学研究

A. 犯罪生物学

　犯罪心理学の祖としてたびたび名前が挙げられるのは，19世紀末のイタリアの医師ロンブローゾ（Lombroso, C.）である。彼は，刑務所で医師として働くなかで，数々の犯罪者の診察や処刑された犯罪者の解剖などに携わり，犯罪者には生まれながらに備わった生物学的な特徴（特に身体的特徴）があるという考えにいたった。例えば，犯罪者は頭の形が左右非対称，くぼんだ眼，異常に大きいあごや耳などの特徴を有し，それは進化的に劣った形質であり，隔世遺伝によって「先祖返り」した結果であると述べた。そして，生まれながらのこのような特徴ゆえに，必然的に犯罪者になったのであると説き，**生来性犯罪人説**を唱えた。しかし，このような理論は当時から多くの批判を浴び，結果的にロンブローゾ本人ものちに，その理論を修正するにいたっている。

一方で，犯罪に何らかの遺伝的影響や生物学的影響があることを示唆する証拠も少なくない。たとえば，ゴダード（Goddard, H. H.）が発表したカリカック家のようにその家系に多数の犯罪者を輩出しているようなケースがある。といっても，これは単に結果として家系に犯罪者が多かったということしかいえず，それが遺伝の影響なのか，それとも家族の価値観，態度，対人関係や問題解決のあり方などが代々伝わった結果であり，環境的な要因や学習の結果なのかなどはわからない。

　より科学的に遺伝的要因の重要性を示唆するものとしては，**双生児研究**がある。双生児には，一卵性双生児と二卵性双生児があるが，前者は遺伝情報（DNA）がまったく同一であるのに対し，後者は普通のきょうだい程度の一致度である。同じ環境で育った双生児は，環境的要因がほぼ同一であると考えらえるため，一卵性双生児の反社会的行為一致率が二卵性双生児の2倍程度であったとしたら，そこに遺伝の影響が大きく示唆されるのである。たとえば，ランゲ（Lange, J.）による古典的研究では，一卵性双生児17組と二卵性双生児13組の犯罪一致率を比較した。その結果，一卵性双生児は10組（77％）に犯罪歴があったが，二卵性双生児は2組（12％）にとどまるなど，遺伝の影響を示唆する結果となった。

　しかし，ロンブローゾへの批判が強まったことを受けて，犯罪に対する生物学的研究は一種のタブーとなり，その後の犯罪心理学の研究は，心理的要因や社会的要因に焦点を当てる方向が主流となった。

B. 精神力動論

　精神力動論は**フロイト**（Freud, S）を祖とする精神分析学の理論であり，人間の不適応行動や精神病理を無意識と自我との力動的な関係で説明しようとする。フロイトは，人間の心的機能は本能的なイド（エス），良心の源とされる超自我，そしてそれらの仲立ちをする自我からなると考えていた。イドは快楽原則に沿って行動しようとするため，自らの欲求の赴くままに自己中心的な利益を追求する。その一方，社会化の過程で親のしつけなどが内在化され，超自我が発達する。イドと超自我のバランスをとって現実原則に沿って行動しようとするのが自我である。フロイトは，攻撃性や犯罪などは，衝動的なイドと弱い超自我の結果として生ずるものと考えた。また，フロイトは，人間の本能にはエロスとタナトスの二種類があるとし，前者が生の本能，後者が死の本能であると考えた。自らの快楽を飲み追求するエロスも犯

罪行動を引き起こすものであるが，より攻撃的で病理的な犯罪は死の本能に関連するとされた。フロイトの理論は，19世紀から20世紀にかけて大きな支持を集め，犯罪心理学のみならず，文学や芸術などにも大きな影響を与えたが，これらの理論はあくまで思弁的なもので，実証的支持を得ておらず，現代の犯罪心理学ではもはや過去の理論として受け止められている。

フロイト以後の精神力動論による犯罪理論として，代表的なものにヒーリー（Healy, W.）の非行情動障害論がある。ヒーリーによれば，非行少年は一般少年に比べて，情動的に不安定で衝動的，攻撃的な側面が目立ち，それが非行につながると考えた。このような情動障害の根底には，やはり幼少期の不遇な親子関係や生育環境が想定されている。したがって，ヒーリーは非行少年の改善更生のためには，本人の情動面の治療に加えて，親子関係の改善，親への指導による少年を取り巻く環境の改善が重要だと説いた。

2.2節 ｜ 社会学的犯罪理論

A. 非行地域理論

犯罪や非行の原因として，社会環境を重視する立場を犯罪社会学とよぶ。犯罪研究では，19世紀から20世紀に前半にかけて，犯罪は社会問題の反映であると説く犯罪社会学的研究が隆盛をきわめた。なかでも，アメリカのシカゴ大学の研究者を中心とするシカゴ学派とよばれる人々が活躍した。19世紀初頭のシカゴは，世界中から移民が押し寄せる大都会であり，禁酒法の施行とともにマフィアが酒類の密造などで勢力を拡大していた。

パーク（Park, R.）とバージェス（Burgess, A.）は，人間生態学の観点から，都市が同心円状に発展するにつれて，固有の特徴をもった地域に分かれていくことを見い出した（**図2.1**）。都市の中心には，ビジネス街があり，その隣接した周辺には工業地域と住民の居住地域が広がる。ただし，古くから発展したこの居住地域は老朽化，スラム化しており低所得層の地域となっている。この地域は，絶えず移民などが流入し流動性が高いと同時に犯罪多発地域でもあった。そして，その外側に新たにできた地域に労働者など中間層が居住し，裕福な住民はそのより外側に居住していた。

ショー（Show, C.）とマッケイ（Mackey, H.）は，パークらの理論を非行少年に応用して考察した。その結果，非行少年の多くは，同心円の中心部にある貧困地区に居住し，非行や犯罪もその地域で生じていることを見い

出した。彼らは，非行の大きな要因は，このような環境にあると考え，貧困，コミュニティの解体などがその主たるものであるとした。

B. アノミー理論と緊張理論

アノミーとは19世紀フランスの社会学者デュルケーム（Durkheim, É.）が提唱した概念であるが，社会の急速な変化，社会構造の細分化などによって，個人がバラバラに無秩序になった状態を指している。近代以前の社会は，国家や宗教などが絶対的な権威を有し，個人の欲求は集団を通して達成されるものであった。しかし，国家や宗教

図2.1　同心円理論（Burgess, 1925をもとに作成）

が権威を喪失し，個人化した社会においては，人々は自己の欲求の赴くままに行動し，統制を欠いた社会になると考えられたのである。

マートン（Merton, R.）は，このアノミーの概念を用いて犯罪や非行を説明しようとした。個人化した社会のなかで，人々は社会的成功や富の獲得といった個人的な人生の目標（文化的目標）を抱くようになる。上流階級の人々は，教育，雇用など社会的に容認された手段（制度的手段）によってこれを実現することができる。一方，貧困層の人々は，こうした手段では目標が達成できないため，ストレスや欲求不満を募らせ，それをほかの手段によって達成しようとする。その方法には，**表2.1**のようなものがある。

このうち，反抗はときに反社会的行動に出ることもあるが，おおむね合法的な活動となる。最も犯罪に親和性が高いのは，革新である。つまり，犯罪とは社会的に不利な立場に置かれた下層階級の人々が，人生の目標を達成するために非合法な手段を用いることがあり，それが犯罪の主な原因であると見たのである。マートンは，このような人生の目標と手段の間の緊張関係が犯罪の原因であるとしたため，彼の理論は**緊張理論**ともよばれる。マートンの用語のうち，現在では革新のほうが反抗よりもポジティブな意味でとらえられることが多いので，そのニュアンスの相違には注意が必要である。

表2.1　マートンの緊張理論

革　新	文化的目標を達成するために，非合法な手段を用いることも辞さない
儀礼主義	制度的手段に儀礼的に従うため，目標設定を下げる
逃避主義	目標達成をあきらめる
反　抗	格差のある社会を変革するため，政治的な行動をとる

C. 非行副次文化理論（サブカルチャー理論）

　特定の地域に居住する貧困層や下層階級の人々が，犯罪や非行にいたりやすいと述べた従来の社会学的犯罪理論を一歩進めて，学習心理学的見地を導入したのがサザーランド（Sutherland, E. H.）である。彼は，単に貧困地域や犯罪多発地区に居住すること，社会への不満，緊張などだけが犯罪を誘発するのではなく，そこに居住する人々が，周囲のメインストリームの人々とは「分化」し，そのなかで犯罪傾向のある人々との独特の接触や交流を通して犯罪的な「文化」を学習すると考えた。これを**分化的接触理論**（differential association theory）という。そこで学習され身につけていくものには，犯罪的な価値観，態度，あるいは犯罪の具体的な手口などがある。

　コーエン（Cohen, A. K.）は，やはり下層階級に目を向け，メインストリームの人々に不満や敵意を向けた結果，彼らは非行的なサブカルチャーを形成すると考えた。その非行的な文化のなかでは，規範からの逸脱，粗暴性，反抗的態度，刹那的な快楽主義などが仲間からの賞賛を集めるため，その「文化」に適応する形で非行や犯罪行動に赴くと考えられた。

D. 社会的絆理論と統制理論

　これまでの犯罪学が，「人はなぜ犯罪を行うのか」という問いを立て，それに対する答えを見い出そうとしてきたのに対し，ハーシー（Hirschi, T.）は逆に「人はなぜ犯罪にいたらないのか」という問いから犯罪をとらえようとした。いわば，犯罪の保護要因や抑制要因に着目したのである。

　ハーシーはその**社会的絆理論**のなかで，4つの社会的な絆が人々が犯罪に向かうことを押しとどめるものであると説いた。それは，愛着（attachment），投資（commitment），没入（involvement），信念（belief）である。その概要は**表2.2**のとおりである。こうした社会的絆を有していれ

ば，犯罪行動にいたりにくくなると考えたのである（Hirschi, 1969）。

　さらに，後年になって，ハーシーはゴットフレッドソン（Gottfredson, M. R.）とともに，社会的絆のみならず，自己統制の重要性も強調するようになった。つまり，外からの抑制によってのみ犯罪を行わないのではなく，内的な抑制，すなわち衝動や感情の統制もまた犯罪を抑止すると考えたのである。逆にいえば，社会的絆が弱く，自己統制力が弱い者が，非行や犯罪に赴きやすい人々であり，この点で犯罪の要因における社会的な要因だけではなく，愛着，没入，信念のような態度や価値観，そして自己統制力のような個人的要因，パーソナリティ要因にも着目したところが，それまでの社会的犯罪学理論とは一線を画す特徴である。

表2.2　ハーシーの社会的絆理論

愛　着	家族，友人，恋人などの人々，あるいは地域社会，学校，職場など集団に対する愛情に満ちた結びつき
投　資	学業，仕事など合法的活動に対する時間，エネルギー，資金などの投入とそれに伴う報酬
没　入	学業，仕事，対人関係，余暇活動などの合法的・社会的活動に多忙であること
信　念	社会規範（法，慣習，ルール）などを遵守すべきであるという信念であり，善悪の判断のよりどころ

2.3節　一般的パーソナリティ理論と認知社会的学習理論

A. 一般的パーソナリティ理論

　犯罪の原因を主として犯罪者を取り巻く社会の側に求めたのが犯罪社会学の諸理論であった。もちろん，犯罪には社会のひずみや社会問題が色濃く映し出されることもあるが，ことはそう単純ではない。たとえば，貧困や社会格差が犯罪の原因だったとしても，同じような階級に属し，同じように貧困であっても，犯罪にいたる者とそうでない者がいるのは歴然とした事実である。このような「個人差」を社会学的理論はほとんど説明してくれない。

　一般に心理学では，人間の行動を個体の要因と環境の要因の**相互作用**として説明する。これは適応的行動であっても，犯罪のような不適応的行動であっても同じである。そして，この個体側の要因の主なものが，パーソナリティ要因にほかならない。ハーシーらの提唱した自己統制力もパーソナリ

ティ特性の一つである。このほかにも犯罪のリスクを高めるパーソナリティ
を見い出そうとした研究はたくさんある。

　アイゼンク（Eysenck, H.）は，パーソナリティを外向性，神経症傾向，
精神病質の3次元でとらえるモデルを提唱した。外向性は恐怖条件づけが難
しいゆえに良心の形成が困難であること，神経症傾向は不安が強く感情や行
動の統制が困難であること，そして精神病質は衝動性や情緒性の問題が大き
いことなどから，それぞれ犯罪行動に結びつきやすいとされた。

　グリュック夫妻（Glueck, S. & Glueck, E.）は，犯罪心理学研究にお
ける実証的研究の初期の代表的研究者である。米国ボストンで，非行少年
500人と一般少年500人を対象に，パーソナリティのほか，知能，生活環境，
身体的特徴などについて比較した。そこで非行に関連が見い出されたパーソ
ナリティ特性は，自己主張，攻撃性，反抗性，情緒不安定性などであった。

　ヘア（Hare, R.）は，犯罪に関連するパーソナリティとして**サイコパ
シー**を重視した。サイコパシーとは，対人関係因子，感情因子，ライフスタ
イル因子，反社会性因子からなる逸脱したパーソナリティパターンのことで，
サイコパス・チェックリスト改訂版（PCL-R）によって臨床的に判断され
る（Hare, 2003）。これは，アメリカ精神医学会による「精神障害の診断・
統計マニュアル（DSM-5）」（American Psychiatric Association,
2013）の反社会性パーソナリティ障害と多くの点で共通点があるが，DSM
の基準がより行動的であるのに対し，サイコパシーの症状には共感性や不安
の欠如，冷淡性などの情緒的側面が重視されているなどの相違点がある。

　ボンタとアンドリュース（Bonta, J. & Andrews, D. A.）は，反社会
的パーソナリティパターンが犯罪行動の重要なリスク要因であるとし，それ
には自己統制力欠如とネガティブな感情性の2側面があるとした。後者には，
易怒性，攻撃性，衝動性，敵意，冷淡性などが含まれる。彼らは，現代の犯
罪心理学理論において，一般的パーソナリティ理論と次項で述べる認知社会
的学習理論の重要性を強調した（Bonta, J. & Andrews, D. A., 2017）。

B. 認知社会的学習理論

　行動主義心理学の祖スキナー（Skinner, B.）は，行動に対する結果が望
ましいものであれば，その行動の頻度が増加するという**強化の原理**を提唱し
た。このような報酬による強化によって行動が学習されるわけであるが，そ
れは犯罪行動にも当てはめることができる。例えば，少年が暴力的な行動を

とって仲間から賞賛されれば，その後も粗暴な行動をとりやすくなるだろう
が，逆に仲間から非難されたり，自身が強い罪悪感を抱いたりすると，粗暴
性は減弱すると考えられる。先に紹介した分化的接触理論では，非行集団に
おける犯罪行動の学習という点が重視されていた。

　バンデューラ（Bandura, A.）が提唱した認知社会的学習理論では，直
接的な学習でなく，他人の行動を観察するだけでも学習がなされると述べ，
模倣（モデリング）の重要性を指摘した。彼は，大人が人形に対して攻撃的
な行動をとっている映像を子どもたちに見せ，その後の子どもの行動を観察
した。すると，その様子を見た子どもたちは，攻撃的な言動が増えることが
見い出された。子どもは，親や仲間など周囲の人々の行動の影響を受けなが
ら成長し，そのなかで犯罪行動を含む学習が，こうした個人とそれを取り巻
く社会との相互作用によって行われるのである。

2.4節 ‖ 現代の犯罪理論

　ここまで過去の主な犯罪理論について概観してきた。そのなかには，今で
もその価値を失わず現代の理論に引き継がれているものもあれば，実証的支
持を得ることができずに力を失った理論もある。特に思弁的な理論，少数の
事例から導き出された理論，犯罪事象を単純に観察した結果得られた理論な
どは，その後の研究によって実証的支持を得られていないものがほとんどで
ある。なぜなら，このような方法では，研究者の主観などのバイアスが混入
し，データがゆがめられてしまうからである。

　主に観察的方法に頼った犯罪社会学理論では，貧困や下層階級に属してい
ることが，犯罪の主要なリスクであった。精神力動論では，精神病理が重視
された。たしかに，貧困や精神病理が影響している犯罪は存在する。しかし，
貧困状態にあっても大多数の人は犯罪とは無縁であるし，何らかの精神病理
を有していても大多数の人は犯罪を行わない。事実，現代の日本社会では，
格差が拡大し貧困が大きな社会問題になっているが，犯罪件数は一貫して減
少の一途をたどっている。つまり，ケースによっては，貧困や精神病理は犯
罪の原因の一つにはなるかもしれないが，より重要な要因があると考えるべ
きで，それをこれまでの理論は重視してこなかった可能性がある。

　このような過去の理論の誤りを修正し，より正しい犯罪理解に近づくのは
大規模なデータに基づいた科学的，実証的方法にほかならない。

A. 発達精神病理学

　ニュージーランドのダニーデンという町で1972年から73年に生まれた子ども1,037人を対象として行われている「ダニーデン研究」は，非行を含む行動上の問題や健康上の問題がどのように生じ，変化していくかを追跡調査しており，今でも継続中である。

　この研究を通して，モフィット（Moffitt, T.）は，犯罪者は主に2つの発達的経路をたどるということを見い出した（Moffitt, 1993）。それが，青年期限定反社会性と生涯継続反社会性である（**図2.2**）。**青年期限定反社会性**とは，青年期にのみ非行・犯罪がみられ，成人期以降は特に問題行動がみられないタイプで，青年期の発達課題と深く関係している。青年期の発達課題は，エリクソン（Erickson, E. H.）などによればアイデンティティの確立だといわれている，そのために親や教師からの自立，反抗などがみられる。また，第二次性徴に伴い身体やホルモンバランスが変化し，心身が不安定になる時期でもあり「疾風怒濤の時代」などとよばれることもある。こうしたなかで，非行などの逸脱行動がみられやすくなるが，成人期になるとその傾向は沈静化する。

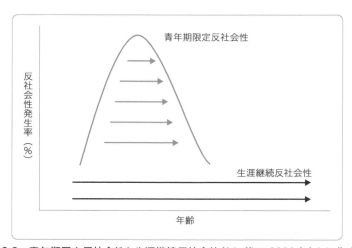

図2.2　青年期限定反社会性と生涯継続反社会性（Moffitt, 2003をもとに作成）

　一方，**生涯継続反社会性**とは，幼少時から問題行動がみられ，それが発達につれて多様化と悪化をくり返し，生涯にわたって犯罪を続けるタイプである。このタイプの犯罪者は，数としては人口の数％程度であるが，世の中の

犯罪の大半に関わることがデータからわかっている。圧倒的に男性が多く，男性が女性より10倍程度多いとされている。発達の早期から問題行動がみられるため，生物学的要因が大きいと考えられているが，それが環境要因と相互作用しながら反社会的行動がエスカレートし，生涯にわたって多様な犯罪に手を染める。

B. 実証的犯罪心理学

ボンタとアンドリュースは，過去に行われた犯罪の関連要因を探究した複数の研究のメタアナリシスを行った。その結果，犯罪の主要なリスクファクターであるセントラル・エイトを提示した（Bonta & Andrews, 2017）。その概要は**表2.3**のとおりである（詳細は第6章を参照）。そこには，貧困，下層階級など，かつての社会学的犯罪理論が重視した要因は含まれていない。また，精神病理や知的障害なども含まれていない。このように，ともすれば思弁的で事例や観察研究に頼りがちであったかつての犯罪学の理論は，大規模データを基にした実証的研究によるエビデンスで大きな修正を余儀なくされたのである。

表2.3　セントラル・エイト

リスクファクター	概　要
犯罪歴	多様な犯罪に早期から関与，多くの逮捕や前歴
反社会的態度	犯罪を好ましいものととらえる態度，価値観，信念，思考
反社会的交友	犯罪的な他者との交友
反社会的パーソナリティ	衝動性，刺激希求性，攻撃性，冷淡性，多様な問題行動
家族	家族の不和・葛藤，指導監督の欠如
学校・仕事	怠学，無職，学校や職場での希薄な対人関係，成績不良
物質使用	アルコールや違法薬物の乱用
余暇活用	向社会的なレジャーへの取り組みができない

C. 犯罪神経学

近年，特に注目を集めている研究分野が，犯罪に関連する脳や神経系など生物学的要因を探究する**犯罪神経学**である。

先に述べたように，犯罪心理学の歴史では，生物学的な研究や遺伝に関する研究は，ロンブローゾ以来長い間タブーであった。生来性犯罪人説では，遺伝的特徴が犯罪性を決めるかのような決定論であり，ともすれば**優生学**（**コラム**）につながる危険性がある。そうした懸念から，これまでの犯罪心理学では，犯罪の社会的要因ばかりが強調されてきた。

　とはいえ，科学としての犯罪心理学は，犯罪という事象に対して開かれた態度で向き合うことが求められることはいうまでもない。生物学的要因をタブー視するのではなく，すべての要因に対して開かれた態度で臨むことが大切なのである。これまでも双生児研究などの知見から，何らかの遺伝要因や生物学的要因がくり返し示唆されていたにもかかわらず，それらを無視し続けていれば，犯罪に対する理解は偏った不十分なものになってしまい，ひいては効果的な対処ができなくなってしまう。このような考え方の変化に伴って，最近では犯罪の生物学的要因に関する研究に注目が集まっている。

　カスピ（Caspi, A.）らは，モノアミン酸化酵素Ａ（MAOA）遺伝子と攻撃性との関連に注目した（Caspi et al., 2002）。MAOA遺伝子とは，神経伝達物質であるセロトニンの代謝に関連する。これには，短形（Ｓ），長形（Ｌ）の二種類があるが，MAOA-Lと攻撃性には大きな関連があることが見い出された。特に，それは虐待など不遇な環境で生育したときに，最も大きな影響が現れる（**図2.3**）。つまり，遺伝による脆弱性が，環境のストレスと相互作用した際に問題が最も発現しやすくなるのであり，このような関連を指して**ストレス脆弱性モデル**（diathesis-stress model）とよばれている。

　レイン（Raine, A）は，犯罪と関連するさまざまな脳神経系の異常を見い出している（Raine, 2013）。なかでも，**大脳辺縁系**の機能的・構造的異常はその最たるものとされている。大脳辺縁系とは，帯状回，視床，脳弓，海馬，扁桃体などからなる部分の総称であるが，特に**扁桃体**の機能異常として，情動のコントロール欠如，攻撃性などが挙げられ，これらは犯罪行動と直結しやすい。自律神経系の異常も反社会性の指標として重要だとされている。自律神経系は，われわれの内臓や血管などの働きをコントロールする神経系で，本人の意思とは独立して働くものであるが，粗暴犯罪者は自律神経系の低覚醒状態にあることがくり返し見い出されている。

　このような脳神経系の異常の原因は，まだ詳しくはわかっていないが，妊娠中の母親の喫煙や飲酒が重要な原因の一つであると考えられている。妊娠

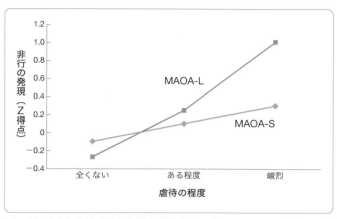

図2.3　MAOAおよび虐待と非行の関連（Caspi et al., 2002をもとに作成）

中の喫煙は，胎児の脳の発達に深刻な害をおよぼすほか，素行障害のリスクを高める。また，妊婦の飲酒の結果生じる胎児性アルコール障害は，学習障害や知的障害を主な症状とするなど，やはり脳の発達に多大な悪影響をおよぼすことがわかっている。つまり，ここにも脳の発達という生物学的要因と母胎の環境という相互作用が見い出されるわけである。

　今後，犯罪の生物学的要因の研究が進むにつれて，それがどのように社会的要因との相互作用によって犯罪行動につながるのかが一層明らかになってくるだろう。そして，それがより効果的な予防や治療につながることが期待される。

Column 優生学

　人類の遺伝的形質を改善することを目指して，劣った遺伝的形質を淘汰し，優秀なもののみを残していこうとする学問を優生学という。19世紀末にイギリスのゴールトンが提唱し，多くの悪名高い政策と結びついたことでも知られる。例えば，ナチスドイツは，優生学に基づき，ユダヤ人，ロマ，同性愛者，精神障害者，犯罪者などを大量殺戮（ホロコースト）したことで知られる。わが国でも，ハンセン病，精神病患者などに強制的に不妊手術をするなどの政策がとられた。現代では，このような特定の集団に対する優生学的政策は，非人道的なものであると厳しく批判され，世界的にもほとんど行われなくなった。

章末演習問題

以下の文を読み，正しいものには○，誤っているものには×をつけなさい。

1 犯罪の要因として，遺伝など生物学的要因を検討することは，非倫理的である。

2 セントラル・エイトは，犯罪の要因として主として小規模な観察研究から導き出されたものである。

3 シカゴ学派の人々は，犯罪の原因として犯罪者のパーソナリティに着目した。

4 ハーシーは犯罪のリスクとして社会的絆の重要性を説いた。

5 カスピは，虐待によってMAOA遺伝子の異常が生じることを見い出した。

〈引用文献〉

American Psychiatric Association (2013). Diagnostic and Statistical Manual of Mental Disorders (5th ed.). American Psychiatric Publication.

Bonta, J. & Andrews, D. A. (2016). The Psychology of Criminal Conduct. (6th edition). Routledge. (ボンタ, J., アンドリュース, D. A. (著). 原田隆之 (訳) (2018). 犯罪行動の心理学. 北大路書房).

Caspi, A., McClay, J., Moffitt, T. E., Mill, J., Martin, J., Craig, I. W., Taylor, A. & Poulton, R. (2002). Role of genotype in the cycle of violence in maltreated children. Science. 297 (5582). 851-854.

Gottfredson, M. R. & Hirschi, T. (1990). A general theory of crime. Stanford University Press. (ゴットフレッドソン, M. R., ハーシー, T. (著). 大渕憲一 (訳) (2018). 犯罪の一般理論：低自己統制シンドローム. 丸善出版).

Hare, R. (2003). The Hare Psychopathy Checklist-Revised (2nd ed.). Multi-Health Systems.

Hirschi, T. (1969). Causes of Delinquency. University of California Press.

Moffitt, T. E. (1993). Adolescence-limited and life-course-persistent antisocial behavior: A developmental taxonomy. Psychological Review, 100 (4). 674-701.

Raine, A. (2013). The Anatomy of Violence: The Biological Roots of Crime. Pantheon Books. (レイン, A. (著). 高橋洋 (訳) (2015). 暴力の解剖学. 紀伊國屋書店).

第 3 章　司法・犯罪分野での公認心理師の活動と連携

本章では，司法・犯罪分野で求められる公認心理師の活動について，主に倫理的事項と連携に焦点を当て説明する。まずは，公認心理師全般に関わる倫理，職責等から確認したい。

3.1節 公認心理師とは

公認心理師は，わが国における心理職初の国家資格である。2015（平成27）年9月9日に**公認心理師法**（以下，「法」）が成立し，2017（平成29）年9月15日に全面施行された。これは，すべての公認心理師の基本となる法律であり，これによって公認心理師の定義，求められる役割，法的義務，

表3.1　公認心理師法概要

一 目的
公認心理師の資格を定めて，その業務の適正を図り，もって国民の心の健康の保持増進に寄与することを目的とする。
二 定義
「公認心理師」とは，公認心理師登録簿への登録を受け，公認心理師の名称を用いて，保健医療，福祉，教育その他の分野において，心理学に関する専門的知識及び技術をもって，次に掲げる行為を行うことを業とする者をいう。
① 心理に関する支援を要する者の心理状態の観察，その結果の分析
② 心理に関する支援を要する者に対する，その心理に関する相談及び助言，指導その他の援助
③ 心理に関する支援を要する者の関係者に対する相談及び助言，指導その他の援助
④ 心の健康に関する知識の普及を図るための教育及び情報の提供
（中略）
四 義務
1 信用失墜行為の禁止
2 秘密保持義務（違反者には罰則）
3 公認心理師は，業務を行うに当たっては，医師，教員その他の関係者との連携を保たねばならず，心理に関する支援を要する者に当該支援に係る主治医があるときは，その指示を受けなければならない。
五 名称使用制限
公認心理師でない者は，公認心理師の名称又は心理師という文字を用いた名称を使用してはならない。（違反者には罰則）　　　　　　　　　　　　　　　　　　（以下略）

罰則などのあらゆることが定められている。法は，本文50条と附則11条からなるが，その要点は「公認心理師法概要（以下，「概要」）」としてまとめられている。以下，この概要を参考にしながら公認心理師の役割，職責等について確認する。

A. 公認心理師の役割と職責

「一　目的」（第1条）および「二　定義」（第2条）によると，公認心理師とは「国民の心の健康の保持増進に寄与する」ために，4つの業務，すなわち①対象者への心理アセスメント，②対象者本人への心理的技法による直接的援助，③対象者の家族および関係者への援助，④教育及び情報の発信を行うよう定められている。一つ注目したいのは，目的にある「国民の心の健康の保持増進に寄与する」という文言である。ここからは，法成立による心理職の国家資格化は，まさに国民のためになされたことがわかる（元永，2018）。

公認心理師として適正な業務を遂行するには，次に述べるような法的義務と倫理がある。これらの法的義務・倫理を遵守し，国民の心の健康の保持増進に寄与するべく上記の業務に務めることが，公認心理師の果たすべき職責である。まず，法に定められている公認心理師の法的義務から確認したい。

B. 公認心理師の法的義務

公認心理師が遵守すべき義務として，「信用失墜行為の禁止」（第40条），「秘密保持義務」（第41条），「多職種連携」（第42条），「資質向上の義務」（第43条）が定められている。

①信用失墜行為の禁止（第40条）

本文第40条は「公認心理師は，公認心理師の信用を傷つけるような行為をしてはならない。」と規定している。信用を傷つけるような行為（信用失墜行為）とは，不法行為や犯罪行為，所属機関における規律違反はいうまでもないが，生活におけるあらゆる不品行なども含まれる。公認心理師たるもの，業務の内外に関わらず自己の行為が，公認心理師全体の社会的信用に影響する可能性があることを自覚するべきである。また不誠実な対応の結果，対象者本人を傷つけることなども，信用失墜行為に当たるだろう。後述する倫理に反する行為は，すべて信用失墜行為に当たると考えてよい。

また「五　名称使用制限」（第44条）にあるように，公認心理師は「**名称独占資格**」の専門職となっている。名称独占資格について厚生労働省は「有資格者以外の者に対して，当該資格の名称を用いて業務を行うことを禁ずることにより，事業主や利用者等にとって質の高い者の選択が容易となる」としている。すなわち名称の使用制限とは，国民が安心して公認心理師を活用できるように定められているのであり，公認心理師としての適正な業務の遂行が強く求められていることを表しているといえるだろう。

②秘密保持義務（第41条）

法第41条には，「公認心理師は，正当な理由がなく，その業務に関して知り得た人の秘密を漏らしてはならない。公認心理師でなくなった後においても，同様とする」とあり，これに違反した者への罰則も規定している。すなわち第46条第1項において，「第41条の規定に違反した者は，1年以下の懲役又は30万円以下の罰金に処する」と定められている。いかに守秘義務が重要な原則であるかがわかる。

一方，条文にある「正当な理由」とは主に「（本人の）承諾がある場合」「法令行為等」「第三者の利益を保護する場合」「緊急避難」である（元永，2018）。「第三者の利益を保護する場合」や「緊急避難」とは，いわゆる自傷・他害の恐れがある場面が想定される。「法令行為等」については，例えば，「児童虐待防止法」で定められた虐待を受けたと思われる児童を発見した際の，福祉事務所や児童相談所への通告義務などがそれに当たる。

③連携義務

法第42条には「連携等」とあり，その第1項には「公認心理師は，その業務を行うに当たっては，その担当する者に対し，保健医療，福祉，教育等が密接な連携の下で総合的かつ適切に提供されるよう，これらを提供する者その他の関係者等との連携を保たなければならない」と定められ，**多職種連携**は法的義務とされている。例えば，非行少年や犯罪者の指導において，再非行・再犯を防止するうえで「社会内処遇」が重要視されており，司法・犯罪分野で他機関との連携はきわめて重要である（後述）。

④資質向上義務

法第43条において，「公認心理師は，国民の心の健康を取り巻く環境の変

化による業務の内容の変化に適応するため，第二条各号に掲げる行為に関する知識及び技能の向上に努めなければならない」とある。司法・犯罪分野に限らず，支援の中ではさまざまな困難に直面する。その際に知識や技術が不足したまま，あるいは我流や自己判断に任せた支援を行うと，それは時に対象者を傷つけることにもつながりうる。また支援者個人がもつ未解決の内的問題や葛藤が，時に援助の妨げとして現れることもある。よって，**スーパービジョン**（以下，「**SV**」）や**教育分析**も含めた自己研鑽と生涯学習が求められており，これは理想ではなく義務として課せられていることを忘れてはならない。

　以上が法によって定められた，すべての公認心理師が果たすべき義務である。では，公認心理師が守るべき倫理的事項は，どのように定められているのだろうか。

C. 公認心理師の職業倫理

　倫理とは，辞書的定義に従えば「人が守るべき道理」であり，「行動の規範となるもの」である。特に，ある特定の職業において共通した行動規範を**職業倫理**という。専門職の職業倫理は，同じ国家資格を保有する者による職能団体によって作成されることが一般的である。公認心理師による職能団体も複数あるが，その中でも全国組織である**一般社団法人公認心理師の会**が2022年6月に定めた倫理綱領がある。そこには公認心理師の遵守すべき倫理として，計10項が定められている（**表3.2**）。本文の各項目から読み取れるように，公認心理師の倫理は，対象者の人格を尊重し，彼らに対して最大限の援助を行うための行動規範として定められている。内容の詳細は表3.2を参照し，ここでは要点を以下のようにまとめて説明する。なお，これは同会に属する公認心理師が守るべき倫理であるが，すべての公認心理師や心理専門職にも当てはまると考えられるため，これを元にしながら公認心理師の職業倫理について解説する。

i）公認心理師の基本的態度と望ましい支援関係について

　倫理綱領の4および6は，公認心理師に求められる態度と，支援対象者との関係性について規定している。公認心理師は心理支援において，対象者の個別性，すなわち個々人の人格を尊重し，誠意と使命感を持って，彼らの利益のために最善を尽くすことが求められる。そのためには，支援において彼らの安全を最優先する事，そして対象者との間に，心理支援のた

表3.2　一般社団法人公認心理師の会　倫理綱領

一般社団法人公認心理師の会・倫理綱領

当会に所属する公認心理師が遵守すべき倫理指針について，以下に示す。

1. 公認心理師は，人間についての深い認識と豊かな人間性を背景として，人間の健康な生活を守る使命感，責任感及び倫理観を有し，職責と倫理を十分に自覚し，公認心理師としての義務及び法令を遵守する。
2. 公認心理師は，保健医療，福祉，教育，司法・犯罪，産業・労働，その他の分野において，専門的知識と技能を身につける意欲と態度をつねに持ち，自己研鑽を続ける。
3. 公認心理師は，変化し続ける現場環境の中で，自ら幅広く多様な情報を収集し，経験を踏まえつつも，適切な心理学の知見とエビデンス（科学的根拠）の選択によって，課題解決に向けた対応を行う。
4. 公認心理師は，支援対象者が有する多様な背景に基づく個別性を常に尊重し，支援対象者と良好な関係性を構築するようなコミュニケーション能力を持つ。
5. 公認心理師は，多職種連携による支援の意義を理解し，その一員として積極的に行動することを心がける。
6. 公認心理師は，支援対象者の安全を最優先し，支援対象者の主体性を重視しながら，その者を中心とした意思決定を支援する。
7. 公認心理師は，社会から求められる役割を自覚し，地域における支援対象者とその関係者の心理的支援を行うことを通じて社会に貢献する。
8. 公認心理師は，科学者－実践家モデルの意義を理解し，常に自身の学術的研鑽を怠らぬよう努めると共に，科学としての心理学の学術的発展に積極的に協力する。
9. 公認心理師は，科学の進歩や社会的価値の変化にともなって求められる役割に対応していくために，生涯にわたり自己研鑽によって能力の開発・維持・向上に努める。
10. 公認心理師は，心理的支援における教育的側面を理解するとともに，将来の公認心理師の質向上のために，教育能力およびその意欲を維持する。

（出典：倫理・職責・関連法規委員会）

めの良好な信頼関係を築くことが重要である。当然のことだが，対象者に対する差別，暴力，または心理的に傷つける言動をとる事は決して許されない。丹野（2018）は，良好な信頼関係を築くための基本的姿勢として，傾聴（よく相手の話を聞くこと）・受容（相手の話を批判しないで，相手の存在を尊重すること）・共感（相手の立場に立ち，相手の身になってものを見たり感じたりできること）・表現（相手と自分の感情が確かに一致するか確かめる操作）を挙げている。

　要支援者との信頼関係の構築が求められる一方で，公認心理師は要支援者と**多重関係**に陥らないよう，留意するべきである。心理的支援のうえで望ましい信頼関係とは，単に対象者と親しく接することではない。対象者にとって安全で適切な心理的援助を行うためには，あくまでも「支援者―要支援者」の範囲で，望ましい関係を構築するべきである。つまり対象者との間で個人的関係に発展することはあってはならず，その期待を抱かせるような言動（例：必要以上の個人情報の開示，会食，贈答など）も慎む

べきである。

　支援対象者の安全を保障し，信頼関係を保つためには，法的義務にも定められていた「**秘密保持義務（守秘義務）**」を厳守することが大前提となる。丹野（2018）のいうように，秘密が守られるという保証があってはじめて自分の抱えている問題などを打ち明けることができ，安心して支援を受けることができる。守秘義務を破ることは，要支援者の信頼を裏切り，当人を深く傷つけることとなる。また秘密や個人情報の漏洩によって，対象者に社会的な実害を与えることもありうる。後述するように，公認心理師は学術的発展に貢献することも倫理として定められているが，出版や研究成果の発表の際も，例えば個人が特定されることのないように厳重な配慮をすること，事前に対象者に個人情報の取り扱いについて十分な説明と同意を得ることが求められる。

　また，「6．公認心理師は，（中略）その者を中心とした意思決定を支援する」とあるように，支援の場では常に対象者の**自己決定権**を尊重する事が求められる。つまり，望ましい援助の方向性を決めるのは基本的に対象者本人であって，公認心理師（支援者側）の独断ではない。そのため，支援者側の一方的な価値観や個人的感情に基づいた介入は望ましくない。対象者の自立性・自己決定権を保証しつつ，支援者との間に望ましい治療関係を結ぶには，インフォームド・コンセントが重要となる。これは心理支援の内容や支援にかかる時間，料金などに関して，十分かつ適切な説明を行い，同意を得たうえで支援を行うことである。

ⅱ）多職種連携，自己研鑽・資質向上，社会的貢献

　倫理綱領の5では「多職種・他機関との連携」を，2と3，ならびに8と9では「自己研鑽」及び「専門家としての資質向上」に関して規定している。これらの「多職種・地域連携」「資質向上」は倫理としてのみではなく，法的義務としても定められていることは，すでに説明した通りである。

　特に「自己研鑽」「資質向上」について，公認心理師の会の倫理綱領では，エビデンス（科学的根拠）に基づいた技能の獲得，および学術的研鑽を重要視している。対象者に対し適切かつ安全な援助を行うためには，的確かつ最新のエビデンスに基づいた情報や支援内容を提供するべきである。よって心理師は，常に主体的学習に努め最新のエビデンスを収集することはもちろん，科学的根拠に基づいた新たな心理学理論や治療技法の確立に

寄与すべく，学術研究に励むことが求められる。

　最後に，倫理綱領の7に「公認心理師は，社会から求められる役割を自覚し（中略）社会に貢献する」とある。法の説明ですでに述べたように，公認心理師は国民の心の健康の保持増進に寄与するために成立した資格である。今までに述べたあらゆる法的義務および倫理を遵守し，適切な援助を提供することで，社会的貢献をすることが公認心理師には求められている。

　以上が，すべての公認心理師に求められる活動と職責である。続いて，司法・犯罪分野における公認心理師の活動について述べる。

3.2節 司法・犯罪分野における公認心理師の活動

　公認心理師の活動領域は，主に①保健医療，②福祉，③教育，④司法・犯罪，⑤産業・労働の5分野となる。その中で司法・犯罪分野に求められる公認心理師の役割とは，主に「司法・犯罪分野においては，犯罪や非行をした者について、犯罪や非行に至る原因や心理の分析、再犯・再非行のリスク評価、矯正・更生のための指導・助言，処遇プログラムの提供等を行う」ことである（公認心理師カリキュラム等検討会報告書，2017）。すなわち，心理検査や面接を通じた非行・犯罪のリスクアセスメントや，それに基づいた適切な矯正指導，処遇プログラムの運営が中心となる。

　例えば，法務省専門職員である**心理技官（矯正心理専門職）**を例に挙げる。心理技官は，少年鑑別所や少年院，刑務所に配属される。少年鑑別所に配属された心理技官は，面接や心理検査などを通じ，少年の心身の状況および少年が非行に至ったプロセスのアセスメントを行い，改善更生に向けた矯正教育の方法を提案する。また刑務所に勤める心理技官の場合も同様に，面接や心理検査を通じて，受刑者の再犯リスクおよび刑務作業の適性などについてアセスメントをする。さらに，薬物依存者や性犯罪者に対して，施設内で**特別改善指導**として，認知行動療法などの更生プログラムを実施することもある。

　このように，司法・犯罪分野に関する業務に携わる場合，公的機関に所属することが一般的となる。一方で，民間の医療機関などに勤める公認心理師が，非行のある少年や犯罪行為を行った者に対する心理的援助に携わることもある。次節では，司法・犯罪分野での活動に関する倫理について説明する。

これまで説明した倫理・法的義務は活動分野にかかわらず，すべての公認心理師が負うものである。よって司法・犯罪臨床で求められる倫理は，他の臨床活動の分野と基本的には変わらない。しかしながら，司法・犯罪臨床に特有であろう倫理的配慮があることも事実である。ここでは先に述べた倫理の中でも，「心理師としての態度」「自己研鑽・資質向上義務」「守秘義務と個人情報の取り扱い」に焦点を絞って，司法・犯罪臨床に特徴的な倫理について説明したい。

A. 心理師としての態度

倫理綱領にもあるように，対象者の人間性と価値観を尊重し，受容と共感をもって接することで望ましい信頼関係を築くことは，心理的援助を効果的に行ううえで，基本かつ最重要である。しかし，この基本となる心理師の態度は，支援の対象が非行のある少年や犯罪加害者である場合も，同様なのだろうか。

すなわち，彼らは非行や犯罪に至った者である以上，法や社会規範を破り，その内容によっては直接他者を傷つけたという事実がある。また犯罪加害者の多くは，その犯罪行動の背後に，特有の**「認知の歪み」**を有していることが通常である。ここでいう認知の歪みとは，端的にいえば自らの犯罪行動を許容する，もしくは犯罪行動にかかる責任や罪悪感を薄めるように働く，主観的な認知の枠組みあるいは信念のことである。すると司法・犯罪臨床での支援対象者とは，誤った信念（価値観）に基づき判断した結果，他者や社会に対して危害を加える，非行・犯罪という許容せざるべき行為に及んだ者たちである，ということになる。すると，果たして司法・犯罪臨床でも同様に受容や共感を示すべきなのだろうか，それは彼らの誤った信念や犯罪行動を許容することになりうるのではないのだろうか，といった疑問や迷いが生まれる。

実際，歴史的に司法・犯罪臨床の場面では，受容や共感といった態度よりも犯罪加害者の持つ問題への直面化を重視するアプローチが推奨されてきた（朝比奈，2017）。すなわち，犯罪加害者が自らの責任や再犯リスクを軽視するような発言があれば毅然とした態度でそれを指摘し，彼らのもつ問題へ直面化することが優先されていたのである。これは，「加害者が自分の過ち

を完全に認めることなくして将来を志向することは許されない，という道義的な判断を反映している」と朝比奈（2017）は説明している。

　ではやはり司法・犯罪臨床では，心理師は支援対象者に対し常に厳格に接し，彼らの行動と認識の誤りを逐一指摘し，時には厳しく非難することが効果的なのかといわれれば，そこにもまた疑問があるはずである。実際に朝比奈は，直面化を重要視するアプローチについて，「裏を返せば，道義的に正しいこと，感覚的に正しいことを行っていれば再犯が減るはずであるという期待にのみ基づいた，危険な実務の例として捉えることができる」とし，さらに「実際には，セラピストのこうした態度が，クライエントとの共同関係の構築を難しくしたことは容易に想像される」と，その問題を指摘している。

　確かに認知の歪みに対する洞察と修正は，治療における重要なテーマとなる。また（一般的な意味での）倫理や被害者の心情を考慮しても，加害行為に対する責任を軽視することや，加害行為を許容するような言動を，心理師は肯定するべきではない。これについて原田（2015）は司法・犯罪臨床における重要なルールの1つとして，「（心理師は）適応的な行動モデルとなること」を挙げており，明確に「犯罪を許容しない」という態度を示すべきであると説明している。しかし同時に，これは普段から温かく受容してくれるセラピストが指摘するからこそ効果があると述べ，「対象者とセラピストの間に温かい受容的な関係を構築すること」が，何よりも重要なルールであるとしている。なお，もう1つのルールは「セラピストは常に権威であること」であり，権威であることとは決して尊大な態度をとることや，高圧的に振る舞うことを意味するわけではなく，犯罪からどのようにして立ち直るのか，そしてなにをすればよいのかを熟知した，専門家としての毅然とした態度で支援に臨むということであるとしている。これも，支援対象者との信頼関係がまず土台にあることで成立する。

　また，朝比奈（2017）は，認知の歪みは受け入れがたい現実に直面した際に誰にでも起こりうる「否認」という心理機制から強固になっていくと説明し，「自らの認知をゆがませる必要性が低下してはじめて，彼らは実際に自分が行ったことと，その影響の大きさを，受け止めることができるようになる」と述べている。

　以上のことから，司法・犯罪臨床でも他の領域と同様に，対象者への受容と共感的理解に努め，信頼関係を構築することが最重要であることがわかる。セラピストとの間に信頼関係が成立しているからこそ，犯罪加害者もセラピ

ストの毅然とした態度や指摘を受け入れることができる。かつ犯罪加害者ら
が自らを受容され尊重されていると感じていれば，自身の問題に直面化する
際に「自らの人間性すべてが否定されるわけではないのだ」と認識し，安心
して必要な内省に取り組むことができる。支援対象が犯罪加害者であっても，
頭ごなしに認知の歪みを指摘し直面化させることや，セラピストから感情的
な叱責をすることは心理的援助において有害であるだけでなく，支援対象者
を傷つけることとなり，これは倫理違反となりうる。また，それがきっかけ
となって支援が中断するようなことになれば，そもそも支援者としての責任
を果たせなくなる。

　すると，冒頭に述べた「司法・犯罪臨床で受容や共感を示すことは，彼ら
の誤った信念や犯罪行動を許容することになり得るのではないのだろうか」
といった疑問に対しても，一つの答えが導き出される。原田（2015）も述
べるように，治療場面での望ましくない言動に対して，それをただ「そうで
すね」と肯定するのは単なる迎合であり，受容ではない。犯罪の加害者であ
る支援対象者を尊重し受容することと，「犯罪を許容しない」という態度を
示すことは明確に異なることであり，両立可能である。

　また門本（2019）が司法・犯罪臨床の対象者について，「『悪い事をした』
ために社会から“not OK”と言われた人たちであり，“I am OK”からほ
ど遠い所にいる」と述べているように，犯罪加害者の多くは否定的自己像を
抱え，他者との信頼関係の構築を求めつつも，諦めていることも少なくない。
すると，援助の中でセラピストから受容される経験は，彼らにとって大きな
意味をもつ。セラピストとの間に信頼関係を築く経験は，その後の適応的な
対人関係のモデルとなるだろう。そういった意味では，司法・犯罪臨床にお
ける受容的関わりは，他の分野以上に重要といえるかもしれない。

B. 自己研鑽・資質向上義務（心理師の内省とSVの必要性）

　しかしながら，司法・犯罪臨床の中では要支援者に対して常に受容・共感
をもって接することは，容易ではないことも事実である。例えば，犯罪加害
者が自分の責任を矮小化したり，被害者を軽視するような発言に直面した時
など，心理師側は強い悪感情が惹起されてしまうことがあるだろう。
　朝比奈（2017）は，「性犯罪者に関わるセラピストも，『性犯罪者』に対
する嫌悪感から逃れることはできない」とし，性犯罪加害者が行った個々の
事案が喚起する悪感情は，完全にコントロールすることは困難であると述べ

ている。そのうえで，「完全なコントロールが不可能である以上，セラピーを行なううえでこの悪感情がさまざまな影響をもたらしていることを十分に認識して，実務に当たることが必要である」と説明している。すなわち，司法・犯罪臨床にあたるセラピストは，自身の中の悪感情がなぜ，どのように惹起されるのか，そしてどのように取り扱うべきなのか，日々内省に努める必要がある。

　門本（2019）は，こうした司法・犯罪臨床における心理師の悪感情の生起について，支援者がもつ善意や愛他的な動機の，否定的側面から説明している。つまり「人の役に立ちたい」という思いは，裏を返せば「弱者の守護者になりたい願望」や「自己の"善性"を確認しようとする動機」といった利己的な側面をもち，援助職に就く人たちには，自分の期待や欲求を満足させたい動機があることを指摘している。

　しかし司法・犯罪臨床では，こうした心理師の期待や欲求が思うように得られない場面が多い。対象者らは，心理師が信用に足る人物か試すかのように，しばしば言いがかりや嘲笑，あるいは無視などの挑発的行動をとることがある。すると心理師は援助開始当初の「善意」がねじ曲げられたように感じ，対象者への嫌悪感を意識する。

　特に，司法・犯罪臨床の支援対象者は，非行や犯罪という「悪い行い」に至った者たちであるため，相対する心理師には「更生」や「正義」という意識が働きやすい（門本，2019）。すると心理師は，本来は自身の嫌悪感に基づいた感情的な言動であっても，例えば対象者の罪や非を必要以上に厳しく追及するような言動でも，それを「更生のため」や「正義のため」という考えによって正当化しやすいという危険をはらんでいる。結果，支援場面で対象者と行われる会話は，相手の非や負けを認めさせるためのやりとりになっていき，信頼関係や本来の目的が失われやすい。

　加えて，セラピスト側のもつ愛他的・救済的願望は，時に加害者たちの依存願望と結びつくことがある。すると，そのような関係性に基づく支援では，対象者に「助けがないと何もできない」という無力感を与えることがある。そして心理師側は「親切な援助者でなければ他者から必要とされない」という不安を抱きやすくなり，両者にとって望ましくない結果をもたらす。

　このように，司法・犯罪臨床での支援者側への悪感情の発生や，治療関係の破綻とは，何も支援対象者の属性や態度だけに原因があるのではない。そこには，支援者のもつさまざまな利己的な期待や欲求（例えば，自身の善性

を証明することなど）が関わっている。司法・犯罪臨床において適切かつ円滑な支援を行うためには，支援者のもつ愛他的な「美しい」動機の裏に隠された，独善性やずるさといった，自らの持つ様々な負の一面を自覚する必要がある。こうした作業はつらく抵抗感を抱くことが一般的であるが，心理師はそれに怠惰であってはならない（門本，2019）。以上のことから，加害者臨床では他の臨床現場以上に，心理師の自身の内省，あるいは教育分析やSVによる自己研鑽が重要であることが理解できる。

C. 守秘義務と個人情報の取り扱い

　先述したように，守秘義務は法第41条にて「秘密保持義務」として定められており，違反者に対する罰則も規定されている。すなわち，心理師に課せられた義務の中でも，極めて重要性が高い原則である。

　司法・犯罪臨床で取り扱う個人情報には，必ず支援対象者の「非行・犯罪歴」が含まれる。よって他の分野とは異なる意味で，あるいは他の分野以上に，守秘義務が重要となる。いうまでもなく彼らの非行・犯罪行為の経歴等とは，通常は誰にも打ち明けられない，知られたくない性質のものである。特に医療場面のように社会内で行われる司法・犯罪臨床では，対象者は自身の過去がいつ周囲に発覚してしまうのか，強い不安を抱きながら生活をしていることが通常である。そうした重大な秘密を治療場面で打ち明けてくれるのは，彼らのもつ非行・犯罪から立ち直ろうという前向きな動機づけと，支援に当たる心理師に対する信頼があるからである。それゆえに，万が一個人情報の取り扱いに不足があり，守秘義務に反するような行為を心理師が行ってしまった場合，それは彼らの示した勇気と，心理師に寄せた信用に対する重大な裏切りであり，彼らを深く傷つけることとなる。結果，公認心理師全般や治療行為のみならず，あらゆる人間関係に対する不信感をより一層深め，彼らの更生の機会を奪うことにもつながりかねない。

　また非行・犯罪歴の漏洩は，彼らの向社会的なつながり（例えば友人，家族，仕事など）を壊し，生活を脅かすことにもなりうる。例えば職場に知られてしまえば，その職場内で仕事を続けることが困難になり，離職せざるをえなくなるかもしれない。ボンタとアンドリュース（Bonta & Andrews, 2017）が提唱する**セントラル・エイト**という主要な犯罪のリスク要因には，「反社会的交友関係」「家族・夫婦」「学校・仕事」「レジャー・レクリエーション」の因子が含まれており，これらの向社会的なつながりの喪失は，再

犯リスクに直結する。このように，科学的エビデンスから見ても，加害者臨床では要支援者の個人情報の取り扱いは，通常以上に厳重かつ慎重になされるべきである。

　しかしながら，司法・犯罪臨床で守秘義務の問題に対して心理師が葛藤を抱える場面は少なくない。例えば，治療中に対象者が再犯に至ってしまった場合である。残念ながら，犯罪行動が薬物依存や窃盗症，パラフィリア障害などの嗜癖的様相をもっている場合，治療中の再犯は，しばしば起こりうる。その結果，対象者が逮捕され刑事事件として立件されると，警察や司法機関から，本人の治療内容や症状に関する照会を依頼されることがある。これは，先に説明した守秘義務が解除される一例の「法令行為等」に該当するだろう。一方，ただちに自傷・他害，あるいは生命に関わる事態につながらないケースで，治療内容などを他機関に提供する必要がある場合は，その必要性を本人へ説明し，同意を得たうえで行われることが望ましい。

3.4節　司法・犯罪分野における公認心理師の連携

　すでに説明したように，公認心理師において他領域との連携は法的義務である。そして司法・犯罪分野，とくに加害者臨床における最大の目的である「対象者の再非行・再犯の防止」においては，他領域との連携が必須となる。

A. 社会内処遇の重要性

　社会内で非行少年や犯罪者の改善更生を助けることを更生保護あるいは社会内処遇とよび（第10章参照），一方刑事施設や少年院に収容し処遇することを施設内処遇という（第9章参照）。再非行・再犯防止，法と社会的秩序の維持などの観点から，どちらの処遇も非行・犯罪をした者に対してなくてはならないものであるが，再非行・再犯の抑止という側面でいえば，前者の社会的処遇の方がより重要性が高い。特に成人の再犯抑止においては，いたずらに厳重な処罰を与えるより，適切なヒューマンサービスを提供すること，そして社会の中で治療を提供することのほうが明確に再犯抑止に効果があり，費用対効果も高いという確かなエビデンスがある（Bonta & Andrews, 2017）。犯罪行動の主要なリスク要因（セントラル・エイト）の中に，向社会的なつながりの欠如が含まれていることもすでに述べた。こうしたことからも，再非行・再犯の抑止には，彼らを排除するのではなく，いかにして

再び社会の一員として迎え入れるかが重要である。

　わが国の更生保護の担い手の中心は，法務省所属の国家公務員である保護観察官である。しかし，非行のある少年や犯罪をした者を，再び社会の一員として迎え入れるという更生保護の目的を達成するには，実際には民間・公的機関を問わず，多くの職種や機関が関わっていく必要がある。2016（平成28）年に施行された「再犯の防止等の推進に関する法律（**再犯防止推進法**）」にある「再犯防止推進計画」の中に，「犯罪をした者等の社会における職業・住居の確保，保健医療・福祉サービスの利用に係る支援に関する事項」が掲げられていることからも，彼らの社会復帰の為には保健医療サービス，福祉的援助，就労支援などの総合的援助と，各機関の密な連携が欠かせないことがわかる。ここでは，社会内処遇において医療や福祉がどのように関わるのか，その一例を挙げたい。

B. 社会内処遇における医療・福祉の役割

〈事例〉　50代男性のAさんは，違法薬物の使用により，逮捕と受刑をくり返していた。その過程で，実家の両親をはじめ，近しい親族との関係は失われてしまい，孤独の身となった。3度目の受刑を終えた後，どうにか再就職をしたものの，違法薬物の使用は止まらず，給料の多くは薬物を購入することに費やした。結果，家賃を支払うことができなくなり，仕事でもミスが続き，夜逃げ同然のように家を出た。そして路上生活をしばらく続けた後，区の福祉事務所に頼り，**生活保護**が受給されることとなった。

　担当となった**生活保護ケースワーカー**は，違法薬物によって心身と生活状態が乱れたAさんの現状では，就労はおろか単身での日常生活を営むことも困難であると判断し，保護施設の一つである**更生施設**へ入所させた。そして薬物依存症を治療するため，専門の医療機関を受診するよう勧めた。Aさん自身も，違法薬物の使用によりあらゆるものを失ったことで，二度とこのような思いはしたくないと強く再起を誓い，専門の精神科クリニックを受診した。

　Aさんは薬物依存症治療のため，精神科デイケアへ通院することとなった。当初は週5日間の頻度で通院を開始した。毎日決められた時間に通院することで，徐々に健全な生活リズムを取り戻していった。そして集団認知行動療法を始めとした各種プログラムから，違法薬物の渇望に対する多くの対処方法を学習していった。安定した生活習慣と，自力での社会生活への自信を取り戻したAさんは，精神科主治医や心理師，生活保護ケースワーカー，更生施設職員とのカンファレンスを経て，更生施設からアパートでの独居を開始した。また，年内には再就職のための活動を開始するつもりだが，その際はまず**協力雇用主**を頼る方針である。

　上記は架空の事例であるが，再犯を繰り返していた刑務所出所者を社会内

で他職種連携のもと支援する場合の典型例である。再犯を防止し，社会復帰を支援するうえで，この事例では医療と福祉が大きく関わっていた。まずAさんは薬物依存症であり，再犯防止のためには，専門的な治療を必要としていた。逆にいえば専門的治療が行われない限り，Aさんは今後も薬物問題をくり返し，自己や社会に望ましくない結果を与え続けることになっただろう。

　再犯をくり返す加害者の中には，医療的対応が必要となるものが少なくない。それは統合失調症のように**医療観察法**（第5章参照）の対象となるケースも含まれるが，中には犯罪行動の反復そのものに，精神医学的診断が付されている場合もある。

　代表的なものは本事例のような薬物依存症であり，覚醒剤や大麻，危険ドラッグといった薬物事犯の多くは，再使用を防ぐには医療的支援が必要となる。また，万引きや性犯罪の反復に対しても，精神医学的診断が下される場合がある。DSM-5において，前者は**クレプトマニア**（**窃盗症**），後者は**パラフィリア障害群**という診断名で記載されている（**コラム**）。近年では，これらの問題に対する精神科医療による治療の重要性が認知されつつある。

🐻 Column　クレプトマニアとパラフィリア障害群

　DSM-5によると，クレプトマニアとは「個人的に用いるためでもなく，またはその金銭的価値のためでもなく，物を盗もうとする衝動に抵抗できなくなることが繰り返される」と定義されている。また，窃盗におよぶ直前に緊張感の高まりと，行為による快感，満足，または解放感を得ることが特徴である。

　パラフィリア障害群はその名称のとおり，複数の性的障害を含んでいる。いずれも性的満足を得るための対象や手段に逸脱があり，それにより他者に個人的危害をおよぼす。手段の逸脱には「窃触障害（同意していない人に触ったり，身体をこすりつけたりする）」「窃視障害（警戒していない人の裸，衣服を脱ぐ行為，または性行為を行っているのを見る）」「露出障害（警戒していない人に対し自分の性器を露出する）」が含まれている。そしてこれら3つの診断基準には，すべてに共通して「同意していない人に対してこれらの性的衝動を実行に移したことがある（下線筆者）」とある。すなわち「痴漢行為」「覗き／盗撮行為」「露出行為」におよんだ時点で，加害者たちの行為は病的であると判断できる。

　これらに精神医学的な診断が下されるということは，再犯を抑止するためには専門的な治療を施すことが必須であるということである。薬物依存症，

クレプトマニア，パラフィリアのいずれもその行為が自己や社会に有害であると認識していながらも，衝動の制御にくり返し失敗しているという点で共通している。そしてクレプトマニアとパラフィリアは，厳密には依存症という疾患群からは分けられているものの，専門家の間では薬物依存症のように，行動が依存・嗜癖化した問題として捉えられている（榎本，2020．竹村，2016）。そのため，治療は認知行動療法を中心とした依存・嗜癖モデルを用いることが基本である。

　また，事例のＡさんは，生活保護を受給していた。犯罪をくり返す者たちは，逮捕・服役をくり返した結果，仕事や家族，住居などのあらゆるものを失っていることが少なくない。特に出所間もない時点では，所持金は乏しく，年齢や能力の問題，あるいは障害などを抱えていることで再就職が難しく，すぐに安定した生活基盤が得られないことも珍しくない。よって「再犯防止推進計画」にある「犯罪をした者等の社会における職業・住居の確保，保健医療・福祉サービス」が得られるようになる生活保護は，司法・犯罪臨床において彼らの社会復帰を支えるうえでの重要な制度である。

　生活保護は，日本国憲法第25条に基づき，生活に困窮するすべての国民に対し，最低限度の生活を保障するとともに，その自立を助長することを目的に定められた制度である。生活保護法によると，与えられる扶助は①生活扶助，②住宅扶助，③教育扶助，④医療扶助，⑤介護扶助，⑥出産扶助，⑦生業扶助，⑧葬祭扶助の８つである。保護受給者は担当の生活保護ケースワーカーの支援のもと，日常生活面・社会生活面・就労面の自立を目指すことが目標となる。

　また**更生施設**は生活保護法に基づく保護施設の一つであり，身体上または精神上の理由により養護および生活指導を必要とする要保護者を入所させて，生活扶助を行うことを目的とする施設である（生活保護法第38条）。単身独居に必要な生活能力の獲得や，抱えている精神疾患，依存・嗜癖の問題などが改善し，生活や心身の状態が安定するまで，在籍する職員の指導やサポートを受けながら安全に生活することができる。なお，保護観察に付された者や，懲役や禁錮刑の執行を終えた者のうち，自立した生活が困難な者に宿泊場所や食事を提供する**更生保護施設**とは，名称が類似しているが異なる施設である。

　この事例におけるＡさんは，再就労において**協力雇用主**を頼る方針であった。前科・前歴を有していることにより，例えば履歴書に説明できない空白

が生まれることなどによって，再就職が困難になることも珍しくない。こうした場合に頼りになるのが，協力雇用主である。協力雇用主とは，「犯罪をした者等の自立及び社会復帰に協力することを目的として，犯罪をした者等を雇用し，又は雇用しようとする事業主」のことである（再犯防止推進法第14条）。

　ここでは医療機関を中心に，福祉事務所（生活保護ケースワーカー），更生施設，協力雇用主などが関わるケースを事例として挙げた。他にも，刑事施設から仮釈放中で保護観察を受けている者が，保護観察官の紹介を受け，医療機関につながるケースもある。すると当然，保護観察官および保護司との密な情報共有が必須となる。また，対象者が刑事裁判中の場合は，担当弁護士からの紹介を受け，対象者が早期に治療へつながることもある。時には勾留中，あるいは受刑中の加害者が，弁護士の紹介で医療機関等とつながり，そこから面会や手紙のやり取りが開始されることもある。

　このように，実際の司法・犯罪臨床の場面で求められる連携の機会は多く，その態様もさまざまである。いわば本人の関係者・関係機関すべてが連携の対象となる（**図3.1**）。各関係者・関係機関の間で密な情報共有が行われることで，本人の状態を多面的にアセスメントし，総合的な支援計画を立てることが可能になる。また本人の現状に必要な社会的資源の情報を得ることもできるだろう。加えて，関係機関が多ければ，それだけ本人のセーフティーネットも増え，治療関係や社会生活からのドロップアウトの可能性を軽減することができる。司法・犯罪分野に多数の機関や専門分野が相互に関わっていることからわかるように，公認心理師は自らが所属する機関の分野に関わらず，さまざまな関連制度に対する学習と理解を深める必要がある。

司法・犯罪臨床において必要となる連携の一例

本人の状況および必要とする援助に関わるすべての人物，機関，
職種が連携の対象となる

保護観察制度
保護観察官
保護司

刑事裁判中
弁護士

生活保護制度
生活保護
ケースワーカー

住居・生活指導
更生保護施設
更生施設
簡易宿泊所
グループホーム

支援対象者

本人の状況
刑事裁判中/保護観察中/
仮釈放中/
経済的基盤を持たない/
住居を持たない/
同居する家族の有無
Etc.

必要とする援助
住居の確保/経済的援助/
就労の支援/福祉的援助/
精神科医療/その他の医療/
家族への情報提供・相談
Etc.

家族
両親
配偶者
など

就労支援
協力雇用主
ハローワーク

精神科医療
精神科医
看護師
精神保健福祉士
公認心理師

図3.1　多職種連携

章末演習問題

次の各問の正誤を答えよ。

1　公認心理師法成立による心理職の国家資格化は，従来の心理職の待遇を
　よりよくすることを第一の目的として成し遂げられた。

2　公認心理師でなくなった後でも，公認心理師法における秘密保持義務に
　違反した場合，罰則が課せられる。

3　司法・犯罪臨床においては，対象者の認知の歪みを中心に過去の過ちに
　ついて直面化させ，罪悪感を高めるよう働きかけることが重要である。

4　公認心理師がさまざまなケースに対応し，適切に業務を遂行するため，
　内省や自己研鑽に務めることは，法により義務づけられている。

5　再非行・再犯の防止のためには，非行のある少年や犯罪をした者を排除

するのではなく，適切な社会生活が送れるよう，その更生を多方面から援助することが重要である。

〈引用文献〉
朝比奈牧子（2017）．性犯罪者と心理療法．門本泉・嶋田洋徳（編著）．性犯罪者への治療的・教育的アプローチ．金剛出版, 15-18.
Bonta, J. & Andrews, D. A. (2017). The Psychology of Criminal Conduct, 6th ed. Routledge. (原田隆之（訳）(2018). 犯罪行動の心理学．北大路書房, 58-59, 286-309.).
榎本稔（2020）．よくわかる依存症―ゲーム，ネット，ギャンブル，薬物，アルコール．主婦の友社, 6-7.
原田隆之（2015）．入門 犯罪心理学．ちくま新書, 188-192.
法務省．再犯の防止等の推進に関する法律．
　　https://www.moj.go.jp/content/001212698.pdf
一般社団法人 日本公認心理師協会（2022）．日本公認心理師協会倫理綱領．
　　https://jacpp.or.jp/pdf/jacpp_rinrikoryo20200918.pdf
門本泉（2019）．加害者臨床を学ぶ―司法・犯罪心理学現場の実践ノート．金剛出版, 99, 124-137.
厚生労働省（2017）．公認心理師カリキュラム等検討会報告書．
　　https://www.mhlw.go.jp/file/05-Shingikai-12201000-Shakaiengokyokushougaihoken
　　fukushibu-Kikakuka/0000169346.pdf
厚生労働省．公認心理師法概要．
　　https://www.mhlw.go.jp/file/06Seisakujouhou-12200000-hakaiengokyokushougaihoken
　　fukushibu/0000116068.pdf
厚生労働省．国家資格について．
　　https://www.mhlw.go.jp/file/05-Shingikai-12601000-Seisakutoukatsukan-Sanjikanshitsu_
　　Shakaihoshoutantou/0000099508.pdf
厚生労働省．生活保護法．
　　https://www.mhlw.go.jp/web/t_doc?dataId=82048000&dataType=0&pageNo=1
元永拓郎（2018）．公認心理士の法的義務・倫理．野島一彦（編）．公認心理師の基礎と実践1　公認心理師の職責．遠見書房, 26-27.
元永拓郎（2018）．公認心理師の法的立場と多職種連携．元永拓郎（編）．公認心理師の基礎と実践23　関係行政論．遠見書房, 26-27.
髙橋三郎・大野裕（監訳）(2014)．DSM-5精神疾患の分類と診断の手引．医学書院, 213, 313-319.
竹村道夫（2016）．窃盗癖と他の嗜癖性疾患との比較．臨床精神医学, 45(12), 1571-1576.
丹野義彦（2018）．守秘義務．子安増生・丹野義彦（編）．公認心理師エッセンシャルズ．有斐閣, 66-67.
丹野義彦（2018）．心理に関する支援を要する者等の安全の確保．子安増生・丹野義彦（編）．公認心理師エッセンシャルズ．有斐閣, 64-65.

第2部 | 司法・犯罪分野の法律と制度

第 4 章 | 少年司法

4.1節 | 少年に係る法律等について

　非行のある少年等についての手続きを示したものが少年法である。戦後間もない1949（昭和24）年に施行された。この法律の目的は，その第1条に「少年の**健全な育成**を期し，非行のある少年に対して性格の矯正及び環境の調整に関する保護処分を行うとともに，少年の刑事事件について特別の措置を講ずること」と記されているとおりである。なお，ここでいう「健全な育成」とは，「犯罪や非行を犯した少年に対して，その性格や環境上の問題を把握して，その改善のために必要な教育・保護的な処分を加えて，今後二度と犯罪を犯さないように立ち直らせ，社会復帰させることを目指すもの」（廣瀬，2021）を指す。

A. 非行少年の定義・種類

　少年法第3条第1項では，適用される法律の違いなどから非行のある少年等を，触法少年，犯罪少年，ぐ犯少年に分類している。

　触法少年とは，14歳に満たないで刑罰法令に触れる行為をした少年のことをいう。

　犯罪少年とは，年齢が14歳以上20歳未満の罪を犯した少年のことをいう。

　ぐ犯少年とは，少年法第3条第1項で「その性格又は環境に照して，将来，罪を犯し，又は刑罰法令に触れる行為をする虞のある少年」で以下のイ〜ニに該当する少年のことをいう。

　　イ　保護者の正当な監督に服しない性癖のあること。

　　ロ　正当の理由がなく家庭に寄り附かないこと。

　　ハ　犯罪性のある人若しくは不道徳な人と交際し，又はいかがわしい場所

に出入すること。

ニ　自己又は他人の徳性を害する行為をする性癖のあること。

なお，2021（令和3）年の少年法改正により，18歳および19歳については，ぐ犯が適用外とされることとなった。

B. 少年法の特徴

現行少年法の大きな特徴の一つに全件送致主義がある。これは少年の事件はたとえ軽微なものであっても原則としてすべて家庭裁判所に送致されることであるが，送致により十分審理を尽くすことで，その少年に最も適した措置がとられるという考え方が背景にある。このような非行のある少年に対する手続きの流れ，および2020（令和2）年における該当少年の数については，**図4.1**に示してある。

事件を送致された少年に関して，裁判官の調査命令が出ると少年事件を担当する家庭裁判所調査官（以下，「調査官」）が少年の資質や少年の保護環境等について少年本人，および保護者への面接等を行う。また，さらに大きな事件を起こした少年などに対しては観護措置がとられ，身柄が**少年鑑別所**に送致されて，調査官および少年鑑別所の心理技官（心理学の専門家）がその資質を詳しく調査する。

家庭裁判所が下す少年への処分には，保護処分，**検察官送致（逆送），児童相談所長等送致，審判不開始，不処分**がある。このうち保護処分には，少年の問題性（非行性）の進度や，保護者の監督能力など少年を取り巻く社会内の環境の違いや年齢によって，**少年院送致や児童自立支援施設・児童養護施設送致**といった施設内で指導する処分と，少年を家庭等社会内において，保護観察官や保護司が指導する保護観察処分がある。また家庭裁判所は，当該少年について，年齢が満20歳に迫っていたり，非行の態様などから少年として保護するよりも，成人並みに自らの行為の責任を取らせたようがよい等の理由で，保護処分ではなく刑罰を科すべきだと判断した場合は検察官送致（逆送）決定を下す。検察官送致決定がなされると，少年は原則として検察官により刑事裁判所に起訴され，懲役，罰金等の刑罰が科されることとなる。

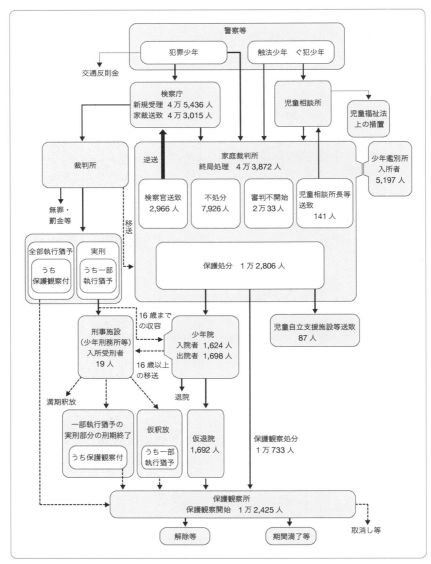

図4.1　非行少年処遇の概要（法務省. 令和3年版犯罪白書. p.117）

C. 少年法の変遷

　少年法は成立後幾度か改正をくり返してきたが，平成期にも少年による凶悪重大事件が相次いで発生するなどしたため，少年事件の処分および審判手

続の適正化，被害者等の保護の必要性等が国民に認識されてきたことを背景に，数度におよぶ改正が行われた。それらのうち主なものは，（1）2000（平成12）年の改正，（2）2007（平成19）年の改正，（3）2008（平成20）年の改正，（4）2014（平成26）年の改正，である。

これらの改正で特に重要な部分は，（1）については，①刑事処分可能年齢を16歳以上から14歳以上に引き下げ，少年院において懲役または禁錮の刑の執行ができるようになったこと，②いわゆる**「原則逆送制度（犯行時16歳以上の少年が故意の犯罪行為により被害者を死亡させた罪の事件については，家庭裁判所の調査の結果，刑事処分以外の措置が相当と認められる場合を除き，検察官送致決定をしなければならないとする制度）」**が創設されたこと，③家庭裁判所によって保護者に対する訓戒・指導等の措置ができるようになったこと，である。

（2）については，①触法少年に係る事件の調査手続きが整備されたこと，②14歳未満（おおむね12歳以上）の少年についても，家庭裁判所が特に必要と認める場合には少年院送致が可能となったこと，③保護観察を受けた者が遵守事項を守らなかった場合の措置が設けられたこと，④一定の重大事件について，観護措置がとられている場合に，家庭裁判所が職権で少年に弁護士である国選付添人を付する制度が導入されたこと，である。

（3）については，①被害者等の申出による意見の聴取の対象者が拡大されたこと，②被害者等による**少年審判傍聴制度**が導入されたこと，である。

（4）については，①不定期刑を科すこととなる事件の範囲が拡大されたこと，②不定期刑の長期と短期の上限が引上げられたこと，③犯行時18歳未満であったことにより無期刑をもって処断すべきところを有期刑化する場合の上限が引上げられたこと，④検察官が少年審判に関与することができる事件および少年に弁護人である国選付添人を付することができる事件の範囲が，それぞれ，死刑または無期もしくは長期3年を超える懲役もしくは禁錮に当たる罪の事件にまで拡大されたこと，である。

さらに，2021（令和3）年5月21日，少年法等の一部を改正する法律が成立した。この主な改正点は，（1）少年の年齢は，従来どおり20歳未満であり，家庭裁判所への全件送致も従来どおりであるが，18・19歳の者が罪を犯した場合には，**「特定少年」**として17歳以下の少年とは異なる特例を定めていること，（2）いわゆる「原則逆送」の対象が，従来の16歳以上の少年のときに犯した故意の犯罪行為により被害者を死亡させた罪の事件に加え，

特定少年のときに犯した死刑，無期，または短期1年以上の懲役・禁錮の罪の事件が追加されたこと，（3）特定少年のときに犯した事件について起訴された場合には，実名・写真等が報道されること（**推知報道禁止の解除**），等である。この改正少年法は2022（令和4）年4月1日に施行されたが，それと同日に成年年齢を18歳とする民法の一部を改正する法律も施行された。

D. 少年院法・少年鑑別所法の特徴

少年に係る法務省矯正局所管の施設である少年院と少年鑑別所の具体的な運営の在り方について示していたのが（旧）少年院法（1949（昭和24）年施行）である。この法律は，少年院・少年鑑別所における在院者・在所者の処遇等について規定しているが，制定後長年大きな改定がなされておらず，在院者・在所者の権利義務関係や職員の権限が明確でなかった等の問題があった。そのため，2014（平成26）年に内容を大幅に改正した新たな少年院法が成立し，翌年に施行された。この法律においては，（1）再非行防止に向けた取組の充実化を図るため，矯正教育の基本制度や社会復帰支援等が法定化され，（2）適切な処遇を実施するため，在院者の権利義務関係や職員の権限の明確化，法務大臣に対する救済の申出等の不服申立制度の規定の整備等がなされ，（3）各少年院への少年院視察委員会が設置されるなどが規定された。

また，少年鑑別所については従来その一部が少年院法で触れられていたが，新たに少年鑑別所法という独立した法律が2014年に成立し，翌年に施行された。少年鑑別所法では少年鑑別所の業務として，（1）専門的知識及び技術に基づいた鑑別を実施すること，（2）在所者の情操の保護に配慮し，その者の特性に応じた観護処遇を実施すること，（3）地域社会における非行及び犯罪の防止に関する援助を実施すること，などが定められている。

これらの新たな法律によって，（1）少年院における矯正教育の基本的制度の法定化及び社会復帰支援の実施並びに少年鑑別所機能の強化による再非行防止に向けた取組の充実，（2）少年の権利義務関係・職員の権限の明確化，保健衛生，医療の充実及び不服申立制度の整備による適切な処遇の実施，（3）施設運営の透明性の確保による社会に開かれた施設運営の推進などが図られるようになった。

なお，少年鑑別所において，従来は一般少年鑑別（一般市民や公私の団体等から依頼されて，社会内で生活している少年を鑑別し，その健全な育成の

在り方などについて専門的な意見を提示すること）と呼ばれていた業務については，「（鑑別の業務に）支障を来さない範囲において」行うとされてきたが，少年鑑別所法131条において少年鑑別所の本来業務として位置づけられたことは特記すべき事項である（第9章参照）。

これは，これまで非行のある少年に対して緻密なアセスメントを実施し，それに基づく有効な処遇の在り方を提案する機関として世間に認知されてきた少年鑑別所が蓄積しているノウハウを，広く地域社会に活用してもらえるようにするという意味合いが強い。この業務は，個人からの依頼に基づく相談と，機関または団体からの依頼に基づく援助に分けられるが，後者については従来多くを占めてきた矯正施設や更生保護関係の機関からの依頼に加え，教育関係および福祉・保健関係からの依頼がかなり増加しており，それだけ地域援助が世の中にいっそう周知されるようになってきたことを示している（**図4.2**）。

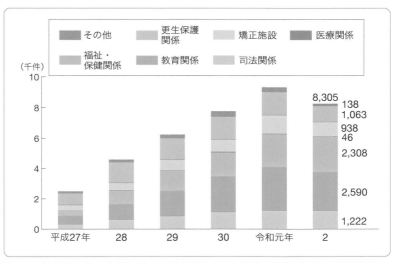

図4.2　機関等からの依頼に基づく地域援助の実施状況の推移（依頼元機関等別）
（法務省．令和3年版犯罪白書．p.129）

E. 児童の権利条約

拘禁施設である少年鑑別所や少年院において身柄を拘束するに当たっては少年の権利を保障し，権力を濫用しないように，これまで紹介してきた国内法令を遵守しなければならないことはいうまでもないが，さらに国際準則を

遵守することも重要である。そのような国際準則の一つに児童の権利条約（児童の権利に関する条約）がある。これは，「18歳未満を「児童」と定義し，国際人権規約において定められている権利を児童について敷衍し，児童の権利の尊重及び確保の観点から必要となる詳細かつ具体的な事項を規定したもの（外務省，2020）」であり，1989年の第44回国連総会において採択され，1990年に発効し，日本は1994年に批准している。この条約では第40条で少年司法を取り上げているが，そこでは，該当する児童が適切に取り扱われる権利を示し，さらにそれに基づき児童が確保されるべき権利を指摘し，さらに，これらを基に，児童に特別に適用される法律の制定を促進すること等が提唱されている。

　児童の権利条約等の国際準則に照らし合わせて少年院法と少年鑑別所法の規定を検討すると，在院（所）者の処遇等の場面における諸権利の追求と意見表明の機会の尊重や，施設運営の透明性・可視化の導入といった点では国際準則の諸要請に応えている。一方で，施設内処遇から社会内処遇への円滑な移行に向けて，「少年院以外での矯正教育」（少年院法第39条）や「外出外泊」（少年院法第45条）を一層弾力的に活用することが求められている（鷲野，2017）。

4.2節 | 関係機関とその役割について

A. 警察

　都道府県警察に設置している**少年補導職員**や**少年相談専門職員**を中核とする少年問題に関する専門組織を少年サポートセンターという。その目的は，少年非行を防止し，少年の健全育成を図るために重要な，（1）非行の入口となりうる不良行為の早期認知，非行少年・不良行為少年及びその家族に対する早期の指導・助言，少年の規範意識の形成の促進，非行少年の立直り支援，少年非行に対する社会全体の問題意識の醸成や，（2）少年が犯罪等により被害を受けた場合の，被害少年及びその家族に対する早期の支援である。

　少年サポートセンターは，少年警察活動規則（2002）第8条第3項の4において，少年警察活動の中心的な役割を果たす組織として位置づけられており，（1）少年警察ボランティア等との共同での補導活動，（2）関係機関・団体等とのネットワークの構築，（3）情報発信活動の充実強化，といった活動を行っている。具体的な活動としては，（1）少年相談活動，（2）街頭

補導活動，（3）継続補導・少年に手を差し伸べる立ち直り支援活動，（4）広報啓発活動がある（**図4.3**）。

　警察は，少年サポートセンターの活動以外にも，少年の規範意識の形成や家庭，地域社会における共通の問題認識を醸成するため，警察活動で得た情報の発信に力を入れており，学校に警察職員を派遣して行う薬物乱用防止教室の開催，学校，地域と連携した非行防止教室や座談会の開催など，情報発信活動の充実強化に努めている。

図4.3　少年サポートセンター（警察庁. 平成24年版警察白書. 図2-59）

B. 家庭裁判所

　家庭裁判所には，家事部と少年部があり，それぞれ家事事件と少年事件を担当する。

ⅰ）家事部

　家庭裁判所家事部が担当する家事事件は，広く「家庭」に関する事件のことで，別表第一事件と別表第二事件に分かれている（家事事件手続法，2011）。

　そのうち，別表第一事件は，子の氏の変更の許可，養子縁組，相続放棄などのことで，当事者が争ったり，合意したりして解決するのではなく，家庭裁判所が公益的立場で関与して審判を行うタイプの事件のことである。

一方，別表第二事件は，親権者の指定・変更，遺産分割，養育費の請求など，子どもの監護に関して当事者同士が争うタイプの事件のことである。なお，自主的な話し合いで解決できない事件については審判や調停によって解決する。

　家事部に所属する家庭裁判所調査官（以下，「調査官」）は，審判や調停の準備として，当事者に話を聞き事実関係を調査し整理する「家事調査」が命じられる（家事事件についての詳細は第14章を参照）。

　例えば，別居中または離婚後，子を監護していない親は子を監護している親に対して子との**面会交流**を求めて調停（審判）を申し立てることができるほか，一度決まった面会交流であっても，その後に事情の変更があった場合（子の年齢，状況等に相当変化があった場合など）には，面会交流の内容，方法等の変更を求める調停（審判）を申し立てることができる。その際，原則として，調停であれば相手方の住所地を管轄する家庭裁判所，審判であれば子の住所地を管轄する家庭裁判所に対して申立てを行うことになり，調査官はそれぞれの申立てに応じた対応をすることとなる。また，**国際的な子の奪取の民事上の側面に関する条約**（いわゆる「**ハーグ条約**」）**の実施に関する法律**（以下，「**ハーグ条約実施法**」）によれば，外務大臣からハーグ条約実施法による外国返還援助決定もしくは日本国面会交流援助決定を受けている場合，あるいは，子の返還の申立てをした場合の面会交流調停（審判）手続にも対応する必要がある（東京家庭裁判所又は大阪家庭裁判所においてのみ）。なお，援助申請の受付件数は，2019年12月末現在で，日本に所在する子に関する申請は，返還援助申請が128件，面会交流援助申請が111件で，外国に所在する子に関する申請は，返還援助申請が107件で，面会交流援助申請が32件である（外交青書，2020）。

🐻 Column　ハーグ条約とハーグ条約実施法

　ハーグ条約とは，国境を越えた子どもの不法な連れ去り等がされた場合に，国同士が協力して，その子どもを元の居住国（常居所地国）に迅速に返還するための手続きを定めた条約である。実施法はそのハーグ条約をわが国において的確に実施するため，（1）わが国における中央当局を指定し，その権限等を定めるとともに，（2）子どもを常居所地国に迅速に返還するために必要な裁判手続等を定め，そのことによって子どもが利益を得るようにすることを目的としている。

ⅱ）少年部

　少年部が担当する少年事件は，少年によって起こされた事件のことで，調査官は，家庭裁判所に送致された少年事件の調査を担当し，少年の性格や，これまでの成長の過程，家庭などの環境や，日頃の生活態度について科学的に調査する。送致された事件のほとんどは，裁判官の決定により，少年が身柄を拘束されない「在宅」で調査が行われるが，**観護措置**がとられ少年が少年鑑別所に収容されると，少年鑑別所に出向いて少年の調査をしたり，社会内で少年の家族や学校関係者などへの調査を行う。その調査の結果は調査決定を下した裁判官に伝えられ，以下に触れる少年審判の結果を下す際の参考にされる。

　少年審判は，成人の刑事裁判の公判手続きに相当するが，主に以下の点で，成人の刑事裁判とは異なっている。

①参加者：少年審判は原則非公開であるので，関係者以外の傍聴人は参加できない。唯一の例外は，裁判官が許可した一部の犯罪被害者である。なお，関係者の中には，書記官，調査官，保護者，**付添人**（成人の裁判での弁護人に相当し，少年の改善更生を少年自身や保護者の側から考える役割の人。必ずしも弁護士である必要はない）のほかに，裁判官が許可した少年の親族，教員などがおり，また一部の事件については裁判官が許可した検察官も参加できる（**図4.4**）。

②審判の方式：審判の進め方については，「審判は，懇切を旨として，和やかに行うとともに，非行のある少年に対し自己の非行について内省を促すものとしなければならない（少年法第22条）」とされているだけで，手続きが厳格に定められているわけではない。これは，対象者が未成熟な少年であることを踏まえ，緊張感を和らげ，裁判官の裁量で，できるだけ分かりやすく，対象者の在り様に応じて適切に対応することが認められているからである（廣瀬，2021）。

C. 少年非行に関係する機関

ⅰ）少年鑑別所

　少年鑑別所は，①鑑別対象者の鑑別，②観護措置がとられている少年に対する観護処遇，③非行及び犯罪の防止に関する援助，の事務を行う施設とされている（少年鑑別所法第3条）。

①鑑別：まず，鑑別のうちで主となる収容審判鑑別では，家庭裁判所で観

図4.4　少年審判の様子

　護措置がとられた少年を収容し，後の審判決定の参考にするために資質鑑別を実施し，その結果を鑑別結果通知書という文書にして，家庭裁判所裁判官に提出する。観護措置とは非行が重大である事件や少年の問題性が大きく，身柄を拘束して詳細な調査をする必要があると家庭裁判所が判断した場合にとられる少年を少年鑑別所に送る決定のことであり，その期間は2週間であるが最大3回更新が可能で，最長で8週間少年鑑別所に身柄を留め置くことができるが，通常，更新は1回で多くの少年は約1ヶ月間少年鑑別所に在所することになる。これに対して，少年の身柄を収容せずに実施するのが**在宅審判鑑別**である。家庭裁判所は身柄を収容するかどうか多くの視点から検討し，そのいずれかを決定する。さらには，少年院，保護観察所，児童自立支援施設等関係機関からの依頼により実施する**処遇鑑別**や，審判で少年院送致となった少年を一旦少年鑑別所に戻し，収容する少年院を決定するのに資するために行う**指定鑑別**がある。

　少年鑑別所での鑑別の実施については，少年鑑別所法第16条に，「医学，心理学，教育学，社会学その他の専門的知識及び技術に基づき，鑑別対象者について，その非行又は犯罪に影響を及ぼした資質上及び環境上問題となる事情を明らかにした上，その事情の改善に寄与するため，その者の処遇に資する適切な指針を示すものとする」とされている。ここに具体的に明記された専門分野は，1949（昭和24）年に施行された少年法にも記載があるもので，鑑別に科学性を求めるという方向性及び科学性についての当時の見解が現在も通用していると見なされている証左であるといえる。

少年鑑別所で実施される主たる鑑別の方法は，面接，心理検査，行動観察である。少年は，法務技官（心理）による面接や心理検査を受け，法務教官により生活全般にわたる行動を観察される。加えて，少年は，医師により健康診断等医学的働きかけを受ける（第9章参照）。なお，面接では，審判の直前という少年が置かれた状況及びその心情を踏まえ，和やかで受容的な雰囲気の中で，本件の動機，問題性の認識の程度，改善更生の意欲の程度などを確認する。

②観護処遇：資質鑑別に並ぶ少年鑑別所の大きな業務が観護処遇である。これは，鑑別を除く，少年鑑別所に収容している者に対する取扱いのすべてのことで，観護処遇に当たっては，「懇切にして誠意のある態度をもって接することにより在所者の情操の保護に配慮するとともに，その者の特性に応じた適切な働き掛けを行うことによりその健全な育成に努めるものとする（少年鑑別所法第20条）」とされており，また，鑑別と同様，「医学，心理学，教育学，社会学その他の専門的知識及び技術を活用して行うものである」とされている。少年の自主性を尊重しつつ，健全な社会生活を送るために必要な基本的な生活習慣等に関する助言・指導を行い，また，少年の情操を豊かにし，健全な社会生活を営むための知識及び能力を向上させることができるよう，学習を支援したり，読書，講話，季節の行事等の機会を設けたりしている。具体的には，運動，入浴，面会等といった各施設共通のものもあれば，各施設事情に応じて考案されたものもある。これを担うのは法務教官である。

③地域援助：以上に加えて，前述のように「非行及び犯罪の防止に関する援助（以下，「地域援助」）」の業務がある。これについては，「少年鑑別所の長は，地域社会における非行及び犯罪の防止に寄与するため，非行及び犯罪に関する各般の問題について，少年，保護者その他の者からの相談のうち，専門的知識及び技術を必要とするものに応じ，必要な情報の提供，助言その他の援助を行うとともに，非行及び犯罪の防止に関する機関又は団体の求めに応じ，技術的助言その他の必要な援助を行うものとする」（少年鑑別所法第131条）と定められている。各少年鑑別所でそれを担うのが，**法務少年支援センター**である。ここでは，少年鑑別所が長年蓄積してきた少年非行等に関する専門的知識やノウハウを活用し，地域社会における非行及び犯罪に関する各般の問題について，少年，保護者等からの相談に応じるほか，関係機関・団体からの依頼に応じ，

情報提供，助言，各種心理検査等の調査，心理的援助，研修・講演等を行うなど，地域社会や関係機関等のニーズに幅広く対応している。この業務を担うのは，事案によって異なるが法務技官（心理）と法務教官である。

　なお，法務少年支援センターの名称については，少年鑑別所が所在する地名の後に「法務少年支援センター」という表記については全国ほぼ統一されているが，より地域に親しみを持ってもらうこと等を目的に，地名をひらがなにしたり，別称をもっている施設もある。

ⅱ）少年院

　前述のように，2014（平成26）年に改正少年院法が成立し翌年施行されたが，それにより，①少年院における矯正教育の基本的制度の法定化および社会復帰支援が実施され，②少年の権利義務関係・職員の権限の明確化がなされ，保健衛生・医療の充実および不服申立制度の整備による適切な処遇が実施され，③施設運営の透明性の確保による社会に開かれた施設運営の推進が図られることとなった。現在少年院には，少年の年齢，犯罪的傾向の程度，心身の状況等に応じて，第1種から第5種までの種類がある（第9章参照）。

　少年院における処遇の中核となるのは**矯正教育**であり，在院者には，生活指導，職業指導，教科指導，体育指導および特別活動指導の5つの領域にわたって指導が行われる。また，在院者の改善更生の状況に応じた矯正教育その他の処遇を行うため，処遇の段階が，1級，2級および3級に区分されている。在院者はまず3級に編入され，その後，改善更生の状況等に応じて上位の段階に移行し，その時点での本人によりふさわしい処遇が行われることになっている。

　未成年である少年は，成人とは異なり改善更生に向けての社会内で保護者などからの日々の働きかけは欠かせない。そのため，少年院においては，在院者の保護者に対し，少年院での教育活動への参加依頼などを通じて，処遇への理解と協力を得るよう努めている。

　また，少年院においては，家族関係を調整する上で必要があると認められる場合のほか，在院者と保護者等との間で，将来の進路や出院後の生活，被害弁償等の重要な問題について話し合う必要があると認められるなどの場合，在院者を少年院の特に区分した場所に収容し，同所にその保護者等

を宿泊させる方法により面会をさせることができる（**宿泊面会**）が，2019年に実施された宿泊面会は延べ33回で，通常の面会時に事足る内容もあること，面会以外にも保護者会など，保護者と少年が触れ合う機会があることなどの理由から，実際にはさほど活用されていない。

　さらに，少年院では，家庭裁判所等の関係機関だけでなく，学校，病院，民間の篤志家等に対して協力を求め，その専門的な知識・技術を活用して在院者の改善更生を図っている。なお，民間の篤志家とは以下のような人たちであり，それぞれの立場から少年の支援活動を行っている。

・篤志面接委員：少年の精神的な悩みや家族，職業，将来の生活設計等について抱える問題についての相談援助を行う。少年院が推薦し法務省が委嘱する学識経験者，宗教家，更生保護関係者など
・教誨師：少年に宗教教誨を講じる宗教家など
・更生保護女性会員：地域の防犯活動や罪又は非行を犯した人たちの改善更生及び円滑な社会復帰を支援するため，女性で構成される篤志家の団体に所属する人
・BBS会会員：非行少年に対し，兄や姉の立場に立って，その非行防止・健全育成を援助する成年ボランティア組織に属する若者

　加えて少年院は，出院後に自立した生活を営む上での困難を有する在院者に対しては，その意向を尊重しつつ，保護観察所と連携して，適切な帰住先を確保すること，医療および療養を受けることを助けること，修学または就業を助けることなどの社会復帰支援を行っている。

　少年院における適切な処遇の実施には欠かせないものに，**不服申立制度**がある。これは，**救済の申出**および**苦情の申出**の2つの制度に分かれている。救済の申出は，自己に対する少年院の長の措置その他自己が受けた処遇について苦情があるときに，法務大臣に対して，救済を求める申出をすることができる制度である。苦情の申出は，自己に対する少年院の長の措置その他自己が受けた処遇について，監査官および少年院の長に対して申出をすることができる制度である。

iii）保護観察所（第10章参照）

　1949（昭和24）年に制定された**犯罪者予防更生法**と1954（昭和29）年に制定された**執行猶予者保護観察法**により整備されたのが保護観察等を含む更生保護制度である。犯罪者予防更生法は，仮釈放等の手続きや審判

で保護観察処分になった少年，少年院仮退院者および仮釈放者に対する保護観察等を規定し，執行猶予者保護観察法は，保護観察付執行猶予者に対する保護観察について規定していた。ところが，2004年に性犯罪の前科を有する者による女児誘拐殺人事件，仮釈放中の犯罪者による重大再犯事件，保護観察付執行猶予者による女性監禁事件が発生したことが直接の契機となって，更生保護制度全般の見直しが行われ，その結果，上記2つの法律が整理・統合され，2008（平成20）年に新たに更生保護法が成立した。

更生保護の機関には，法務省に置かれている中央更生保護審査会，高等裁判所の管轄区域ごとに置かれている地方更生保護委員会および地方裁判所の管轄区域ごとに置かれている保護観察所がある。**中央更生保護審査会**は，法務大臣への個別恩赦の申出等の権限を有し，**地方更生保護委員会**は，矯正施設の長からの申出等に基づき，仮釈放・仮退院の許否を決定するなどの権限を有している。保護観察所は，保護観察，生活環境の調整，更生緊急保護の実施，犯罪予防活動の促進等の業務を行っている。

保護観察での指導に当たり，生活環境調整や犯罪予防活動を行うのは，保護観察官と**保護司**である。保護観察官は，「医学，心理学，教育学，社会学その他の更生保護に関する専門的知識に基づき，保護観察，調査，生活環境の調整その他犯罪をした者及び非行のある少年の更生保護並びに犯罪の予防に関する事務に従事する（更生保護法第31条）」国家公務員であり，家庭裁判所調査官および矯正施設の職員と同様，その職務に科学性が求められることが明記されている。一方，保護司は，「保護観察官で十分でないところを補い，地方委員会又は保護観察所の長の指揮監督を受けて，保護司法（昭和25年法律第204号）の定めるところに従い，それぞれ地方委員会又は保護観察所の所掌事務に従事するものとする（更生保護法第32条）」と規定されており，非常勤の国家公務員（実質的に民間のボランティア）である。

年間合計3万人前後の保護観察対象者の処遇に，常勤である保護観察官だけでは対応できないことから，保護司の存在は欠かせない。保護司は一般的に対象者が生活する地域に居住しており，その地域のことを知悉している人が多く，その利点を活用して対象者の身近な相談等に応じている。そして，対象者の処遇に高い専門性が求められる際には，保護観察官の協力や助言を得て対応することになる。このように更生保護で重要な役割を果たしている保護司であるが，現在高齢化と人員の減少という問題があり，

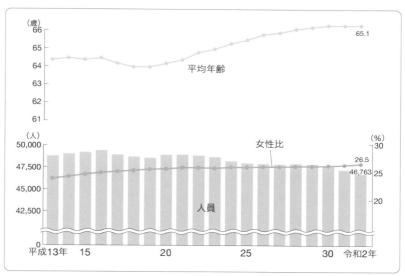

図4.5　保護司の人員・女性比・平均年齢の推移(法務省．令和2年版犯罪白書．p.80)

早急な対応が求められている（**図4.5**）。

iv）児童相談所

　児童相談所は，市町村と適切な役割分担・連携を図りつつ，子どもに関する家庭その他からの相談に応じ，子どもが有する問題または子どもの真のニーズ，子どもの置かれた環境の状況等を的確に捉え，個々の子どもや家庭に最も効果的な援助を行い，子どもの福祉を図るとともに，その権利を擁護することを主たる目的とする行政機関で，その任務，性格に鑑み，都道府県（指定都市を含む）に設置義務が課されている。また，2004（平成16）年児童福祉法改正法により，2006（平成18）年4月からは，中核市程度の人口規模（30万人以上）を有する市を念頭に，政令で指定する市（児童相談所設置市）も，児童相談所を設置することができることとなった（児童相談所運営指針第1章第1節の3）。

　児童相談所は子どもに関する家庭その他からの相談のうち，専門的な知識及び技術を要するものに応ずることとされている（児童福祉法第12条）。また，専門的な知識および技術等を必要とする相談について，市町村から児童相談所の技術的援助や助言などを求められた場合，必要な措置を講じ

なければならない。

　児童相談所が受け付ける相談の内容は多岐にわたる。その内容に応じて，児童相談所自らが主体的に対応することもあれば，主に市町村等の関係機関が対応することもあるという柔軟な態勢をとっている。また，地域住民や関係機関から直接要保護児童の通告を受けて，あるいは通告を受けた市町村や都道府県の設置する福祉事務所から送致を受けて，援助活動を展開する。さらに，少年法の規定に基づく家庭裁判所からの送致を受けて，援助活動を展開することもある。

　児童相談所は，受けつけた相談について，主に**児童福祉司**・相談員により行われる調査に基づく社会診断や，**児童心理司**による心理診断，医師による医学診断，一時保護部門の児童指導員，保育士による行動診断，その他の診断（理学療法士によるものなど）をもとに，原則としてこれらの者の協議により判定（総合診断）し，個々の子どもに対する援助指針を作成する。援助指針の策定に際しては，児童相談所の方針を子どもおよびその保護者，必要に応じて祖父母などの親族に伝え，その意向を聴取するとともに，その策定過程においても，可能な限り子どもおよびその保護者（祖父母などの親族を含む）と協議を行うことが望ましいとされている。

ⅴ）児童自立支援施設

　児童自立支援施設とは，「不良行為をなし，又はなすおそれのある児童及び家庭環境その他の環境上の理由により生活指導等を要する児童を入所させ，又は保護者の下から通わせて，個々の児童の状況に応じて必要な指導を行い，その自立を支援し，あわせて退所した者について相談その他の援助を行うことを目的とする施設（児童福祉法第44条）」である。

　対象者の入所の基準は上記のとおり，「不良行為」，または「生活指導の必要性」であるが，その中には，「①虐待など不適切な養育を行った家庭や多くの問題を抱える養育環境で育った子ども，②乳幼児期の発達課題である基本的信頼関係の形成ができていない子ども，③トラウマを抱えている子ども，④知的障害やADHD（注意欠如多動性障害），広汎性発達障害などの発達障害のある子ども，⑤抑うつ・不安といった問題を抱えている子ども，などが少なくない（児童自立支援施設運営指針第1部4　対象児童）」とされる。対象者の多くは，児童福祉法第27条1項3号[1]での措置による入所であるが，少年法第24条1項2号[2]による保護処分としての入

所もある。

　18歳に至るまでの子どもを対象としており，必要がある場合は20歳に達するまでの措置延長をとることができるとされている。総じて，12歳〜15歳の中学生年齢の子どもが多い。

　児童自立支援施設は，本来自由な環境の中で温かい愛情と専門的な技術の下，児童がのびのびと成長できるよう保護育成していくべき場とされており，原則として強制力の行使はできないが（廣瀬，2005），対象者の性格・行状等によっては，その適切な保護を行うために，児童の自由を制限・剥奪する措置等を必要とする場合もあり，これを**強制的措置**という（児童福祉法第27条の3）。この強制的措置が必要な場合，都道府県知事・児童相談所長は，事件を家庭裁判所に送致して，その措置の許可を求めることとなる。そしてこれを受けた家庭裁判所は審判で，強制的措置の許否を定めたうえ，意見を児童相談所長等に送致する。強制的措置の内容としては，少年を鍵のかかる部屋など自由に外出できない特定の場所に収容して行動の自由を制限することに加え，場合によってはその意思に反して身体の自由を拘束する場合もある。

　勤務する職員の種別は，児童福祉施設の設備及び運営に関する基準第10章第80条により，児童自立支援専門員，児童生活支援員，嘱託医および精神科の診療に相当の経験を有する医師または嘱託医などとなっており，加えて，心理療法を行う必要があると認められる児童10人以上に心理療法を行う場合には，心理療法担当職員を置かなければならないとされている。この心理療法担当職員は，同じく第10章第80条第4項に，「心理系の大学・大学院を修了したもので，個人及び集団心理療法の技術を有し，かつ心理療法に関する一年以上の経験を有するものでなければならない」という規定がある。

　このように，児童自立支援施設における心理専門職は人数こそ少ないも

1　児童福祉法第27条1項3号　児童を小規模住居型児童養育事業を行う者若しくは里親に委託し，又は乳児院，児童養護施設，障害児入所施設，児童心理治療施設若しくは児童自立支援施設に入所させること。
2　少年法第24条1項　家庭裁判所は，前条の場合を除いて，審判を開始した事件につき，決定をもつて，次に掲げる保護処分をしなければならない。ただし，決定の時に十四歳に満たない少年に係る事件については，特に必要と認める場合に限り，第三号の保護処分をすることができる。
　一　保護観察所の保護観察に付すること。
　二　児童自立支援施設又は児童養護施設に送致すること。

のの相応の専門的技能があることや，他業種と協調し連携するスキルが求められる。

章末演習問題

1 少年審判と成人の裁判の違いについて述べよ。

2 少年審判における処分の種類とその内容について簡潔に説明せよ。

3 2021年に成立した改正少年法の特徴を，「特定少年」，「原則逆送」，「推知報道禁止の解除」のキーワードを用いて説明せよ。

〈引用文献〉
外務省（2020）．外交青書2020．
外務省（2020）．児童の権利条約（児童の権利に関する条約）．
廣瀬健二（2005）．法律入門．金剛出版．
廣瀬健二（2021）．少年法入門．岩波書店．
法務省（2019）．令和元年版犯罪白書．
法務省（2021）．令和3年版犯罪白書．
警察庁（2012）．平成24年版警察白書．
厚生労働省（2007）．児童相談所運営指針（平成19年）．
鷲野薫（2017）．子どもの権利条約等国際人権準則から見た少年院法と少年鑑別所法．國士舘法學，第50号，223-257．

第 **5** 章 　刑事司法

　犯罪行為に対して，どのような刑罰を，どのような手続きを経て課すのか
を定めた法制度の体系を，刑事司法とよぶ。犯罪行為は人の生命，身体，財
産を脅かして害を与えるものであり，倫理的にも非難されるべきであって処
罰に値するものである。しかしだからといって，犯罪者への処罰が自由に行
われてよいものではない。犯罪者の疑いをかけられた人の人権にも配慮しな
がら，法に基づく適正な手続きがとられる必要がある。この章では，まず犯
罪行為に対する刑事司法に関する法を，その手続きも含めて学ぶ。

　ところで社会においては，刑法などの刑事法に定められている犯罪には該
当しない場合であっても，社会的に弱い立場にある人たちに向けられた心身
への加害行為については，それを防止する必要がある。そこで児童，高齢者，
障害者に対する虐待や，配偶者間の暴力について定められている法律につい
ても，併せて本章で学ぶ。

5.1節 ┃ 犯罪への刑罰と処遇に関する法制度

A. 刑事司法の全体像と，法の適正手続きの原則

ⅰ）刑事司法の3つの段階

　刑事司法の法制度は，大きく3つの段階に分かれている。具体例を用い
てその3段階を示そう。

　　事例：AがBをナイフで刺し，Bが死亡した。Aはすぐに逃げていった。

　この事例の場合に，3つの段階で次のようなさまざまな法的問題が生じ
うる。それらについて，法はどう取り扱うのだろうか。

①Aの行為の評価の段階：Aの行為は確かに殺人罪に該当するといえるの
　だろうか。もしAがBに怪我を負わせるだけのつもりで，殺すつもり

はなかったとしても，殺人罪といえるだろうか。あるいは，もしＡが幻覚・妄想の中で，善悪の判断ができない状態で行為におよんでいたらどうなるのか。

②Ａが有罪になるまでの手続きの段階：Ａを殺人罪の容疑者として逮捕するためにはどのような手続きが必要なのか。逃げていったＡを，どのように被疑者として逮捕したり，取調べを行ったりできるのだろうか。取調べでＡの自白を引き出すためには，警察は拷問などのあらゆる手段をとってもよいのだろうか。刑事裁判では検察官が一方的にＡを訴追するのだろうか，それともＡの側からも何か主張できるのだろうか。

③Ａの処罰のあり方の段階：Ａが有罪になった場合，どのような刑事収容施設で，どのように処遇されるのか。いつどのように釈放されるのか。裁判においてＡに精神疾患があって無罪になった場合にただちにＡを釈放し社会に戻してもよいのだろうか。

これらの３つの段階の取り扱いについて，それぞれ次のような法律が定められている。

①**実体法**：何が犯罪かを規定する法律（刑法など）

②**手続法**：犯罪の捜査と刑事裁判の手続きに関する法律（刑事訴訟法など）

③**刑の執行**：刑務所などにおける犯罪者の処遇に関する法律（刑事収容施設及び被収容者等の処遇に関する法律など）

本章では，刑事司法をこの３つの段階に分けて解説を加える。

ⅱ）法の適正手続きの原則

刑事司法の第一の目的はいうまでもなく，犯罪に対する処罰を定め，国民の生命・身体・財産を犯罪から守ることにある。だが他方で，犯罪者の側にも人権はある。

憲法第31条は「何人も法律の定める手続きによらなければ，その生命若しくは自由を奪われ，又はその他の刑罰を科せられない」と規定している。これは「法の適正手続きの原則」を定めた規定である。この規定の由来は，専制主義が支配していた時代に，不法な逮捕，監禁，拷問や，恣意的な刑罰権の行使によって，人身の自由が不当に踏みにじられた歴史への反省に基づく（芦部・高橋，2019）。つまり刑事司法において法による

適正手続きが保証されるのは，その当該犯罪者の人権を守るためだけではなく，広く，国民全体が恣意的な刑罰権の行使によってその**人身の自由**（憲法第18条）を奪われない社会を実現するためでもある。その意味で，刑事司法を貫く「法の適正手続きの原則」は人権保障にとってとても重要であることを心に留めてほしい。

以上をふまえると，刑事司法に関するあらゆる法律は，国民の生命・身体・財産を犯罪から守るという要請と，刑事司法における法の適正手続きの原則によって犯罪者自身（被疑者・被告人）の人権をも守るという要請という，時に相反する2つの目的の間でバランスを取りながら，具体的な条文や制度が定められている。以下に述べる刑事司法に関する法律を，その視点をもって概観すると，理解しやすいだろう。

B. 犯罪と刑罰の類型—刑法について

i) 犯罪類型の分類

刑事司法における適正手続きの原則から，罪刑法定主義が導かれる。罪刑法定主義とは，法律により，事前に犯罪として定められた行為についてのみ，犯罪の成立を肯定することができるという考え方である（山口，2015）。どのような行為が犯罪として処罰の対象になるのかを定める基本的な法律が刑法である。刑法以外にも犯罪の類型を定める特別な法律もあり，たとえば道路交通法，覚醒剤取締法，銃砲刀剣類所持等取締法などがこれに当たる。

刑法には数多くの犯罪類型が規定されているが，それらは，**法益**，すなわち，被害者のどのような利益を守っているのかという観点から分類することができる。

法益には，個人的法益，社会的法益，国家的法益があり，それぞれ，**表5.1**のような犯罪類型が該当する。

表5.1　法益と犯罪

個人的法益	殺人罪, 窃盗罪, 強制性交罪, 名誉毀損罪など
社会的法益	放火罪, 通貨偽造罪, 文書偽造罪, わいせつ罪, 賭博罪など
国家的法益	内乱罪, 公務執行妨害罪, 逃走罪, 公務員職権乱用罪, 収賄罪など

ii) 犯罪の構成要件

　刑法などに規定されている犯罪類型は，上記のような法益を侵す行為のうち，処罰に値すると評価される行為の類型を定めたものである。つまり違法行為の類型が刑法に列挙されており，これを**構成要件**という。そして，ある具体的な行為が構成要件に該当すると評価されると，それに対して刑罰という法律効果が発生するということになる。

　具体的な条文を見てみよう。

刑法　第199条

　人を殺した者は，死刑または無期若しくは5年以上の懲役に処する。

　これは殺人罪の条文だが，きわめてシンプルな文章であることがわかるだろう。ここで「人を殺した」という部分が殺人罪の構成要件に当たる。

　ところで，いささか物騒な話だが，「人を殺す」に当たる行為には具体的にどのようなものがあるのか挙げてみよう。包丁で刺す，首を絞める，毒を飲ませる，崖から突き落とすなど，一言で殺人といってもさまざまな手段がある。推理小説やサスペンス・ドラマではもっとバラエティに富んだ方法の殺人を見出すことができる。そのようなさまざまな殺人の手段を，法律にすべて列挙することは不可能だ。また科学技術の発展によって新しい殺人の手段も将来現れるかもしれない。そこで法は，殺人に当たる行為類型を，「人を殺した者は」という抽象的な言葉で規定し，さまざまな殺人の手段が殺人罪に含まれるようにしている。したがって，具体的な行為が殺人罪として評価できるのかどうかは，その都度，条文を解釈することによって判断する必要がある。

iii) 違法性阻却事由—正当行為，正当防衛，緊急避難

　ところで，上述のように刑法に定められた犯罪の構成要件は違法行為の類型であるから，構成要件に該当する行為は当然のことながら原則として違法となる。しかし構成要件に該当する行為であっても違法と評価されない場合がある。これを**違法性阻却事由**という。外形的には構成要件に該当するとしても，実質的には処罰に値しない場合がこれに当たる。

　刑法が定める違法性阻却事由には，**正当行為**（刑法第35条），**正当防衛**（同法第36条），**緊急避難**（同法第37条），がある。それぞれの条文と具体例は**表5.2**のようなものである。

表5.2　違法性阻却事由

種類	条文	例
正当行為 （第35条）	法令または正当な業務による行為は，罰しない	警察官による逮捕，外科医による手術
正当防衛 （第36条）	急迫不正の侵害に対して，自己又は他人の権利を防衛するため，やむを得ずにした行為は，罰しない	自分を殺そうとしてきた相手に対し，自分を守るために刃物を振り回していたところ，刃物に当たって相手が死んでしまった
緊急避難 （第37条）	自己または他人の生命，身体，自由又は財産に対する現在の危難を避けるため，やむを得ずにした行為は，これによって生じた害が，避けようとした害の程度を越えなかった場合に限り，罰しない	自動車を運転中，対向車が車線をはみ出してきたのをよけるためにハンドルを切ったところ，沿道の店舗にぶつかって建物を破損した

iv）責任能力

　ある行為が構成要件に該当し，また違法性阻却事由も認められない場合であっても，犯罪行為を行った人を非難できない場合，すなわち行為者に責任能力が欠けている場合には，処罰するべきではない。

　刑法は責任能力を欠く場合として，**心神喪失・心神耗弱**（同法第39条）と，14歳未満の年少者の場合（同法第41条）を定めている。刑法上の処罰を課すことができない場合であっても，前者は後述する医療観察法での対応，後者は少年法（第4章参照）による対応の問題となりうる。ここでは心神喪失・心神耗弱の意味や判断について述べよう。

　心神喪失とは，精神の障害があるために，行為の違法性を弁識し（弁識能力），その弁識に従って行動を制御する能力（制御能力）を欠いている状態をいう。また心神耗弱とは，弁識能力と制御能力が著しく限定されている場合をいう。

　例えば統合失調症と診断される人が，妄想・幻覚に支配され，現実状況を認識しないままに犯罪を行った場合には，心神喪失に当たる場合がある。ただ心神喪失に当たるかどうかは，精神科医などによる精神鑑定書を判断の参考にしつつも，最終的には裁判官によって法的に判断される。裁判所は必ず鑑定書の結論に従わなければならないわけではない（最決昭和59年7月3日，刑集38巻8号2783頁）。

つまり注意しなければならないのは，統合失調症と診断されている行為者であっても，常に心神喪失と判断されるわけではなく，犯行当時の病状や，犯行の動機・態様，犯行後の行動など，犯行時の具体的な状況を考慮したうえで，裁判官によって個々に判断されるということである（最判昭和53年3月24日刑集第32巻2号408頁）。このことは心理専門職なら，統合失調症の患者であっても急性期とそれ以外の場合には病態が相当異なるということを知っていれば，容易に想像がつくものと思う。

　心神喪失と判断され，責任能力を欠き無罪とされた被疑者・被告人に対しては，医療観察法が適用される。それについては後述する。

ⅴ）刑罰の種類

　犯罪に対する刑罰は，法によってその種類が定められている（刑法第9条）。刑罰には，死刑，懲役，禁錮，罰金，拘留および科料と，これらの刑罰に付加して課される没収がある。

　死刑（同法第11条）は生命をもって罪を償わせる極刑であり，死刑廃止論を唱える意見も根強い。しかし日本で現に行われている絞首刑という手段も含めて，死刑は憲法違反ではないとする判例がある（最大判昭和30年4月6日刑集9巻4号663頁）。

　懲役刑（同法第12条）と**禁錮刑**（同法第13条）は，いずれも犯罪者の身柄を拘束して自由を奪う刑罰（自由刑）であるが，両者の違いは，懲役刑では刑務作業を課されるのに対し，禁錮刑ではそれがないことである。拘留（同法第16条）は30日未満という短期間の自由刑であり，軽微な犯罪に対する刑罰となる。

　ただし2022（令和4）年6月に刑法改正があり，禁錮と懲役を一本化した拘禁刑が創設されることになった（2025（令和7）年までに施行される予定である）。これまでは懲役の受刑者には一律に刑務作業を義務付けていたが，拘禁刑では「改善更生を図るため，必要な作業を行わせ，又は必要な指導を行うことができる」（改正刑法第12条）と規定されることになった。これによって受刑者の再犯防止の観点から，受刑者の年齢や特性に合わせ，刑務作業と矯正教育を柔軟に組み合わせた処遇が可能になった。同時に，拘留に処せられた者にも改善更生を図るために必要な作業または指導を行うことができるようになった（同法第16条）。

　罰金（刑法第15条）と科料（同法第17条）はいずれも財産刑であるが，科料は千円以上1万円以下と金額が小さく，軽微な犯罪への刑罰である。

C. 刑罰を課すまでの流れ－刑事訴訟法について

ⅰ）刑事訴訟手続きの流れ

犯罪行為のため何らかの被害が生じた場合に，犯罪者を特定し，刑事裁判で有罪を認定することが必要となるが，その手続きを規定しているのが刑事訴訟法である。

手続きは**捜査段階**と**公判段階**との二つに分かれている。刑事手続きの流れの概要については，**図5.1**のようになっている。

ところで，報道などで犯罪を行ったと疑われる者を「容疑者」とよぶことが多いが，刑事訴訟法上は容疑者について，捜査段階においては「被疑者」，公判段階では「被告人」とよぶことになっている。

注意しなければならないのは，民事と刑事の呼称の違いである。民事訴訟では，訴える側の当事者を原告，訴えられる側の当事者を「被告」と呼ぶが，刑事訴訟では被疑者が起訴された後は「被告人」と呼ぶので，その二つを混同しないように気をつけてほしい。

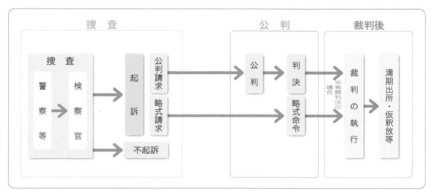

図5.1　刑事手続きの流れ（法務省，1.検察庁と刑事手続の流れより）

ⅱ）捜査

犯罪があると思われる場合（死体が発見された，被害者からの被害の申告があった，目撃者からの通報があった，など）には，警察官（場合によっては検察官）が捜査を始める。捜査によって，被疑者を特定し，被疑者を刑事裁判で有罪にするための証拠を収集する。

証拠は次のように，**供述証拠**と**非供述証拠**に分けられる。

○供述証拠：人が言葉で述べたもの（被疑者の自白や参考人の証言など，言葉で犯罪について述べられたものであり，通常，調書という形で供述内容が残される）

○非供述証拠：供述証拠以外の証拠（凶器，写真，防犯カメラの映像，交通事故の場合のブレーキ痕など）

　このような証拠を得るための捜査方法として，**任意捜査**と**強制捜査**の区別が重要である（刑事訴訟法第197条）。

　任意捜査とは，捜査の対象となる個人の承諾を得て行う捜査活動であり，参考人の同意を得て話を聞いて供述調書を作る場合や，被疑者の同意を得て凶器を提出してもらう，などがこれに該当する。

　強制捜査とは，個人の承諾の有無を問わず，強制力をもって行う捜査であり，逮捕・勾留によって被疑者の身柄を拘束したり，捜索・差押によって物的証拠を強制的に提出させることをいう。強制捜査を行うためには，裁判官が事前に内容を審査して発行する**令状**がなければならない（**令状主義**）。逮捕は3日間，勾留は原則として10日間，延長しても20日間という時間的な制限を設けて令状が発布される。

　実務上重要なのは，逮捕，勾留して被疑者の身柄を拘束したうえで取調べを行い，被疑者から**自白**（犯罪を行ったことを認める供述）を得る場合に，拷問や利益誘導によって自白が行われないようにすることである。被疑者・被告人には**黙秘権**があり，取調べの前に黙秘権があることを告げられなければならない（同法第198条第2項）。また被疑者は捜査段階から弁護人を依頼することもできる。しかしそれでもなお，捜査機関の拷問や利益誘導などによって，被疑者が自分の真意に反して自白を行う場合もある。これに対しては，任意性を欠く自白は証拠から排除されるという法の原則があり（同法第319条第1項），それによって自白が強制的に行われることを防止しようとしている。

　日本の犯罪捜査においては，身柄拘束の状況下で取調べを行い，そこで得られた自白を含む供述証拠が有罪の証拠として事実上，裁判に大きな影響を与えている（辻本，2021）。そのような捜査状況においては，**取調べの可視化**など取調べの適正化が強く要請される（**コラム**）。

　これらの捜査手段によって被疑者の特定と証拠の収集が行われた後，検察官は事件の処分を決定することになる（同法第247条）。処分には，**起**

Column　取調べの可視化

　被疑者の取り調べは，任意同行の場合も逮捕・勾留されている場合も，警察や検察庁の取調べ室で行われる。そこで被疑者から述べられた供述は，犯罪事実を認める自白を含め，供述調書にまとめられ，公判に提出されて，重要な証拠となる。そのため警察も検察も被疑者から被疑者を有罪と証明するために必要な供述を被疑者から引き出すために，被疑者の生い立ちや犯行動機を理解し，被疑者との信頼関係を築くことも考慮しながら，厳しい追及を行う。しかし，そのような取調べが被疑者と警察官や検察官だけが存在する取調べ室という密室で行われることは，さまざまな圧迫のもとに被疑者が虚偽の自白を行い，えん罪を生み出す温床ともなってきた。

　そこで取調べの適正化を図るために，**取調べの可視化**が求められるようになった。取調べの可視化の手段として，取調べの録音・録画は，その記録を事後に客観的に評価し，取調べの適正さ，自白の任意性の判断に供することができるもので，非常に有効である。そこで取調べの録音・録画制度を立法化するため，2016（平成28）年に刑事訴訟法が改正され，2019（令和元）年から施行されることになった。

　現行の**取調べの録音・録画制度**は，その対象となる事件を，①裁判員裁判の対象事件と，②検察官独自捜査事件に限定している（刑事訴訟法第301条の2第1項）。ただし，対象事件の被疑者の取調べであっても，被疑者が逮捕・勾留されておらず，任意同行の段階で行われる取調べについては，録音・録画を行う必要はない（同法第301条の2第4項柱書）。

　上記に該当して録音・録画された取調べの記録媒体は，公判において被疑者の自白の任意性が争われた場合に，検察官からその記録媒体を証拠として提出することを求めなければならない。もし録画・録音がなされていないことなどを理由に検察官が記録媒体の証拠請求ができない場合には，供述調書を証拠として提出することはできない（同法第301条の2第1項柱書）。

　この法改正は，取調べの適正化という面から重大な進歩といえる。ただ上記のように，録音・録画が必要とされる対象事件が限られていることや，任意同行による取調べの場合が除外されていることには批判もなされている。今後，対象事件をより軽微な事件に広げていくことや，任意同行による取調べにも広げていくことが，検討課題となる。

訴，起訴猶予，**不起訴処分**があり，検察官が決定権をもっている。不起訴処分は，「犯罪の嫌疑なし」として起訴しないことを決定する処分である，他方，起訴猶予処分とは，犯罪の嫌疑はあり，証拠が揃っていても，諸般の事情を考慮して起訴しないことにする処分をいう（同法第248条）。

ⅲ）公判手続き

　検察官が被疑者を起訴すると，被疑者は**被告人**とよばれるようになり，

被告人に対する公判手続きが始まる。公判手続きの中では，検察官と弁護人は，被告人が有罪かどうかをめぐって主張をぶつけ合い，証拠調べや証人尋問が行われる。裁判官は，「被告人が犯人であることについて，合理的な疑いを超える程度まで確からしい」と判断した場合に有罪判決を下すこととされている。

公判手続きに関し，裁判員制度と，被害者参加制度についても補足して述べたい。

①裁判員制度

裁判員制度は2004（平成16）年に「裁判員の参加する刑事裁判に関する法律」（以下，「裁判員法」）によって導入された制度である。職業裁判官と一般市民の中から選任された裁判員が協働して刑事裁判を行う制度であり，裁判員法は立法の趣旨として「司法に対する国民の理解の増進とその信頼の向上に資する」と述べている（裁判員法第1条）。

裁判員裁判はすべての刑事裁判について行われるのではなく，「死刑または無期の懲役もしくは禁錮に当たる罪に関わる事件」（裁判所法26条2項2号）などの刑罰の重い事件について行われる。具体的には殺人罪，強盗致死傷罪，傷害致死罪，危険運転致死罪などが該当する。裁判員裁判の法廷は，裁判官3名と裁判員6名によって構成される。裁判員，裁判官は評議を経て，判決を宣告する。裁判員裁判の制度のもとでは，裁判の手続きや判決の内容を法律家でない裁判員にわかりやすいものとする必要があるため，国民にとってわかりやすい裁判が実現されることが期待されている（三井，2017）。具体的には，裁判員制度の導入によって，検察官，弁護士は裁判員に対する説得力をもつように法廷で主張する技術や，証拠を提示する技術を工夫するようになったといわれている。

②被害者参加制度

犯罪における被害者は，犯罪から最も影響を受ける存在であるにもかかわらず，犯罪捜査や刑事裁判においては，その供述などが「証拠」として扱われるに過ぎず，当事者として関わることができなかった。しかし本来被害者は，加害者である被告人の裁判の帰趨について心身に大きな影響を受ける可能性がある存在である。たとえば被害者に対しては，加害者からの再被害の危険を防止すること，心身の健康回復，プライバシーの保護のほか，事件に関する情報の取得，司法手続きへの関与，被害弁償への対応などが必要となってくる。しかし多くの場合，被害者自身が自力でこれら

の問題に取り組むことは困難であることから，法律・条令などで法制度を整備し，それらの制度を用いて各分野で専門家が支援を行うことが必要である（山崎，2021）。

そこで2004（平成16）年に**犯罪被害者等基本法**が制定され，初めて犯罪被害者等の権利が明文化された。また被害者の権利を具体的に実現するための方策として**犯罪被害者等基本計画**が策定されるようになった。

犯罪被害者の支援の一つとして，被害者が刑事裁判に主体的に参加する権利を認めることが重要である。たとえば危害を加えてきた加害者が執行猶予付きの判決を受けて釈放された場合，被害者は再び加害者に危害を加えられるのではないかと大きな不安を抱くだろう。被害者の生活は，刑事裁判の結果に大きな影響を受ける。

刑事裁判における被害者の権利強化として，被害者参加制度がある。この制度によって，被害者は実際に公判期日に出席し，証人尋問や意見陳述を行うことができるようになった（犯罪被害者等基本法第18条，刑事訴訟法第292条の2）。また被害者参加制度を利用しない場合でも，刑事裁判において被害に関する心情その他被告事件に関する意見を陳述することもできる。

また捜査段階においても，警察や検察から，被疑者の検挙，起訴・不起訴の処分状況について連絡をする制度や，刑事事件記録の閲覧・謄写の手続きも設けられた。

D. 刑罰の執行と社会内処遇

刑事裁判において懲役，禁錮，拘留の刑が確定した場合（改正刑法の施行後は拘禁刑，拘留が確定した場合），被告人は身分が受刑者に変わり，刑務所に収容され，施設内での処遇を受ける。また刑務所を出た後も，更生・社会復帰のために社会内での処遇を受ける。

刑事施設での処遇については「**刑事収容施設及び被収容者等の処遇に関する法律**（刑事収容施設法）」が定めている。被収容者を，受刑者，未決拘禁者，死刑確定者などに分離したうえで，それぞれについて処遇の原則が定められている。

また社会内での処遇については，**更生保護法**において，仮釈放や保護観察の制度について定められている。

E. 医療観察法

医療観察法は正式名称を心神喪失等の状態で重大な他害行為を行った者の医療及び観察等に関する法律といい2003（平成15）年に成立した。この法律の目的は，精神障害により心神喪失または心神耗弱の状態で重大な加害行為を行った者が，不起訴処分，無罪または執行猶予の判決によって実刑を免れた場合，適切な医療を受けさせることによって，症状の改善と再発防止，そして社会復帰を図ることにある（医療観察法第1条）。

この法律は，2002年のいわゆる池田小児童殺傷事件の後，心神喪失で不起訴や無罪となった精神障害者が何らの治療的処遇も受けずに社会に戻ることへの問題が提起されて制定されたものである。医療観察法により入院または通院の処遇を受けることは，犯罪による処罰とは異なるものだが，対象者に入院や通院を義務付けるものであり，対象となる者の自由を一定程度制限するという性質を有している。そのため，医療観察法に基づく処遇を決定するに当たっては，人身の自由の観点から慎重な手続きが定められている。

まず医療観察法の対象となる者は，「重大な加害行為」（同法第1条）を行った者に限られている。具体的に重大な加害行為とは，殺人，放火，強盗，強制性交等，強制わいせつ，傷害に限定されており，これらを「対象行為」とよぶ（同法第2条1項）。

対象行為を行った者が，心神喪失または心神耗弱と判断され（刑法第39条），不起訴，無罪または執行猶予になった場合，検察官が地方裁判所に，医療観察法による医療および観察を受けさせるべきかどうかの判断を求めるべく申立を行う（医療観察法第33条）。

検察官からの申し立てがなされると，裁判所は原則として，対象者を鑑定するために医療機関に入院させる（同法第34条，第37条）。鑑定の結果を基礎とし，裁判官一人と精神保健参与員（必要な学識経験を有する医師）一人の合議体による審判で，入院または通院の処遇を決定する（同法第11条）。

審判によって，医療観察法に基づき入院して医療を受ける決定を受けた場合には，対象者は指定入院医療機関に入院して手厚い専門的医療を受ける。また審判によって入院によらない医療を提供することを決定した場合には，対象者は，保護観察所の作成する処遇実施計画に基づいて，原則として3年間，指定通院医療機関に通院して医療を受けることになる（同法第43条，44条）。

対象者の精神障害が改善した場合には，保護観察所の長は医療観察による

処遇の終了の申し立てを行い，裁判所は入院医療から通院医療への変更や，処遇の終了を決定する（同法第56条）。

　なお医療観察法の手続きの過程では，社会復帰調整官の果たす役割が大きい。社会復帰調整官は保護観察所に配置され，医療観察制度の対象者の社会復帰を促進するため，地域の医療機関や関係者と連携しながら対象者に適切な援助や助言を行う。具体的には，鑑定入院の段階では対象者の生活環境の調査，入院処遇の期間には対象者の退院後の通院先など生活環境の調整，そして通院処遇の期間は対象者の継続的医療の確保や生活状況の見守りなどを行っている。

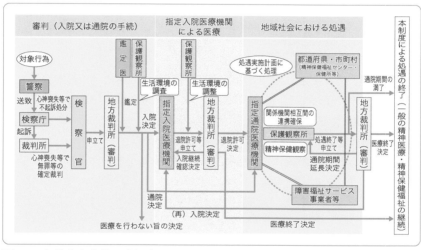

図5.2　心神喪失者等医療観察法による手続きの流れ（法務省. 令和3年版犯罪白書. 4-10-3-1）

5.2節 ┃ 近親者等に対する虐待・暴力に関する法制度

　上述のように刑事司法手続きは，違法性が高く，法益を守るために禁止する必要性が高い行為を犯罪として刑法等に規定し，刑事訴訟法に基づいて犯罪者に刑罰を課すものである。しかし刑法等に規定される犯罪ではなくても，他者の心身を傷つける行為は存在する。そのうち，被害者がさまざまな意味で弱く，傷つきやすい存在である場合には，加害行為が犯罪に該当しない場合であっても，それを事前に防止すること，またすでに行われた加害行為から被害者を救済することの必要性は高い。

このような必要性から，児童，高齢者，障害者に対する虐待を防止する法律が制定されている。また配偶者間での暴力については，犯罪行為として個々の暴力行為を処罰するだけではなく，将来的にも防止することが必要との観点からドメスティック・バイオレンス（いわゆるDV）を防止する法律が制定されている。

　なお，上述のようにこれらの法律によって規制される虐待行為，DVの一部は，殺人罪，傷害罪，強制性交罪，保護責任者遺棄罪など，刑法等の刑罰法規にも該当する犯罪行為であるので，刑事司法手続きの対象にもなりうる。またそれらの行為は不法行為として民事上の損害賠償請求の対象ともなりうる（民法709条）。

A. 児童に対する虐待の防止

ⅰ）法の目的

　国連総会で採択された「児童の権利条約」が，1994年に日本で批准された。それを受けて2000（平成12）年に「**児童虐待の防止等に関する法律**」（児童虐待防止法）が成立した。

ⅱ）児童虐待とは

　児童虐待とは，保護者（親権者，未成年後見人，その他児童を現に監護する者）が，その監護する児童（18歳未満の者）に対し行う行為である。現に児童を監護する者とは，祖父母や親戚も含まれる（児童虐待防止法第2条）。

　虐待行為の種類は，**①身体的虐待，②性的虐待，③ネグレクト，④心理的虐待**の4つが規定されている。このうち③のネグレクトには，保護者以外の第三者（親の交際相手など）からの虐待行為を放置することも含まれる。また④の心理的虐待のなかには，配偶者からの暴力を児童に目撃させることも含まれる。

ⅲ）早期発見と通報の義務

　児童は自分自身で助けを求めることが難しく，児童を虐待から守るためには児童虐待を発見しやすい立場にある大人の努力が必須である。そこで法は，学校，児童福祉施設，病院その他児童の福祉に業務上関係のある団体や，医師，保健師，弁護士など児童の福祉に職務上関係のあるものについて，児童虐待の早期発見に努めなければならないことを定めている（同法第5条第1項）。この条文の中に公認心理師は明記されてはいないが，

公認心理師も「児童虐待を発見しやすい立場にある」ことから，この**早期発見の義務**を負うと考えられる。

　さらに，児童虐待を受けたと思われる児童を発見した者は，速やかにそれを福祉事務所または児童相談所に通告しなければならないとして，**通告義務**が定められている（同法第6条第1項）。またこの通告義務を果たす場合には，他の法律等でその専門職等に課されている守秘義務は免除される（同法第6条第3項）。

iv）虐待への対応

　児童相談所に通告された児童虐待への法的対応においては，児童の安全を速やかに確保することが極めて重要であることから，児童相談所の職員等は，児童の住所・居所に立ち入り調査を行うことができる（同法第9条）。また保護者に対し，児童を同伴して出頭を求めることもできる（同法第8条の2）。そして立入調査や出頭要求に対し，保護者が正当な理由なく応じない場合には，家庭裁判所の許可状を得て，施錠を解いて家の中に入ったり（**臨検**），児童を探し出したり（捜索）することができる（同法第9条の3）。

　調査等の結果，児童の安全を迅速に確保し適切な保護を図るために必要な場合に，児童を保護者から分離して一時保護を行うことができる（児童福祉法第33条）。ただし一時保護は原則として2ヶ月という期間の限定が付されている。そこで中・長期的に保護者から分離する必要がある場合には，家庭裁判所の承認を得て，児童を児童福祉施設に入所させることができる（同法第28条）。さらに家庭裁判所の審判によって親権喪失や親権停止を行うという方法もある（民法第834条，843条の2）。

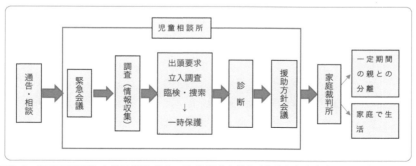

図5.3　児童相談所における児童虐待の法的対応と流れ（東京都福祉保健局，児童相談所における児童虐待の法的対応と流れを一部改変）

B. 高齢者に対する虐待の防止

ⅰ) 法の目的

高齢者はその養護者から虐待を受けやすい立場にあり，高齢者虐待を防止する必要性は高い。また介護疲れなどから養護者が結果的に高齢者を虐待する行為に追い込まれていくことのないよう支援することも，高齢者虐待の防止にとって重要である。そこで高齢者虐待について，「高齢者虐待の防止，高齢者の養護者の支援等に関する法律（高齢者虐待防止法）」が2005（平成17）年に成立した。この法律は，高齢者虐待の防止等に関する国等の責務，高齢者虐待を受けた高齢者に対する保護のための措置，養護者の負担軽減をはかり養護者を支援することで高齢者虐待を防止するための措置を定めている（高齢者虐待防止法第1条）。

ⅱ) 高齢者と虐待行為

高齢者とは65歳以上の者をいい，養護者とは高齢者を現に介護する者であって，要介護施設従事者以外の者をいう。また要介護施設従事者による高齢者虐待についても別途，条項がある（同法第2条第5項）。

高齢者虐待の行為について，法は次の5つを定めている（同法第2条第4項）。すなわち，①身体的虐待，②介護・世話の放棄・放任，③心理的虐待，④性的虐待，⑤経済的虐待である。

ⅲ) 国，地方公共団体，国民の責務

高齢者虐待防止法は，国，地方公共団体に対して高齢者虐待を防止するための体制を整備し，必要な施策を行う責務を負うことを定める（同法第3条）ほか，国民の責務も定めている（同法第4条）。

さらに具体的な責務として，高齢者虐待の早期発見の義務（同法第5条）や通報義務（同法第7条）を定めている。すなわち，要介護施設，病院，保健所その他高齢者福祉に業務上関係のある団体，要介護施設従事者，医師，保健師，弁護士その他高齢者の福祉に職務上関係のある者は，高齢者虐待を発見しやすい立場にあることから，早期発見に努めなければならない（同法第5条）。また通報義務として，養護者による高齢者虐待を受けたと思われる高齢者を発見した場合に，その高齢者の生命または身体に重大な危険が生じている場合に，速やかに市町村に通報する義務を負う。

ⅳ) 虐待行為発見後の対応

通報等があった場合，市町村は安全の確認を行い（同法第9条1項），必要に応じて立入調査を行ったうえで（同法第11条），高齢者虐待により

生命または身体に重大な危険が生じている恐れがあると認められる場合には，高齢者を老人福祉施設に一時保護するなどの対応を行う（同法第9条2項）。

ⅴ） 養護者の支援

　高齢者虐待防止法のもう一つの目的は，養護者の支援である。市町村は高齢者虐待防止に関して養護者からの相談を受け，指導，助言を与えるが（同法第6条），さらに養護者の負担を軽減するための相談，指導，助言を行うとともに，養護者の負担軽減のために緊急の必要性がある場合には，高齢者を短期間，養護する居室を確保する措置を行う（同法第14条）。

C. 障害者に対する虐待の防止

ⅰ） 法の目的

　障害者に対する虐待は障害者の尊厳を害するものであり，障害者の自立および社会参加にとって障害者に対する虐待を防止することが極めて重要である。そこで障害者に対する虐待の禁止，国等の責務，障害者虐待を受けた障害者に対する保護及び自立の支援のための措置，養護者に対する支援のための措置を定めた，「障害者虐待の防止，障害者の養護者に対する支援等に関する法律（障害者虐待防止法）」が2011（平成23）年に成立した。

ⅱ） 障害者および虐待行為

　障害者虐待防止法において「障害者」とは，身体障害，知的障害，精神障害（発達障害を含む），その他心身の機能に障害があって，障害および社会的障壁により継続的に日常生活・社会生活に相当な制限を受ける状態にあるものをいう（障害者虐待防止法第2条1項）。

　この法律において「障害者虐待」とは，虐待の加害者として想定されている者と，虐待行為の類型の二つの観点から定義される。虐待行為を行う者として，①養護者によるもの，②障害者福祉施設従事者等によるもの，③使用者によるもの，の3つを障害者虐待という（同法第2条2項）。

　また虐待行為の類型としては，①身体的虐待，②放棄・放置，③心理的虐待，④経済的虐待の5つをいう（同法第2条6項）。

ⅲ） 通報義務と通報後の対応

　障害者虐待の防止のための早期発見義務が，障害者福祉に関係のある国・地方公共団体の機関や，職種に対して課せられている（同法第6条）。

表5.3 障害者虐待への対応

	養護者による虐待	障害者福祉施設従事者等による虐待	使用者による虐待
通報先	市町村	市町村 ※都道府県に報告	市町村・都道府県 ※労働局に報告
対応	①事実確認（立入調査など） ②措置（一時保護，後見審判請求）	①監督権限等の適切な行使 ②措置等の公表	①監督権限等の適切な行使 ②措置等の公表
責務	市町村の責務：養護者の相談等，居室確保，連携確保	設置者等の責務：当該施設における虐待防止のための措置を実施	事業主の責務：当該事業所における障害者に対する虐待防止等のための措置を実施

（厚労省，「障害者虐待の防止，障害者の養護者に対する支援等に関する法律の概要」をもとに作成）

さらに，養護者，障害者福祉施設従事者，使用者による虐待を発見した者には，**通報義務**がそれぞれ課せられている（同法第7条，第16条，第22条）。

通報があって虐待が発見された場合の対応は**表5.3**の通りである。

D. 配偶者間の暴力

ⅰ）法の目的

　配偶者からの暴力が，犯罪である傷害や殺人の行為を含む場合もあるにもかかわらず，被害者の救済が十分に行われなかったこと，とりわけ，配偶者からの暴力の被害者が多くの場合女性であり，人権の擁護と男女平等の実現を図るためにも配偶者からの暴力を防止する必要性が高いことから，「配偶者からの暴力の防止及び被害者の保護等に関する法律（DV防止法）」が制定された。

ⅱ）配偶者・暴力の定義

　DV防止法において「配偶者」とは，婚姻の届け出をして夫婦関係にある者だけでなく，事実婚や元配偶者も含んでいる（DV防止法第1条3項）。また「暴力」とは，身体的な暴力だけでなく，精神的・性的暴力など心身に有害な影響を及ぼす言動も含む（同法第1条1項）。

ⅲ）配偶者暴力支援センター

　DV防止法では，国や地方公共団体に配偶者からの暴力の防止に関する責務を定めている（同法第2条，第2条の二，第2条の三）。そして都道府県や市町村は「**配偶者暴力支援センター**」において具体的に配偶者間暴力の防止のための次のような業務を行う（同法第3条）。

　①相談または相談機関の紹介
　②被害者の心身の回復のための医学的または心理学的な指導など
　③被害者及び同伴者の緊急時における安全の確保および一時保護
　④被害者の自立生活促進のための情報提供と援助
　⑤保護命令制度についての情報提供と援助
　⑥被害者を居住させ保護する施設の利用についての情報提供その他の援助

ⅳ）通報

　配偶者からの暴力を受けている人を発見した人は，その旨を配偶者暴力相談支援センターまたは警察官に通報するよう努めなければならない（同法第6条1項）。また医師その他医療関係者は，配偶者からの暴力によって負傷しまたは疾病にかかったと認められる者を発見したときは，通報することができるが，この場合，被害者の意思を尊重するよう努めることが定められている（同法第6条2項）。

ⅴ）保護命令

　配偶者からの身体的な暴力を受けている場合や，生命などに対する脅迫を受けている場合であって，被害者の生命，身体に重大な危害を受けるおそれが大きい場合には，被害者の申し立てによって裁判所は配偶者に対し，保護命令を出すことができる（同法第10条）。保護命令として次のような種類がある。これらの保護命令は，6ヶ月の期間とされる。

　①被害者への接近禁止命令
　②退去命令
　③被害者の子または親族等への接近禁止命令
　④面会要求，電話，メールなどの禁止命令

　なお，配偶者が保護命令に違反した場合，1年以下の懲役または100万円以下の罰金に処せられる（同法第29条）。

章末演習問題

以下の文章の空欄に入る適切な語句を答えなさい。

1 刑事司法手続きにおいては，被害者の法益の保護と同時に，被疑者・被告人の人身の自由への配慮から，（　　　　　　）の原則に基づき制度が定められている。

2 精神の障害があるために，行為の違法性を弁識し（弁識能力），その弁識に従って行動を制御する能力（制御能力）を欠いている状態を（　　　　　　）という。弁識能力と制御能力が著しく限定されている場合を（　　　　　　）という。

3 現行刑法の刑罰である懲役刑と禁錮刑は，2022（令和4）年度の刑法の改正により（　　　　　　）に一本化され，改善更生のために必要に応じて（　　　　　　）や矯正教育を行えることになった。

4 医療観察制度にもとづき（　　　　　　）が申立てをした場合，地方裁判所は対象者を（　　　　　　）させ，その結果に基づき，指定入院医療機関への入院または指定通院医療機関への通院を決定する。

5 配偶者間の暴力がある場合，被害者の生命，身体に重大な危害を受けるおそれが大きい場合には，被害者の申し立てによって裁判所は配偶者に対し，（　　　　　　）を出すことができる。

〈引用文献〉
芦部信喜[高橋和之補訂]（2019）．憲法[第3版]．岩波書店．
法務省（2021）．令和3年版犯罪白書．
法務省．1 検察庁と刑事手続きの流れ．https://www.moj.go.jp/keiji1/keiji_keiji11-1.html
法務省．6 心神喪失者等医療観察法の審判に関連する被害者支援．
　　　https://www.moj.go.jp/keiji1/keiji_keiji11-6.html
三井誠（2017）．入門刑事手続法[第7版]．有斐閣．
厚労省．障害者虐待の防止，障害者の養護者に対する支援等に関する法律の概要．
　　　https://www.mhlw.go.jp/file/06-Seisakujouhou-12200000-Shakaiengokyokushougaihoken-
　　　fukushibu/0000129721.pdf
東京都福祉保健局．児童相談所における児童虐待の法的対応と流れ．
　　　https://www.fukushihoken.metro.tokyo.lg.jp/soumu/2019sya/02/p10.html
辻本典夫（2021）．刑事訴訟法．成文堂．
山口厚（2015）．刑法[第3版]．有斐閣．
山崎勇人（著）（2021）．犯罪被害者支援①法律職の視点から．下山晴彦・岡田裕子・和田仁孝（編）．公認心理師への関係行政論ガイド．北大路書房．

第3部 | 犯罪・非行分野の臨床

第 6 章 アセスメント

6.1節 | 犯罪・非行分野の臨床に必要なアセスメント

　犯罪・非行分野の臨床において行われるアセスメントは，成人の場合，主として捜査段階，裁判段階，執行段階の3つの段階で行われる（**図6.1**）。捜査段階では，未知の犯人像推定のためのプロファイリング，被疑者の供述の真偽の確認，犯意や動機の解明等を目的としたアセスメントが行われる。裁判段階では，責任能力や訴訟能力の審理のためにアセスメントが行われ，執行段階では，刑務所等の**施設内処遇**や保護観察所の**社会内処遇**における対象者の再犯防止や改善更生の処遇の選択，計画，評価等のためにアセスメントが行われる。

　少年の場合は，原則として「全件送致主義」が採用されており，捜査機関によって嫌疑がないと判断された場合を除き，家庭裁判所に送致される。そ

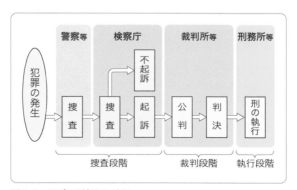

図6.1　刑事手続きの流れ

の後，少年が更生し健全な成人となるように保護することを目的とした**少年審判**に向けて，少年が起こした犯罪についての情報に加え，鑑別，犯罪の動機，原因，少年の性格，生育歴，生活環境についてアセスメント（社会調査）が行われる。その後，必要に応じて少年院等の施設内処遇や保護観察所の社会内処遇において処遇評価のアセスメントが行われる。

　捜査段階については第11章で，裁判段階の責任能力や訴訟能力の審理については第12章で紹介しているので，本章では，主に再犯防止や改善更生の処遇の選択，計画，評価のための執行段階に関するアセスメントを中心に紹介する。

6.2節 │ **犯罪・非行分野のアセスメントの目的と方法**

　犯罪・非行分野の臨床におけるアセスメントは，再犯防止や改善更生に資することが大きな目的である。犯罪・非行の理論的背景は，歴史的に，社会学的犯罪理論が中心であった（**表6.1**）。社会学的犯罪理論は，**緊張理論**，**サブカルチャー理論**，そして**ラベリング理論**などが代表的であるが，これらの理論は主として社会的階層のあり方が犯罪行動の原因であるとする社会構造そのものに焦点を当てたマクロの視点に立つ理論であるため，ミクロとしての個人の再犯防止や改善更生を目的とした場合には極めて限定的なアプローチにとどまらざるをえないという課題を有していた。

　一方で，ミクロとしての個人のアセスメントに資する理論として，犯罪行動の原因を社会的ネットワークと個人特性の相互作用に焦点を当てた**統制理論**，および**分化的接触理論**などを挙げることができ，現在の犯罪・非行分野のアセスメント内容と一部合致する内容である。

　現在行われている犯罪・非行分野の臨床におけるアセスメントの理論的背

表6.1　主な社会学的犯罪理論の対象と犯罪・非行の原因

対象	理論	犯罪・非行の原因
マクロ	緊張理論 サブカルチャー理論 ラベリング理論	合法的な達成手段の提供の失敗 非合法的な集団を良しとする集団の形成 特定の逸脱行為をした者を「逸脱者」とラベルづけ
ミクロ	統制理論 分化的接触理論	個人が社会との間に形成している「絆」の程度 犯罪・非行傾向の高い他者との接触

景は，一般的パーソナリティ理論と認知社会的学習理論が主流となりつつある。一般的パーソナリティ理論と認知社会的学習理論とは，前者が個人の性格特性に着目した理論であり，後者が個人と環境との相互作用に着目した理論である。ボンタ（Bonta, J.）とアンドリュース（Andrews, D. A.）は，これら2つの理論に基づき，セントラル・エイトとよぶ8つの主要なリスク・ニーズ要因として，（1）犯罪歴，（2）犯罪指向的態度，（3）犯罪指向的交友，（4）反社会的パーソナリティ・パターン，（5）家族・夫婦，（6）学校・仕事，（7）物質乱用，（8）レジャー・レクリエーションを提唱している（Bonta & Andrews, 2016；**表6.2**）。一般的パーソナリティ理論と認知社会的学習理論の主な特徴は，社会学的犯罪理論と比較して，再犯防止や改善更生におけるミクロとしての個人のアセスメントに資することに加え，具体的なアプローチの提案が可能であるという点にある。

犯罪・非行分野の臨床におけるアセスメントの方法は，あらゆる場面において**臨床面接**が主として行われる。加えて，心理学的なアセスメントとして**人格査定**が行われるが，伝統的に，犯罪・非行をするに至った背景要因としての生い立ちに焦点が当てられてきたため，主な方法として**投影法**が用いられてきた。一方で，近年では，科学的な検証を前提としたエビデンス・ベイスト・プラクティスの考え方が浸透した経緯もあり，保険数理的アプローチに基づくリスクアセスメントが行われるようになってきている。

A. 臨床面接

臨床面接では，アセスメントを実施する面接者とアセスメントを受ける側である対象者との言語コミュニケーションと非言語コミュニケーションを通じて，対象者の思考，感情，行動のパターン，パーソナリティ特性，対人関係，社会的態度，価値観の特徴，家族関係，生活歴，各種の問題行動履歴等の情報を収集する。一般的に臨床面接では，初回の面接において，面接の目的，面接者の役割，面接で得た個人情報の利用の仕方や秘密保持の制約等について十分な説明がなされ，対象者の同意を得る手続きがとられる。その後，上記の情報に加え，医学的な診察や心理検査の結果，そして関係機関から得た情報などをふまえ，処遇の方針や内容の検討が行われる。

司法・犯罪分野における面接では，当然のことながら，一般の臨床面接と同様に，基本的な臨床面接のスキルが必要となる。加えて，司法・犯罪分野における対象者には，面接時に否認，矮小化，合理化などの**抵抗**を示す者や，

表6.2　8つの主要なリスク・ニーズ要因（セントラル・エイト）

リスク・ニーズ要因	内容
（1）犯罪歴	家庭や家庭外などのさまざまな場面において，数多くの多様な犯罪行動に早期からかかわっていること。主要な指標は，若年時の逮捕，数多くの犯罪の前歴，条件つき釈放期間中の規律違反など。
（2）犯罪指向的態度	犯罪を好ましいものとする態度，価値観，信念，合理化，思考などの変数を含む複合的な変数である。犯罪に関連する認知・情緒的状態は，怒り，イライラ感，憤慨，反抗などである。具体的な指標としては，犯罪者への同一化，法や司法システムへの否定的態度，犯罪は報酬をもたらすものだという信念，犯罪が正当化される幅広い条件を事細かに述べるような合理化（例：被害者にはそれが当然の報いだった，被害者は取るに足らない人間だ）。
（3）犯罪指向的交友	このリスク・ニーズ要因には，犯罪指向的他者との交友，および向社会的他者からの孤立の双方が含まれる。
（4）反社会的パーソナリティ・パターン	衝動的，冒険的な楽しみを求めること，幅広い問題性（複数の被害者，複数の場面），落ち着きのない攻撃性，他人を顧みない冷淡さ。
（5）家族・夫婦	若者の場合は原家族，より年長者の場合は婚姻状況をアセスメントするが，その時の鍵となるポイントは，対人関係の質や，監視，教育，しつけのアプローチなど犯罪行動に関する行動的期待やルールを把握することである。
（6）学校・仕事	強調すべき点は，学校や仕事場面での対人関係の質である。一般的に，リスク・ニーズ要因となるのは，成績ややりがいのある取り組み，満足などが低いことである。
（7）物質乱用	アルコールや他の薬物（タバコを除く）に関する問題の有無と程度。物質に関して現時点で問題があることは，過去の乱用歴よりも高いリスクの指標となる。
（8）レジャー・レクリエーション	向社会的なレジャーを行うことへの取り組みや満足感の低さ。

（Bonta & Andrews, 2016を一部改変）

操作的な態度や欺瞞的な態度で面接の目的とは異なる意図をもって臨む者も少なくない。そのため，面接者が，面接における対象者の発言を吟味することなく，字義通りに受け取ってしまったり，対象者の意のままにコミュニケーションが行われてしまったりすることによって，アセスメントに必要となる情報を収集できないままに面接が進んでしまうことがある。

このようなアセスメントに必要となる情報を収集できないという問題については，面接者側の認知的反応や感情的反応が影響してしまっていることが一つの要因である。具体的には，対象者の機嫌を損ねてしまうことを過度に恐れて踏み込んだ情報収集ができないままに面接を進めてしまったり，機微に触れるような話題，たとえば性的な話題などに抵抗を抱き聴取すべき事件の詳細や関連情報を確認することなく面接を進めてしまったりすることがある。そのため，臨床面接のスキルの獲得の過程において，面接者は自分自身の認知的反応や感情的反応の特徴を把握し，それらの反応への適切な対処を身につける必要がある。そこで，アセスメント技能向上のために，**スーパービジョン**や関連する研修を受ける必要がある。

また，アセスメントを主たる目的とした面接では，限られた回数と時間の中で必要となる情報を収集する必要がある。そのため，基本的な臨床面接のスキルを前提としながらも，戦略的に情報を収集することが求められる。戦略的に情報を収集する代表的な方法として，**構造化面接**や**半構造化面接**が挙げられる。アメリカ精神医学会が刊行している精神障害の診断・統計マニュアルであるDSM-5に基づく精神障害スクリーニングのための**SCID**（Structured Clinical Interview for DSM-5：DSM-5のための構造化面接）や依存症評価のための**ASI**（Addiction Severity Index：嗜癖重症度指標）等が代表的である。

なお，アセスメントを主たる目的とした面接は，対象者の理解や処遇の手がかりを把握するための情報の収集等の調査に重点が置かれるが，実質的に，処遇の導入期に位置づけられることが多く，対象者の改善更生を促す貴重な契機ともなる。そのため，必要となる情報の収集を優先しながらも，同時に改善更生に向けた働きかけをすることが望ましい。基本的には，自己理解を促しながら，**ソクラテス式質問法（コラム）**などを通して，改善更生につながりうる価値の明確化と目標設定を自己発見させることが期待される。具体的な手続きの代表的な技法として，**動機づけ面接**（Motivational Interviewing; Miller & Rollnick, 2012）を挙げることができる。

　司法・犯罪分野において公認心理師が実施する支援方法として，認知行動療法を用いることが明文化された（厚生労働省，2017）。認知行動療法では，共同的実証主義を基本姿勢として誘導による発見を促すソクラテス式質問法が用いられている。共同的実証主義は，面接者と対象者が問題行動や問題となる認知について協力して検討することを意味する。誘導による発見は，対象者が気づいていない関連情報について質問を重ねることを通して，問題行動や問題となる認知のパターンを対象者自身に発見させることを意味する。そしてソクラテス式質問法は，誘導による発見を導く面接方法であり，指摘，アドバイス，提案などによって教えるのではなく，たとえそれらと同じ内容について面接をしようとした場合においても，質問形式で対象者自身に気づきを促す方法である。改善更生を目指す司法・犯罪分野における面接においても，これらを原則として取り組むことが期待される。

　動機づけ面接は，本人の主体性を重んじながらも，本人に問題への気づきを促し，行動変容について検討させることを目的とした面接技法である。「開かれた質問（Open Ended Question）」，「是認（Affirm）」，「聞き返し（Reflective Listening）」，そして「要約する（Summarize）」の４つのスキルそれぞれの頭文字をとったOARS（オールズ）とよばれる面接技法を用いて，望ましい変化に向かう本人の言動を強化する。主として，治療に取り組む患者を対象に，回復を目指す行動を起こさせる面接技法として開発され，特に治療への抵抗が大きい依存症の治療に用いられることが多く，それ以外にもさまざまな疾患や問題行動を対象に用いられている（8.7節，14.4節も参照）。

B. 人格査定

　人格査定は，いわゆる「心理検査」に相当し，主に対象者のパーソナリティをアセスメントするために用いられている。検査が意図する評価領域，構造化の程度，心理測定的な特性等に応じた多様な方法が存在する。そのため，人格査定を実施する際には，使用する心理検査の信頼性と妥当性，実施可能性などを考慮し，検査目的に沿った必要十分な種類と内容の検査を選択して**テストバッテリー**を組み，実施する必要がある。刑務所などの矯正施設では，一度に多数の対象者の評価を求められることが多いため，まずは，知能，性格特性，そして社会的態度等について集団場面で実施可能な心理検査が実施される。個別のアセスメントが可能な施設やその必要があると判断された対象者に対しては，人格査定の代表的な方法として，伝統的に投影法が用いられている。

C. 投影法

　投影法は，あいまいな刺激や不完全な刺激に対して比較的自由な反応を求め，被験者の自由な反応の中に投影されている内的な衝動や感情を分析・解釈して人格の深層を理解することを目的としている。投影法の代表的な方法として，1921年にスイスの精神医学者ロールシャッハ（Rorschach, H.）が考案した投影法である**ロールシャッハ・テスト**がある。インクのしみでできた10枚の左右対称の刺激図版を1枚ずつ被験者に手渡して，図形が何に見えるかを自由に話してもらい，それは図版のどこに見えたのか，なぜそのように見えたのかなどの質問をして検査を行う。また，ロールシャッハ・テストのテストバッテリーとして採用されることの多い投影法として，連想検査の変形として発達した**SCT**（Sentence Completion Test：文章完成法）がある。この検査は，1897年にエビングハウス（Ebbinghaus, H.）が開発したとされ，連想検査の変形として発達した検査であり，「私は」や「社会は」などの主語のみが掲載された用紙を渡し，その後に続く文章を記入させ，文章を完成させる検査である。さらに，非行少年を対象に伝統的に用いられてきた投影法として，1935年にハーバード大学のマレー（Murray, H. A.）によって発表された**TAT**（Thematic Apperception Test：主題統覚検査）がある。この検査は，被験者に，社会的状況を描写した絵を1枚ずつ見せて「今どのような状況にあり，そこにいる人は何を考えて感じているのか，以前はどのようなことがあったか，またこれからどうなっていくのか」ということを質問し，想像力を刺激することによって，1つずつ自由に空想させる検査である。これらに加え，バック（Buck, J. N.）が1948年に開発した**HTPテスト**（House-Tree-Person Test）やコッホ（Koch, K.）が1945年に開発した**バウムテスト**などの検査を必要に応じた複数の組み合わせで人格査定が行われる。なお，投影法については，妥当性と信頼性に課題を有しているとする指摘をなされることが多く，科学的な検証を前提としたエビデンス・ベイスト・プラクティスの立場にたった場合においては，アセスメントの選択肢としての優先順位は低くなるということに留意する必要がある。

D. 保険数理的アプローチ

　臨床面接や人格査定については，再犯の予測といった点において，十分な根拠が得られていないといった課題を有していたため，近年では，犯罪・非

行分野のアセスメントとして再犯の予測に特化した保険数理的アプローチが
わが国を含む諸外国において実施されている。保険数理的アプローチとは，
生命保険等の分野で活用されている対象者のさまざまな要因を数式に組み込
み，その数式を用いて発病の予測可能性を推定する統計的分析に基づくアプ
ローチである。代表的な方法として，性犯罪再犯リスクの査定を可能とした
Static-99（Hanson & Thornton, 1999）がある。Static-99では，年
齢，同居の有無，過去の犯罪の特徴に関する10項目のチェックリストに
よって導きだされる得点に応じて，「低」，「中-低」，「中-高」，および「高」
の4つのリクス段階に分類される。ハリス（Harris, A. J. R.）らの取り組
みでは，これらの分類によって予測される再犯率が示されている（**表6.3**）。
なお，実際のアセスメントの際には，リスクの総合的評価を目的とした「リ
スクアセスメントツール」が用いられることが多く，対象者年齢（成人，少
年など）や，犯罪類型（性犯罪全般，暴力が伴う性犯罪など）ごとに適した
ツールが採用されている。

表6.3　STATIC-99のリスクカテゴリーと再犯率（Harris et al., 2003）

リスクカテゴリー	得点	5年後の再犯率	10年後の再犯率	15年後の再犯率
低	0, 1	5.7%	8.9%	10.1%
低-中	2, 3	10.2%	13.8%	17.7%
中-高	4, 5	28.9%	33.3%	37.6%
高	6点以上	38.6%	44.9%	52.1%

　このように犯罪・非行分野の臨床におけるアセスメントの方法は，犯罪・
非行分野に特化した方法が用いられていることに加え，一般の臨床面接で行
われるアセスメントと一部同様の方法が用いられており，他分野と同様に一
般的な心理職としてのトレーニングが必要不可欠である。ただし，犯罪・非
行臨床場面では，次節で述べるように，伝統的に行われてきた一般の臨床面
接に準ずる方法から，科学的なエビデンスに基づくリスクアセスメントの方
法に移行してきており，保険数理的アプローチをはじめとしたリスクアセス
メント方法とその理論的背景について十分に理解し，その実施方法について
トレーニングを受けることが必要である。

リスクアセスメントとは，一般に，災害等を発生させうる要因を「リスク（危険性）」として，リスクを査定（アセスメント）することである。犯罪・非行分野におけるリスクアセスメントは，再犯・再非行のリスクを査定することである。再犯・再非行のリスクアセスメントに関する理論としては，RNRモデルが代表的である。RNRモデルは，カナダの犯罪心理学者であるボンタとアンドリュースらの研究グループが発展させてきた犯罪者処遇のモデルである。このモデルは，（1）リスク原則（Risk Principle），（2）ニーズ原則（Need Principle），および（3）反応性原則（Responsivity Principle）の3つの原則で構成され，再犯・再非行のリスクの査定に加え，処遇における介入ターゲットと介入方法の選択に関する査定を含んでいる。具体的には，家族環境や過去の犯罪歴などの個人の静的なリスク（risk）に応じて治療の集中性を変え，衝動性や感情統制の程度などの個人の犯罪と関連のあるニーズ（need）に応じて治療内容を選定し，治療動機の程度や犯罪指向的態度などの治療に対する反応性（responsivity）をアセスメントしたうえで，その結果に合わせて介入計画を立て，介入を実施する。

このようなリスクアセスメントのモデルやリスクアセスメントツールは，欧米諸国において長い年月をかけて発展してきたという経過があり，第1世代のリスクアセスメントにはじまり，各世代における課題を解決しながら第4世代のリスクアセスメントへと移り変わってきた（Bonta & Andrews, 2016）。

第1世代のリスクアセスメント：専門家の判断

専門家が臨床的な査定を実施する方法であり，先に紹介した臨床面接や投影法による査定を指す。非構造的であることが多く，また主観的な要素が含まれうるため，時として特定の情報が強調されてしまうことがある。一方で，重要な情報が看過されてしまうことがあるなど，査定する者の経験やスキルに左右され，リスクアセスメントの内容のばらつきが大きくなってしまうという課題を有していた。

第2世代のリスクアセスメント：保険数理的アプローチ

先に紹介した保険数理的アプローチが導入され，統計学の手法を用いた構造的かつ客観的な査定を実施する方法である。再犯・再非行の予測の精度の

高さが上がった一方で，統計学の手法によって結果的に導き出された項目であり，また項目の多くが可変性の低い静的項目（静的リスク）であったため，処遇における介入方法の選択や介入後の変化の評価が困難であるという課題を有していた。

第3世代のリスクアセスメント：リスク・ニーズ尺度

可変性が低く処遇によって変化し得ない静的項目を主としていたリスクアセスメントに，可変性が高く処遇によって変化しうる動的項目（動的リスク）を組み合わせた方法である。動的項目は，犯因性ニーズ要因ともよばれ，先に紹介したセントラル・エイトとよばれる8つの主要なリスク・ニーズ要因から犯罪歴を除いた7つの項目が代表的である。動的リスクを加えることによって，再犯・再非行リスクの予測のみならず，処遇においてリスクを減少させるための心理学的介入方法の選択が可能となった。これによって，処遇によって変化したリスクの程度の評価も可能となり，処遇のあり方そのものの検討ができるようになった。ただし，処遇の実践において，動的項目の統計上の分散の大きさや外れ値に相当する個人差への対応といった個別性への対応に課題を有していた。

第4世代のリスクアセスメント：ケースマネジメントとリスク・ニーズアセスメントの統合

静的項目と動的項目を用いたリスクアセスメントに加え，個別性への対応としての専門家の臨床的な判断を行い，ケースマネジメントとして介入方法の選択における優先順位とその事後評価を可能とした。処遇を実施する際に，ターゲットとする動的項目に優先順位をつけることで，具体的な目標を設定することを可能とし，その進捗状況を記録し，必要に応じて処遇の見直しを行うといった構造化されたケースマネジメントをリスク・ニーズアセスメントに統合した方法である。

わが国におけるリスクアセスメント

わが国の犯罪・非行分野における再犯防止の取り組みは，海外の取り組みをモデルとする形で**リラプス・プリベンション**を軸として行われている。リラプス・プリベンションの基本となる考え方は，問題となる行動が生起する直前の状況を中心に再発防止計画を作成し，その有効性の検証と見直しをくり返すことである。再発防止計画の作成では，「実行（再発）」が生起する「直前の状況」において「実行を避ける対処」を検討し，その後，「実行」に至ることのない「安全な状況」と「安全な状況を維持する対処」を検討する

とともに，「直前の状況」へと至りやすい「危険な状況」の同定と「安全な状況に戻るための対処」の検討を行う。例えば，電車内痴漢行為の場合は，それが生起する直前の状況としての「ストレスを強く感じている状態で混雑した電車に乗っている状況」に対して，「家を早めに出て空いた電車に乗る」や「ストレスを解消する音楽を聴く」などといった実行を避ける対処を検討する。さらに，ストレスを強く感じる原因が「職場の人間関係」ということであれば，「職場の人間関係を円滑にするコミュニケーション」のトレーニングを行うなどして，安全な状況としてのストレスが軽減されている状態を維持する対処を検討し，ストレスの高まりを感じる危険な状況になった場合には，電車内に限らず日常生活で実施可能な対処として「好きな物を食べる」「飲みにいく」「映画を見にいく」「友達に相談する」などの「安全な状況に戻るための対処」を検討する。これらの再発防止計画の作成過程において，先に述べたRNRモデルの原則に基づくアセスメントと介入が行われ，再犯リスクのマネジメントを狙いとする取り組みが行われることになる。このような再犯リスクをターゲットとしたリラプス・プリベンションに基づく取り組みは，一定の再犯防止効果が確認されている一方で，再犯リスクのマネジメントと直前の状況の回避を主たる手続きとしているため，治療への動機づけを高める手続きの記述が不十分であること，また，否定的，もしくは回避的な目標設定を導きやすいといった問題点が指摘されることとなった（Ward et al., 2007）。

　このような問題点の解決を試みた取り組みとして，個人の社会適応や満足感の向上を意図した**グッド・ライブズ・モデル**（Ward et al., 2007）が提唱されることとなった。これは，犯罪行動の抑止にとどまらず，その保護要因としての社会適応の側面を強調するアプローチである。そこでは，個人の主義と価値を念頭に置き，各個人の望む生活を達成することを軸とした手続きがとられる。このような経過は，個人のもつ「強み」となる健康的な側面のアセスメントの必要性を投げかけるものであった。たとえば，暴力のアセスメントツールとして，個人の長所に焦点を当てた問題解決型の保護要因の評価の試みが展開されている。その代表的なアセスメントツールとして，**SAPROF**（Structured Assessment of PROtective Factors for violence risk；de Vogel et al., 2012）が挙げられるが，個人の暴力の発生を防御しうる要因を構造的に評価するものであり，「セルフコントロール」，「人生の目標」，「ソーシャルネットワーク」などの保護要因が採用されてい

る（柏木・東本・池田・菊池・平林，2014）。このような保護要因の位置
づけ，そして再犯に及ぼす影響については，研究途上にある部分も少なくな
いことが限界として述べられている（de Vogel et al., 2012）。この点に
ついて，グッド・ライブズ・モデルのプログラムの効果性に関するレビュー
論文において，従来の取り組みと比較して動機づけや治療への従事といった
プロセス変数に高い改善効果が確認された一方で，アウトカム変数となる再
犯率に差は見出されていないとする報告がなされている（Mallion et al.,
2020）。

　また，保護要因の1つとして，就労状況が社会における適応の状態を示す
指標として用いられることもある。リプシー（Lipsey, 1992）の報告にお
いて，対照群を用いて行われた443の処遇プログラムの比較検討結果をレ
ビューしており，就労支援を目的とした取り組みは再犯率を10～18％低下
させる効果があることを見出している。さらに，わが国においても就労をし
ている者の再犯率が7.4％である一方で，就労をしていない者の再犯率は
36.3％であったことを示しており，就労の有無が再犯率に及ぼす影響はわ
が国においても同様の傾向にあることが報告されている（法務省法務総合研
究所，2014）。このことからも，保護要因に着目した取り組みは犯罪・非
行分野のアセスメントの発展における重要な観点であり，今後のさらなる検
証と拡充が期待される。

6.4節 ‖ わが国のアセスメントの実際

　わが国における犯罪・非行分野のアセスメントは，主として少年審判と保
護処分および刑の執行段階において行われる。先に述べた通り，捜査段階に
ついては第11章で，裁判段階の責任能力や訴訟能力の審理については第12
章で紹介しており，本章では割愛する。

A. 少年審判

　成人の刑事裁判では，加害者に刑罰を科すとともに，その更生を図り，さ
らなる犯罪を予防することが目的となる一方で，少年審判では，罰が目的で
はなく，少年に本人の問題性を自覚させて反省を促したり，環境の調整を図
ることで，将来の非行を防ぐことにその目的がある。そのため少年審判では，
家庭裁判所は非行事実の有無を明らかにするだけでなく少年の特性や環境に

照らして適切な処分を決定することによって，少年に対する教育の場としての側面を有している。このため，非行臨床では少年の健全育成を図り，再非行を防止するためのアセスメントが行われる。

　少年事件では，警察の捜査を受けた後に，すべての事件が家庭裁判所へ送致されるといった**全件送致主義**をとっている。事件発生から家庭裁判所へ送致されるまでの流れは，犯罪少年，触法少年，そして虞犯（ぐはん）少年によって異なるが，いずれの場合にも家庭裁判所の審判に向けて，調査が行われ，心理学的なアセスメントが行われる。家庭裁判所では，少年を観護措置にするか否かを決定し，必要に応じて少年鑑別所にて一定の期間収容する手続きをとる。

　少年鑑別所では，少年を一般社会から隔離した状態での生活を送らせながら，心身の鑑別を行うとともに家庭裁判所の調査を実施することになる。少年鑑別所では，医学，心理学，教育学，社会学などの専門的知識や技術に基づき，鑑別対象者について，その非行等に影響を及ぼした資質と環境の問題となる事情を明らかにするために面接と心理検査が行われる。心理検査は，集団方式で実施される検査（新田中Ｂ式知能検査，法務省式人格目録（MJPI）など）に加え，必要に応じて個別の検査（ウェクスラー式知能検査，各種投影法など）が行われる。一方，家庭裁判所調査官は，少年や保護者の面接を行うことに加え，少年の性格，家庭環境，保護者との関係，教育の程度，そして学校環境などの少年の事件に関する項目について調査する。家庭裁判所は，少年鑑別所の鑑別結果通知書と調査官による少年調査票の内容をふまえ，少年審判において，少年の処分を決定する。

　少年鑑別所では，2013年から**法務省式ケースアセスメントツール（MJCA）**の運用を開始し，観護措置がとられた少年の再非行の可能性と教育上の必要性をアセスメントし，その情報を少年院や保護観察所等の関係機関へと引き継ぐ体制を構築している。2015年からは，性非行に特化した**法務省式ケースアセスメントツール（性非行）（MJCA（S））**の運用を開始している。

B. 執行段階（施設内処遇）

　非行少年に対する保護処分の執行段階は，大きく施設内処遇と社会内処遇に分かれ，施設内処遇として少年院での矯正教育が位置づけられている。少年院は，家庭裁判所から保護処分（少年院送致）として送致された少年に対し，その健全な育成を図ることを目的として矯正教育，社会復帰支援等を行

う法務省所管の施設である。少年院においては，設置された矯正教育課程ごとに，当該少年院における矯正教育の目標，内容，実施方法等を定める少年院矯正教育課程を編成している。そのうえで，入院してくる少年の特性と教育上の必要性に応じて，家庭裁判所，少年鑑別所の情報や意見等を参考にして個人別矯正教育計画を作成し，適切な教育を実施するためのアセスメントが行われる。

2014年から，少年院在院者のうち薬物非行を防止するための指導等，特定のプログラムを受講する場合には，原則として処遇鑑別を行い，面接，各種心理検査，そして行動観察等によって，少年院における教育や指導等に必要な情報を得て，その変化を把握し，少年院送致後の処遇による変化等を分析したうえでその後の処遇指針を提案している。

そのほか，2015（平成27）年の少年院法施行以降は，少年院在院者を1週間程度，一時的に少年鑑別所に移して生活させ，集中的にアセスメントを行う収容処遇鑑別を実施しており，少年院在院者に対するアセスメントの充実が図られている。さらに，2015年の少年鑑別所法施行以降，児童自立支援施設や児童養護施設の求めに応じてアセスメントを実施することができるようになるなど，少年保護手続のあらゆる場面や段階に応じて，必要なアセスメントを行う取り組みが推進されている。

一方，成人を対象とした施設内処遇として，刑務所および少年刑務所での処遇が位置づけられる。刑務所や少年刑務所では，犯罪者処遇の基本理念となっているRNR原則に則った処遇を実施するため，2012年から**受刑者用一般リスクアセスメントツール（Gツール）**の開発が進められており，2017年11月からGツールのうち一部の機能によって得られる結果や情報を処遇決定の参考とする運用を開始している。Gツールは，原則として全受刑者を対象として入所時等に実施する刑執行開始時調査において，犯罪傾向の進度を判定するとしており，これまでの受刑回数や犯罪の内容等，主に処遇によって変化しない静的項目から，出所後2年以内に再び刑務所に入所する確率を推定するものである。Gツールの実施結果については，犯罪傾向の進度の判定や各種改善指導プログラムの対象者の選定の際の基礎資料として活用されている。

C. 執行段階（社会内処遇）

社会内処遇として，保護観察所での指導が位置づけられる。保護観察所に

おいて，保護観察対象者に対して再犯防止のためのより効果的な指導や支援を行うためのアセスメントツールであるCase Formulation in Probation/Parole（CFP）が開発され，2018年から試行されている。CFPは，保護観察対象者の特性等の情報について，再犯を誘発する要因に焦点を当てて網羅的に検討し，再犯リスクをふまえた適切な処遇方針を決定する際に活用される。保護観察所における実践事例の分析を重ね，刑事司法関係機関や医療・保健・福祉機関等との連携にも資するよう改良が試みられている。

　さらに多角的な視点から適切にアセスメントを行い，それに基づく効果的な指導等を実施するために，必要に応じて，更生支援計画書等の処遇に資する情報を活用するための取り組みが2018年から開始されている。更生支援計画書は，刑が確定する前の段階で弁護人が社会福祉士等に依頼して作成するものであり，個々の被疑者，被告人に必要な福祉的支援策等について取りまとめた書面である。これは，実刑が確定した場合や，保護観察付執行猶予となった場合において，処遇上有用な情報が含まれうるものである。そのため，一部の刑事施設や保護観察所において，弁護人から更生支援計画書の提供を受け，処遇協議を実施するなどして処遇に活用する試みが行われている。

　また，少年院や保護観察所において，少年を処遇するに当たっては，家庭裁判所の少年調査記録や少年鑑別所の少年簿に記載された情報を引き継ぎ，必要に応じて，在籍していた学校や，児童相談所等の福祉関係機関からも情報を収集し，これらの情報を踏まえた処遇も実施されている。

6.5節 今後期待される犯罪・非行分野のアセスメント

　犯罪・非行分野のアセスメントについては，先に述べた通り，伝統的に行われてきた一般の臨床面接に準ずる方法から，科学的なエビデンスに基づくリスクアセスメントの方法へと移行してきている。そのため，一般的な臨床心理学の知識のみでは対応が難しくなってきており，犯罪・非行分野の最新の知見にアクセスしながら，研鑽を積むことが求められるようになってきている。もちろんこのようなことは古くから指摘されてきたが，昨今のリスクアセスメントの導入に伴い，より一層，データに基づく科学的な視点をもって取り組むことが必要不可欠となってきている。ただし，処遇の実践においては，データに基づく科学的な視点をもちながらも個別性への対応を要することは自明のことであり，そのため，アセスメントにおいては，単に統計的

表6.4　非行・犯罪分野におけるアセスメントのガイドライン

犯罪者アセスメントに考慮すべき点	内容
（1）リスクの保険数理的アプローチを用いること	リスクの保険数理的アプローチが，第1世代の臨床的な査定と比較して，再犯の予測に優れているとするエビデンスが蓄積されているため，リスクの保険数理的アプローチに基づくツールを用いることが推奨される。
（2）リスクアセスメントツールを選択する際に，予測的妥当性を確認すること	犯罪者を対象としたアセスメントにおいて利用可能なアセスメントツールは無数にあるが，犯罪・非行分野における実務では，再犯・再非行の予測的妥当性を有するツールを用いることが推奨される。
（3）アセスメントツールは犯罪・非行分野の実務に直接関連のあるツールを用いること	一般の心理的アセスメントでは，情緒的・心理的機能の査定が中心となるが，それらが必ずしも再犯・再非行を予測するとは限らず，エビデンスに乏しい。犯罪・非行分野の実務においては，予測的妥当性を有するツールを把握し，直接的に関連するツールを用いることが推奨される。
（4）適切な理論から導かれたツールを用いること	伝統的な犯罪学や犯罪に関する精神病理学の理論はエビデンスに乏しいため，実証的支持を受けている社会的学習理論に基づくアセスメントツールを用いることが推奨される。
（5）犯因性ニーズをアセスメントすること	リスクを低減することを目的とした介入を実施するために，動的リスク要因である犯因性ニーズをアセスメントし，さらに，介入の進捗状況や通常指導の過程におけるリスクの変化を評価する再アセスメントを実施することが推奨される。
（6）治療反応性をアセスメントするために，一般的なパーソナリティと認知のテストを用いること	治療反応性原則では，介入スタイルとモードを個人の認知，パーソナリティ，および社会文化的特徴にマッチさせる必要があるとされている。そのため，再犯・再非行の予測とは別に，治療反応性のアセスメントとして，一般的なパーソナリティと認知のテストを用いることが推奨される。
（7）多種多様なアセスメント法を用いること	単一のアセスメント法が，必要とされるすべてのアセスメントを行うことは困難であるため，多種多様なアセスメント法を活用することが推奨される。
（8）複数領域から情報を集めること	一般の心理的アセスメントでは，情緒的・心理的機能の査定が中心となるが，犯罪・非行分野のアセスメントではセントラル・エイトを中心に再犯・再非行に関連する複数領域から情報を集めることが推奨される。
（9）専門家として責任をもつこと	犯罪・非行分野のアセスメントは，介入を含め対象者のその後を大きく左右しうるものである。そのため，実施者は，専門家として，十分な研修を受け，実施するツールの長所と短所の理解だけではなく，アセスメントに関する倫理的な責任についても熟知し，適切に実施する責任を持つことが推奨される。
（10）必要最小限の介入を提案すること	犯罪・非行分野における介入は，最も侵襲的でない手段で，再犯・再非行を未然に防ぐために必要な範囲にとどめ提案をすることが推奨される。

（Bonta, 2002を一部改変）

に得られた知見をそのまま適用するのではなく，科学的な視点に依拠しながらも個別性をふまえた査定が重要となる。この点に関して，ボンタが犯罪・非行分野のアセスメントのガイドラインをまとめており，当該分野におけるアセスメントの羅針盤の1つになりうる（Bonta, 2002；**表6.4**）。なお，近年では，情報通信技術などの科学技術が著しく発展してきており，特に，新型コロナウイルス感染症（COVID-19）の感染拡大によって余儀なくされたオンライン対応が急速に普及が進んでいる。今後は，情報通信技術，生活情報や生理指標を適切に活用することによる非行・犯罪分野のアセスメントの精緻化が期待される。

章末演習問題

次の文章が正しければ○，間違っていれば×を書きなさい。

1 犯罪・非行分野の臨床におけるアセスメントの主たる理論的背景は社会学的犯罪理論である。

2 セントラル・エイトにおける「犯罪歴」は動的項目である。

3 犯罪・非行分野のアセスメントにおける臨床面接では，対象者の機嫌を損ねるようであれば情報の確認をしないほうがよい。

4 人格査定では対象者の負担を極力少なくするために単一の検査のみでアセスメントするべきである。

5 犯罪・非行分野のアセスメントでは保険数理的アプローチの使用が推奨される。

6 犯罪・非行分野のアセスメントでは，就労状況は重要な情報となる。

7 犯罪・非行分野のアセスメントでは，個別性を無視してよい。

〈引用文献〉

Bonta, J. (2002). Offender risk assessment: Guidelines for selection and use. *Criminal Justice and Behavior*, 29, 355-379.

Bonta, J. & Andrews, D. A. (2016). The Psychology of Criminal Conduct (6th ed.). Routledge.（ボンタ, J. & アンドリュース, D. A.（著）, 原田隆之（訳）(2018). 犯罪行動の心理学［原著第6版］. 北大路書房）

de Vogel, V., de Ruiter, C., Bouman, Y. & de Vries Robbé, M. (2012). SAPROF. Guidelines for the assessment of protective factors for violence risk. English version 2nd Edition. Forum Educatief.

Hanson, R. K. & Thornton, D. (1999). Static-99: Improving Actuarial Risk Assessments for Sex

Offenders. User report 1999-02. Department of the Solicitor General of Canada.

Harris, A. J. R., Phenix, A., Hanson, R. K. & Thornton, D. (2003). Static-99 coding rules: Revised 2003. Solicitor General Canada.

法務省 (2014). 平成26年版犯罪白書:窃盗事犯者と再犯. 日経印刷.

厚生労働省 (2017). 公認心理師カリキュラム検討会報告書.
http://www.mhlw.go.jp/file/05-Shingikai-12201000-Shakaiengokyokushougaihoken
fukushibu-Kikakuka/0000169346.pdf

柏木宏子・東本愛香・池田学・菊池安希子・平林直次 (2014). SAPROF (Structured Assessment of PROtective Factors for violence risk)―暴力リスクの保護要因評価ガイドラインの紹介. 精神科, 25, 337-341.

Lipsey, M. W. (1992). Juvenile delinquency treatment: A meta-analytic inquiry into the variability of effects. In Cook, T. D., Cooper, H., Cordray, D. S. et al. (Eds.), Meta-analysis for Explanation. Russel Sage Foundation.

Mallion, J. S., Wood, J. L. & Mallion, A. (2020). Systematic review of 'Good Lives' assumptions and interventions. *Aggression and Violent Behavior*, 55, 101510.

Miller, W. R. & Rollnick, S. (2012). Motivational Interviewing: Helping People Change (3rd ed.). Guildford Press. (ミラー, R. W. & ロルニック, S. (著). 原井宏明 (監訳) (2019). 動機づけ面接〈第3版〉上. 星和書店).

Ward, T., Mann, R. E. & Gannon, T. A. (2007). The good lives model of offender rehabilitation: Clinical implications. *Aggression and Violence Behavior*, 12, 87-107.

第 7 章 犯罪・非行と精神疾患

7.1節 | 精神疾患と責任能力

　精神疾患と犯罪の関係を語るときに，刑法第39条第1項の「心神喪失者の行為は，罰しない」という規定は避けて通れない。精神疾患を有する者による犯罪の心理的動きを探ることは，その患者が心神喪失者であるかどうかをまず判断することであるといってもよいかもしれない。

　また，刑法第39条第2項では「心神耗弱者の行為は，その刑を減軽する」と規定されているが，刑法の中で「心神喪失者」「心神耗弱者」の定義については何の説明もされていない。判例は「**心神喪失**（責任無能力）とは，精神の障害により，事物の理非善悪を弁識する能力なく，または，この弁識にしたがって行動する能力なき状態をいい，**心神耗弱**（限定責任能力）とは，精神の障害が，上記の能力が欠如する程度には達していないが，著しく減退した状態をいう」としている（大審院昭和6年12月3日判決刑集10巻682頁）。

　刑法における責任とは，犯罪という行動に対する非難できる可能性を意味するが，この判例に示された定義では，精神の障害により，行動の善悪を弁識する能力がない，あるいは，行動を制御する能力がない者を非難することはできないものとしている。また，精神の障害により，善悪の弁識能力または行動の制御能力が著しく低下していた者は，責任非難の程度が弱いので，刑が減軽されなければならないということになる。

　責任能力に関しては第5章で詳しく解説されているので，ここではこれ以上は触れないが，精神疾患の多くは犯罪とは無縁である。しかし，上述したように「精神の障害」と犯罪，あるいは非行は密接な関わりがあることは否定できない。そこで，本章では犯罪や非行につながる可能性の特に高い精神疾患について解説したい。なお，疾患名や症状などはDSM-5に準拠している。

A. 秩序破壊的・衝動制御・素行症

ⅰ）反抗挑戦性障害

反抗挑戦性障害（oppositional defiant disorder）は反抗挑発症ともよばれる。就学前から中学生までの時期に現れることの多い障害であり，女児より男児にやや多くみられる（Loeber et al., 2000）。親や教師など目上の者や権威のある者に対して，拒絶的あるいは反抗的な態度をとったり，口論をけしかけるなどの挑戦的な行動を呈する。反抗挑戦性障害では，頑固で気難しいという特徴があるが，他者の身体への攻撃や他者の権利を侵すような行動を示すことはあまりない。具体的には，大人と口論をする，積極的に指示に逆らう，わざと人を困らせるなどの行動を示すが，このような行動は，反抗挑戦性障害の有無に関係なく，いわゆる「反抗期」として，就学前や青年期初期ではよくみられるため，注意が必要である。

反抗挑戦性障害と診断する際には，問題となる行動が6ヶ月以上続いていて，本人の日常生活に深刻な影響を与えているという点が重要である。特に，対人関係や学業成績に深刻な影響を及ぼしている場合に診断が考慮される。また，反抗挑戦性障害の小児は善悪をしっかり理解しており，自分の行動に関して罪悪感を抱くことも多い。

反抗挑戦性障害が疑われる場合は，気分障害や不安障害，睡眠障害などが背景に存在しないかを評価することが必要である。小児では，うつ病や不安障害により反抗挑戦性障害と似たような症状がみられることがある。うつ病の主な症状が易怒性の亢進の場合もあるし，意欲の低下が反抗的な態度とみられてしまう可能性もある。特に**重篤気分調節症**（disruptive mood dysregulation disorder）との異同は議論になる。重篤気分調節症は抑うつ障害の一つと考えられており，慢性的な怒りっぽさを主症状とする。多くは10歳以前に発症するなど，反抗挑戦性障害との類似点が多い。また，不安を回避するためにあえて反抗的に振る舞うこともある。注意欠如・多動症（ADHD）でも，反抗挑戦性障害と類似の症状が現れることがあるため，その鑑別には十分な注意が求められる。

治療としては，まず，親の対応によりかなりの変化が期待できると考えられる。そこで，ペアレントトレーニングにより，親が適切な療育方法を学ぶことが求められる。また，本人に対するソーシャルスキルトレーニング（social skills training：SST）により，問題となる状況，刺激の下での行動を適切に自発できるようにすることで，他人と適切に関わることが可能になる。薬物療法は，攻撃性に対しては抗精神病薬や中枢刺激薬が有効と考えられている。しかし，日本では保険適用外の使用でもあり，薬物療法のみの治療ではなく，基本的には心理社会的治療を併用すべきである。

ⅱ）素行障害

　素行障害（conduct disorder）は素行症，あるいは行為障害などともよばれる。この障害では，社会的なルールを守らずに，反抗的な行動を続けるという特徴がある。つまり，他人の基本的人権や社会規範を侵害する点で，反抗挑戦性障害とは区別される。具体的には，人や動物への暴力や器物の破壊，窃盗，放火，長期・複数回の家出などをくり返す。素行障害においては，このような行動について罪悪感をもつことはないといわれる。

　素行障害は小児期の後期や青年期の初期にはじまることが多く，反抗挑戦性障害と同様，女児より男児で多くみられるが，反抗挑戦性障害と比べその比はより顕著である（Loeber et al., 2000）。素行障害は単に非行や犯罪と同義であると考えられてしまうことも多いが，この概念は「非行・犯罪に比べて広い概念であるが，少年少女の非行犯罪のすべてを含むわけではない」との説明もあり（野村・奥村，1999），やはり単純に非行や犯罪としてしまうことは問題があると考えられる。

　診断は現在と過去の行動に基づいて下されるが，6ヶ月以上，あるいは12ヶ月以上などの長期にわたり，その問題となる行動が持続することが必要である。

　反抗挑戦性障害は軽度の素行障害とみなされる場合もあるが，先にもふれたように，反抗挑戦性障害とは異なり，素行障害の小児は良心に欠けているようにみえる点は大きな違いと考えられる。しかし，成長に従い，反抗挑戦性障害から素行障害に移行する者もおり（Pelham et al., 1992）（Spitzer et al., 1990），両者の関連については議論の余地がある。

　発症については，遺伝的要因や環境が影響を与えると考えられている。例えば素行障害を発症した小児の多くは，親が後述するような反社会性パーソナリティ障害，薬物乱用，注意欠如・多動症，気分障害，統合失調症であることも多い。その一方で，問題がないと思われる家庭でも素行障害は発症する。この点については，本当に問題がない家庭なのか，問題がないようにみえている家庭にすぎないのではないかという判断は難しい。いずれにしても，

影響は否定できないものの，遺伝だけの問題でもなく，環境だけの問題でもないという点では他の精神疾患と同じと考えてよいであろう。素行障害の半数は，成人するまでに社会適応は改善すると考えられるが，反社会性パーソナリティ障害や薬物乱用などを呈する場合も多く（Storm-Mathisen & Vaglum, 1994），その経過には十分な注意が必要である。素行障害の小児には，抑うつ，注意欠如・多動症などの他の精神疾患も併存していることがあり，時には自殺を考えることもあるので，その診断・治療は慎重に行うべきである。

　治療に関しては，反抗挑戦性障害と同様，ペアレントトレーニングやソーシャルスキルトレーニングがある程度有効と考えられるが，素行障害においては，気分安定薬であるリチウム（Campbell et al., 1984）や非定型抗精神病薬（Findling, 2008）が有効であるとの報告も見られる。

　反抗挑戦性障害も素行障害も成人ではなく小児を対象とするため，そこで必要なのは，診察室だけでの情報を鵜呑みにしないことである。親から詳細な生活歴を聴取するだけでなく，可能な限り，教師から学校での様子について情報を得ることも重要である。また，診察中だけではなく，心理検査中など異なった人物がいるような状況での言動を比較することも大切である。さらには，心理検査も複数のものを使用して多角的に評価をすべきである。

B. パーソナリティ障害
ⅰ）反社会性パーソナリティ障害

　反社会性パーソナリティ障害（antisocial personality disorder）の者は，他人の権利や感情，社会的規範といったものを軽視する傾向が強い。その結果，他人に対して不誠実であり，平気で嘘をつき，時に暴力をふるう。そして，自分の言動で他人を傷つけたことに対し，良心が痛むこともない。そのため，自分の行動が社会的に不適切なものであっても，それを正当化し，被害者に謝るどころか，被害に遭うのはそれだけの理由があるなど，むしろ被害者を責める傾向がある。

　このように犯罪に直結する行動を呈しやすい反社会性パーソナリティ障害だが，その責任能力の有無に関しては，さまざまな意見がある。反社会性パーソナリティ障害を精神疾患として捉えるのであれば，理論的には責任能力を減弱すべきだが，実際的には保安を考慮して完全責任能力者と扱われることが多いという意見や（辰沼，1983），完全責任能力を求めるものの，

治療処分（**コラム**）等が導入されることになれば，理論的には限定責任能力が認定されうるとの意見（中田，2000）もある。このように，パーソナリティ障害では完全責任能力者として扱うべきとの意見が多いものの，一方では，「全てただちに完全有責となりうるかどうか，疑念が残り，少なくとも研究と議論がまだまだ必要であることは明白である」（影山，2006）との意見もある。

反社会性パーソナリティ障害について，米国では成人の約3.5％にみられると推定されている（Grant et al., 2007）。反社会性パーソナリティ障害は男性の方が女性より多く，強い遺伝要素が疑われる。パーソナリティ障害は，パーソナリティという比較的永続的な個人の特性の問題に起因していることから，年齢を経ても改善を示さないものと考えられやすいが，実は，有病率は加齢とともに減少し，時間の経過とともに不適応行動を変化させるこ

とが知られている。素行障害が反社会性パーソナリティ障害へと進展する可能性は，先に触れたが，親が子どもを虐待したり，ネグレクトする場合などは，そのリスクが増大するものと考えられる。なお，DSM-5では15歳以前に素行障害がみられることが反社会性パーソナリティ障害の診断基準の一つとされている。

　反社会性パーソナリティ障害の患者は物質使用障害を併存していることが多く，物質使用障害者が反社会性パーソナリティ障害の基準を満たすこともある。時に，その衝動性や責任を感じていないような態度が物質使用障害の結果によるのか，または反社会性パーソナリティ障害によるのかの判断が困難な場合もある。このような場合，患者の生活において，薬物を使用していない時期の言動を確認することで判断が可能となることが多い。また，併存する物質使用障害が改善することで，反社会性パーソナリティ障害の存在の有無がより容易に確認できることもある。反社会性パーソナリティ障害患者は，しばしば衝動制御障害，注意欠如・多動症も有していることも指摘されているなど，操作的診断に基づく診断では，その中核的な症状に加え多彩な症状を伴うことになる。他のパーソナリティ障害，特に，自己愛性パーソナリティ障害や境界性パーソナリティ障害との鑑別診断が必要であるが，自己愛性パーソナリティ障害の患者は反社会性パーソナリティ障害でみられるほどの攻撃性を示すことは少なく，虚偽的な言動も少ないことが多い。境界性パーソナリティ障害の患者も同様に操作的であるものの，金や権力など自らが望むものを手に入れるために他者を操作することは少なく，むしろ他者との人間関係を求めるがために操作的であると考えられる。

　その治療については認知行動療法を中心とした再犯防止プログラムなどの効果が期待されるものの，特定の薬剤や特定の治療法により長期的改善が得られるという証拠はない。また，再犯予防プログラムにより，かえって再犯が増加する可能性も示唆されている（五十嵐，2019）。このため，患者自身を変容させることではなく，法的責任を避けるなど比較的に短期の目標を達成することが治療として望ましいのかもしれない。特に適切な言動に対して報酬を与えるといった，随伴性マネジメントは効果が期待できる。

　ところで，小説や映画，ドラマなどで「サイコパス」という言葉を目にする機会がある。連続殺人犯や猟奇的殺人犯というイメージで描かれることが少なくない。**サイコパス**は正しくは，精神病質（サイコパシー：psychopathy）という。サイコパスは，倫理観や道徳観が乏しく，他人に対する愛

情や思いやり，あるいは恐怖など感情の一部が欠如している。そのために自己中心的な行動を示す傾向にある。元々は精神病と健常との中間的な状態を指す用語であったが，現在の精神医学では正式な病名として採用されていない。反社会性パーソナリティ障害がサイコパスに該当するという考えもあるが，両者の概念には，ずれがある。反社会性パーソナリティ障害は問題行動がその中核となる概念であるのに対し，サイコパスでは，問題行動よりも，共感性や罪悪感の欠如などの内面的な側面が問題の中核となる。つまり，サイコパスだからといって必ずしも罪を犯すということではなく，罪を犯す者はごく一部である。

　サイコパスに類似する用語として，ソシオパス（社会病質，ソシオパシー：sociopathy）というものがある。サイコパスとソシオパスは，どちらも他人への共感というものが欠如しており，自己中心的に行動する傾向が強いという共通点がある。医学的には，ソシオパスも反社会性パーソナリティ障害に分類されることになるが，サイコパスが先天的なものと考えられるのに対し，ソシオパスは家庭環境など後天的な要因によって生じることが多いとされている。また，サイコパスは経営者，研究者，芸能人など社会的に成功した人も多いとされるが，ソシオパスは長期的な仕事に就くことが難しいなど社会適応は低いとされる。ソシオパスは意味などを考えることなく衝動的に行動に移してしまう傾向にある点もサイコパスと異なる。

ⅱ）境界性パーソナリティ障害

　境界性パーソナリティ障害（borderline personality disorder）は，気分の変動が激しく，感情のコントロールが困難なことが特徴である。さらに，対人関係の不安定性や過敏性，自己像の不安定性などがみられ，リストカットや大量服薬，性的逸脱行為やドラッグの使用など自己破壊行為などを含む広範な衝動性を特徴とする。「境界性」という名称は，症状があたかも「統合失調症」と「神経症」との境界にあるようにみられることに由来する。

　境界性パーソナリティ障害について報告されている有病率はさまざまであるが，精神疾患として入院治療を受けている患者においては，有病率は約20％程度，また，この障害と診断される患者の約75％が女性ともいわれている。

　境界性パーソナリティ障害患者は，自分が見捨てられたり無視されたと感じると，強い恐れや怒りを感じることがある。一方で，他人についての評価を急に変える傾向もある。患者は，面倒をみてくれる人や恋人になる可能性

のある人を理想化し，多くの時間やものを共有するよう求める。しかし，相手が要求に応えられないと，自分を十分に気づかってくれないと感じ，幻滅してしまう。そして，それまでは称賛していた相手を突然，けなしたり，怒りを向ける。この理想化から幻滅への移行は境界性パーソナリティ障害の特徴の一つとされている。

　このような傾向のため，患者はしばしば怒りをコントロールすることが困難であり，不適切で強い怒りを生じることが多い。また，衝動性のコントロールが困難であることにより，賭け事や安全ではない性行為，違法な物質の乱用など犯罪につながる行動もみられる。自傷や自殺をほのめかす言動もよくみられる。このような自己破壊的な行動は，必ずしも死ぬことを意図したものではない場合が多いが，境界性パーソナリティ障害における自殺のリスクは一般集団より40倍高く，患者の約8～10％が自殺により死亡するといわれており，「単なる脅しで，死のうとは思っていない」などと考えることは誤りである。

　境界性パーソナリティ障害では，幻覚や妄想を呈することがあり，時に統合失調症と診断されることもある。また，極度のストレスにより，本来は一つにまとまりつながっている，意識や知覚，記憶，自我同一性というものが，一時的に失われた状態である「**解離**」が生じることがあり，解離エピソード中に自分が痛みなどを感じることができる能力を再確認するために自傷行為を行ったり，自分自身の行動をコントロールできる感覚を確認するために犯罪に至るような行動をする可能性もある。

　治療は精神療法と薬物療法が中心となるが，薬物療法は限られた効果しかみられないため，基本的には境界性パーソナリティ障害の治療も他のパーソナリティ障害に対するものと同じとなる。多くの精神療法的介入が，症状の改善，患者の衝動行為の低減などに有効であると考えられる。特に，**弁証法的行動療法**（dialectical behavior therapy：DBT）が有効とされている。これは，認知行動療法をベースとしているが，従来の認知行動療法に比べ，「変化させること」「変化させずに受容すること」のバランスが重要であると考え，治療者と患者の関係，患者同士の関係の重要性を強調している。ほかに**スキーマ療法**も効果的と考えられる。スキーマ療法は，思考，感情，行動および対処に関する生涯の不適応パターン（スキーマ）を扱うことで，感情を変化させる技法を用いつつ治療的関係に焦点を当てるものである。

　薬物療法は，根本的な治療効果はみられない。しかし，特定の症状の改善

を目的とする治療には効果がみられる。たとえば，うつ状態に対し，自殺の
リスクなどを考慮し，比較的安全な**選択的セロトニン再取り込み阻害薬**
（selective serotonin reuptake inhibitor：SSRI）が選択されること
が多い。しかし，SSRIは境界性パーソナリティ障害患者の抑うつおよび不
安に対してはごくわずかな有効性しかないといわれている。むしろ，バルプ
ロ酸ナトリウム，ラモトリギンなどの気分安定薬が気分の安定だけでなく，
うつ状態の改善，不安の軽減，衝動性の低減を目的に用いられる。また，衝
動性の低減や一過性のストレスに関連した妄想に対して非定型抗精神病薬が
用いられることがある。また不安の軽減や不眠に対してベンゾジアゼピン系
薬剤も用いられることがあるが，依存性，過剰摂取などには十分注意する必
要がある。また，患者は薬物を違法に流用することもあるため，処方に関し
ては慎重であることが必要である。

C. 嗜癖性障害

嗜癖性障害（addictive disorder）とは文字通り，**嗜癖**（addiction）
が問題の中核となる障害である。嗜癖とは，ある特定の薬物の使用やギャン
ブルやゲーム，窃盗など一連の行動プロセスが反復化あるいは習慣化してし
まい，日常生活の多くの場面や健康面での問題をもたらすことである。また，
本人は，そのことを知りながらもその行動を止めることができず，非行や犯
罪とも結びつくことが多い。

嗜癖性障害においては脳の機能異常が指摘されており，その主な部位が脳
内報酬系とよばれる部位である（**図7.1**）。脳内報酬系は，中脳辺縁系を中
心とするドーパミン神経（別名，A10神経）からなり，この神経は中脳の
腹側被蓋野から側坐核，眼窩前頭皮質，前部帯状回皮質，扁桃体，海馬など
に投射している。飲食や性行為など，快感をもたらす自然の刺激だけでなく，
依存性物質の使用や，ギャンブル，ゲームなどでも腹側被蓋野から側坐核へ
一過性のドーパミン放出を誘発することで報酬系を活性化させる。そして，
脳内報酬系は報酬により快感覚を得られる状況だけではなく，むしろ，報酬
を期待して行動をしているときにより活性化するようになる。報酬系の中心
がドーパミン神経であることから，パーキンソン症候群の治療薬であるドー
パミン作動薬が嗜癖性障害の原因となることも指摘されており（Wein-
traub et al., 2010），それまでは問題がなかったにもかかわらず，突然，
ギャンブルなど衝動性の制御の問題を呈した場合は，処方された薬物の影響

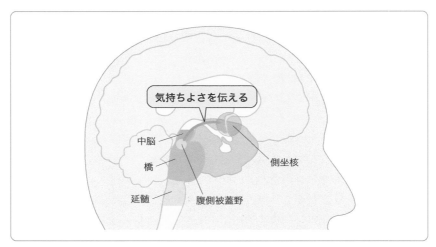

図7.1　脳内報酬系（参考：池谷裕二監修. 脳と心の仕組み. 新星出版社. 2015. p.128）

がないかを確認する必要がある。

　さて，嗜癖性障害のうち，アルコールや覚醒剤などの精神作用物質の使用が中心になるものを**依存症**（dependence）という。アルコール依存症，覚醒剤依存症などという病名が用いられているが，近年ではアルコール使用障害など，「～使用障害」という病名が用いられることが多い。

ⅰ）アルコール依存症

　アルコール依存症はアルコールを摂取し続けることが問題の中心となるが，アルコールと犯罪は密接に関与しているといわれる。例えば，犯行時に飲酒をしていた者の割合，犯罪者の中でのアルコール依存症を有している者の割合，アルコール依存症の患者でかつて犯罪を行ったことがあるものの割合などのいずれもが高いことが知られている。ここで，注意が必要なのが，アルコールによる酩酊が直接的に犯罪に影響を与えたのか，長年にわたるアルコールの摂取が神経系あるいは精神の障害をもたらしたことで犯罪に至ったのかを区別する必要があるということである。また，アルコール依存症に併存する反社会性パーソナリティ障害など，犯罪がアルコールそのものではなく，併存疾患に起因する可能性があることも忘れてはいけない。とはいうものの，アルコールに関連した犯罪が多いことは事実であり，簡易精神鑑定において，統合失調症が41％，アルコール依存症が19,2％，パーソナリティ障害が9.0％，覚醒剤依存症が7.7％，有機溶剤依存症が6.4％，気分障害

が5.1％という割合を示しており，統合失調症に次いでアルコール依存症の多さが目立っているという報告がある（松原，2002）。

アルコールの摂取による問題は，酩酊，慢性的な使用によるパーソナリティの解体，精神病状態に区別できる。酩酊はさらに，**単純酩酊**，**複雑酩酊**，**病的酩酊**の3つに分けることができる。**単純酩酊**は，正常範囲の酩酊状態とみなされ，言動の自己制御は可能である。基本的には，単純酩酊で重大な犯罪がなされる可能性は少ない。**複雑酩酊**は異常な酩酊とみなされる。酩酊により平素とは異なる行動パターンが出現し，抑制がとれ，短絡的，暴力的となることが多い。**病的酩酊**は意識の変容を来しており，興奮に加え，今がいつなのか，ここがどこなのかが判断できなくなるなど見当識の障害を生じる。正常な思考，行動のコントロールができないことで，重大な犯罪を行うこともある。著しい健忘を伴うため「酒に酔っていたので，覚えていない」などの発言も見られる。

アルコールに関連する犯罪に対しての責任能力は，**表7.1**に示したように，

表7.1　アルコールに関連した犯罪の鑑定基準（小田，2000を一部改変）

アルコール精神疾患	現行基準
1. アルコール依存症	
a. アルコール幻覚症	程度により心神喪失，心神耗弱
b. 離脱せん妄（振戦せん妄）	程度により心神喪失，心神耗弱
c. アルコール嫉妬妄想	心神耗弱という判定が多い
d. アルコール認知症	程度により心神喪失，心神耗弱
e. アルコール性パーソナリティ障害	完全責任能力
f. 単なるアルコール依存症	完全責任能力
2. 単発の酩酊	
1）単純酩酊	完全責任能力
2）複雑酩酊	心神耗弱
3）病的酩酊	心神喪失
a. せん妄型	心神喪失
b. もうろう型	心神喪失
c. アルコール寝ぼけ型	心神喪失

時に心神喪失と判断される可能性もあるが，飲酒そのものは「原因において自由な行為」とみなされることから，実際の裁判では厳しく判断されることも多い。

アルコール寝ぼけは「エルペノル症候群（elpenor syndrome）」の別称であり，病的酩酊に分類される。酩酊していったん眠りこんだ後に，寝ぼけたような状態となって動き回り，この間に犯罪を行う可能性がある。病的酩酊であるから，自分の言動に関する記憶を失い，どのような行為をしていたのかも覚えていない。

ⅱ）薬物依存症

薬物に関しては，薬物そのものの使用や所持が犯罪となることがある。違法薬物を取り締まる法律で主なものとして，覚醒剤取締法，大麻取締法，麻薬及び向精神薬取締法，あへん法があり，これらは「薬物4法」とよばれる。薬物4法以外にも，医薬品医療機器等法，毒物及び劇物取締法，各自治体の条例などでも規制されている。

多くの薬物は意識障害をもたらす。その程度も，軽度の意識混濁，一時的に意識障害や認知機能の低下などが生じる，もうろう状態やせん妄などがあり，時には昏睡となり死亡に至ることもある。特にもうろう状態やせん妄で犯行が起こりやすい。薬物では幻覚妄想状態を生じやすいが，統合失調症では幻聴が主なのに対し，薬物では幻視が多く，妄想も被害的というよりは誇大的であることが多い。幻覚妄想状態での犯行に関しては，判断能力がある程度残っていることも多く，心神耗弱と判断されることが多い。

ⅲ）ギャンブル障害

刑法第185条に「賭博をした者は，50万円以下の罰金又は科料に処する。ただし，一時の娯楽に供する物を賭けたにとどまるときは，この限りでない」とある。つまり，現代でも賭博は刑法で規定された違法行為ということになる。ここで注意が必要なのは，"ただし"以下の条文の解釈である。「一時の娯楽に供する物」とはどういう物を指すのか。判例では，その場で直ちに費消できる茶菓や食事などが該当し，金銭は一時の娯楽に供する物には該当しないとするのが主流のようである。例えば，ゴルフなどでの勝ち負けに金銭を賭ける場合，それは賭博に当たる可能性が高い。しかし，負けた者が勝った者に，コーヒーやビールをおごる程度であれば，この"ただし"以下に該当すると考えてよさそうである。さらに，刑法第186条第1項に「常習として賭博をした者は，3年以下の懲役に処する」とある。このように，

常習の賭博は刑法でさらに厳しく罰せられることとなっている。しかし，日本で行われる競馬や競輪，競艇など多くのギャンブルはそれぞれのギャンブルに関わる法律の下で，その違法性が阻却される（**表7.2**）。したがって，ギャンブルという行為そのものが犯罪になるのは，闇カジノやネットカジノ，賭け麻雀，賭けポーカーなど法律で定められていないものが対象となる。ほかに，賭博場開帳禁止（同第186条），富くじ禁止（同第187条）というものがあり，これに反すると当然処罰の対象となる。

　ギャンブル障害では，生活におけるギャンブルの優先順位が上がり，ギャ

表7.2　日本の主なギャンブルに関する法律

ギャンブルの内容	法律
競馬	競馬法
競輪	自転車競技法
競艇	モーターボート競走法
オートレース	小型自動車競走法
宝くじ	当せん金附証票法
スポーツ振興くじ	スポーツ振興くじの実施等に関する法律
※　パチンコ，パチスロ，麻雀	風俗営業等の規制及び業務の適正化等に関する法律

（※）パチンコ，パチスロなどは法律上は遊技と定義されているため，特別法の適用とは関係なく，法律上はギャンブルとしては扱われていない。

ンブルにより社会的，職業的，物質的，家庭的な面での悪影響が出現する。パチンコ，パチスロ，麻雀は法律上はギャンブルではなく遊戯とされているが，臨床上はギャンブルとして考える。また，日本におけるギャンブル障害はパチンコ，パチスロによるものが圧倒的に多い。多額の負債を負い，それでも，ギャンブルを行うための金銭を得るために窃盗や横領などをし，結局は逮捕あるいは起訴され，裁判にいたる事例も数多い。その際に問題となるのが司法関係者の対応である。特に問題となるのは，再犯防止のため家族の監督を強化しようとしたり，むしろ本人を犯罪者にしないために，示談によって家族に金銭の肩代わりをさせ，事件とせずに問題を解決しようとするようなケースである。家族に今後の責任を負わせることは，ギャンブル障害の回復において，ほとんど，というよりまったくメリットがない。また，ギャンブルに限らず，アルコールや薬物を含めた嗜癖性障害は上記のように

犯罪の傾向が高い精神疾患だが，懲役刑による刑務所での刑務作業を行うよりも，刑務所内，あるいは可能であれば社会内で嗜癖性障害の治療を行うことこそ必要である。

D. パラフィリア障害

　パラフィリア障害（paraphilic disorder）は幅広い疾患概念に基づくが，一言でいうならば，性嗜好に偏りがある状態である。特殊な物，状況，あるいは小児や動物，死体などの対象に対して性的興奮がみられる。しかし，人間の性行動の何が正常で何が異常なのかは，明確な基準があるわけではなく，文化的，歴史的状況によりさまざまな議論が起こりうる。したがって，現時点では偏りがあると考えられるものが過去には正常なものとして扱われていたこともあるし，現時点では正常なものと扱われることが，過去には偏りがあるものとして扱われたこともある。

　パラフィリア障害とみなすには，その程度の強さや持続期間の長さを考慮する必要がある。また，そのことで本人が苦痛を感じているか，社会，職業，家庭などの重要な機能領域に支障を来しているか，または他人を害していないかなども考慮する必要がある。脳の機能的な問題など生物学的な原因が示唆されているが，現時点では，その原因ははっきりとは解明されていない。

　パラフィリア障害のうち，代表的なものとして窃触障害，露出障害，窃視障害，フェティシズム障害，性的サディズム障害，性的マゾヒズム障害，小児性愛障害などがある。このうち，窃触障害，露出障害，窃視障害，フェティシズム障害，性的サディズム障害，小児性愛障害などは性犯罪に該当することがある。

ⅰ）窃触障害

　窃触障害（frotteuristic disorder）は，他人の乳房，股間，臀部，大腿部などの身体に触れたり，自分の生殖器を擦りつけることに強い性的嗜好を示すものである。厳密には，見知らぬ人物の乳房や股間など，身体に触れることに強い性的嗜好を有する"toucherism"と，意図的かつ持続的に他人に擦り寄ることに強い性的嗜好を有する"frotteurism"は異なるパラフィリア障害だが，一般にはどちらも混同して，窃触障害とされている。窃触障害はその性的嗜好を満たすための場所として，混雑した電車やバス車内，人混み，エレベーター，映画館などを選び，痴漢行為におよぶ。このような行動は，一般的には，刑法における強制わいせつ罪，軽犯罪法違反，各

地方公共団体の迷惑防止条例違反の罪のいずれかに該当する。また，窃触障害の中には，あらかじめ自らの精液を用意して，相手の衣服や身体に精液をかけることで性的な満足を得る者もいる。

ⅱ）露出障害

露出障害（exhibitionistic disorder）は，他人に対し，自分の生殖器を露出することに強い性的嗜好を示すことが特徴である。露出障害では，相手が驚いたり，嫌悪的になることに対して性的興奮を得るため，性行為を強要することはないとされる。一般には，男性が女性に対して生殖器を露出する場合が多いが，時に男性が男性に対して露出したり，女性が男性に対して露出することもある。

ⅲ）窃視障害

窃視障害（voyeuristic disorder）は，自分が見られているとは思っていない人が衣服を脱いだり，裸でいたり，性行為をしている姿を見ることで性的な興奮を得るものであるが，普段の生活をのぞき見るだけでも興奮する者もいる。また，盗撮も窃視障害と考えられる。盗撮の対象は裸や着替えや性行為だけではなく，下着そのものや通常の衣服を着用している場合もある。窃視を好む者の大半はそのことに苦痛を感じてはおらず，治療につながりにくい。窃視障害は各自治体の迷惑行為防止条例に違反する可能性がある。また，軽犯罪法第1条第23号（窃視の罪）に，「正当な理由がなくて人の住居，浴場，更衣場，便所，その他の他人が通常衣服をつけないでいるような場所を密かにのぞき見た者」に対して，拘留または科料が法定刑として定められており，これに該当する可能性がある。

ⅳ）フェティシズム障害

フェティシズム障害（fetishistic disorder）は，無生物である物体または生殖器以外の身体部分に対してだけ強い性的な嗜好を示すものである。フェティッシュ（fetish）はフェティシズム障害の対象となる物を指すが，よくみられるフェティッシュとしては，女性の下着，靴，ストッキング，皮革製品，ゴム製品などさまざまである。フェティッシュそのものを用いて自慰行為に耽ることもあれば，パートナーに身につけてもらい性行為におよぶこともある。　フェティシズム障害では，フェティッシュを収集することも多く，いわゆる「下着ドロボウ」など，フェティッシュを盗むという犯罪におよぶことがある。

v）性的サディズム障害と性的マゾヒズム障害

性的サディズム障害（sexual sadism disorder）とは，他人に苦痛を与えることにより強い快感を得るものである。与える苦痛は身体的苦痛とは限らず，精神的苦痛の場合もある。同意を得ることなく相手をひどく傷つけることもあり，場合によっては殺してしまうこともある。**性的マゾヒズム障害**（sexual masochism disorder）は苦痛を受けることへ強い性的嗜好を有するものであり，首を絞められたり，首をつったりして快感を得ようとすることがある。性的サディズム障害者と同意の下でも，この時に低酸素脳症をきたしたり，窒息死に至ることもある。

vi）小児性愛障害

小児性愛障害（pedophilic disorder）は小児（通常は13歳以下である）に対する性的嗜好を意味する。対象は男児のみ，女児のみ，または男児と女児の両方の場合がある。また，性的対象が小児のみの場合もあれば，小児と成人双方の場合もある。小児性愛者が小児に力ずくで性行為を強要し，脅して口封じをすることもあるが，このような小児性愛者の多くは，反社会性パーソナリティ障害を有していることが多いといわれる。

E. 統合失調症

統合失調症（schizophrenia）は，精神病症状を特徴とする障害である。発症は突然である場合もあれば，何年もかけて徐々に発症していく場合もある。

全体として，統合失調症の症状は陽性症状，陰性症状，解体症状，認知障害の大きく4つに分類できる。

陽性症状は，幻覚や妄想に代表される。妄想は，知覚や体験に関する訂正不能な間違った信念である。嫌がらせをされているなどの被害妄想，見張られているなどの注察妄想，新聞やテレビなどからのメッセージが自分に向けられていると思い込む関係妄想などがある。幻覚は，そこに物理的な刺激がないにもかかわらず実際に知覚することである。統合失調症では幻聴が主となる。自分の行動に関して意見を述べたり，「馬鹿」などと侮辱的なことを言う声が頭の中で聞こえることが多い。

陰性症状は，正常な精神機能が低下したり，喪失することで生じる。発語が乏しくなり，こちらの質問に対する返答は1語か2語に留まることがある。感情鈍麻は，感情がみられなくなり，表情の変化も乏しくなる。他者との関わりも減少し，一人で生活することを好むこともある。

解体症状では，思考障害や奇異な行動がみられる。話が支離滅裂になり，こちらが理解できない場合もある。意味なく手を上げ続けるなど，奇異な行動もみられ，会話や行動がまとまらなくなる。

認知障害は，記憶力，集中力，問題解決能力などが障害された状態である。これにより，細部への注意が必要な仕事，複雑な作業，複雑な意思決定などができなくなる。

統合失調症では，ときに幻覚や妄想に基づいた行動が犯罪に結びつくことがある。しかし，心神喪失と認められる精神疾患者の人数は年間でおよそ400人前後で推移しており，そのうち統合失調症の診断を受けている者はおよそ60〜70％といわれている。このように，統計上ではあるが，統合失調症による犯罪は一般に比べて多いわけではない。しかし，軽微な犯罪により，精神保健及び精神疾患者福祉に関する法律に基づく措置入院となれば，裁判は行われないことがほとんどであり，実際には統合失調症による犯罪はもう少し多いかもしれない。いずれにしろ，精神疾患と犯罪の関わりを考えるうえで，統合失調症は最も重要な障害であることに間違いはない。

統合失調症の治療は主に抗精神病薬を中心とした薬物療法と，作業療法，デイケアなど精神科リハビリテーションが中心となる。

F. 気分障害

気分障害（mood disorder）は，気分の変動によって日常生活に支障をきたす病気の総称である。うつ状態だけが続くものをうつ病，躁状態とうつ状態をくり返すものを双極性障害という。双極性障害は，以前は，躁うつ病といわれていた。そのこともあって双極性障害はうつ病の一種とされていた。しかし，現在ではこの二つは異なる病気であると考えられており，治療法も異なる。

双極性障害では，うつ状態にみられる抑うつ気分と，躁状態でみられる多動や脱抑制が入り混じった，躁うつ混合状態というものがみられることもある。躁状態では，気分が高揚し，暴力，恐喝，窃盗，交通違反，わいせつ行為などがみられることがある。しかし，重大犯罪につながることは稀であり，気分障害の犯罪は，うつ状態あるいは躁とうつの混合状態におけるものが大部分であるとの報告がある（風祭，2006）。うつ状態における犯罪では，殺人や放火などの重大犯罪がみられることがある。これは，うつ状態に伴う妄想を基盤とした家族殺人によるものが大部分である。拡大自殺（extended suicide）とは殺人を行った後，あるいは同時に自殺する行為であるが，うつ病における犯罪の多くは拡大自殺と考えられる。

双極性障害の治療には気分安定薬と抗精神病薬を中心とした薬物療法が中心となる。また，うつ病の治療は抗うつ薬が中心となるが，認知行動療法などの心理療法も有効性が認められている。

G. 神経発達障害

ⅰ）発達障害

発達障害とは，幼少期から現れる発達のアンバランスにより，日常生活に困難をきたしている状態といえる。特に，**自閉スペクトラム症/自閉症スペクトラム障害**（autism spectrum disorder：**ASD**）や，**注意欠如・多動症**（attention-deficit/hyperactivity disorder：**ADHD**）が代表的な障害である。

ASDは，コミュニケーションや社会的との関わりに持続的な障害をもち，本人の興味は限定的であり，行動が反復的となる。ADHDでは，集中力の欠如，多動性，衝動性といった症状がみられる。

発達障害という鑑定結果が公表されている事件は，例えば，2000年5月1日に愛知県豊川市で発生した少年による殺人事件，2003年7月1日に長崎県長崎市で発生した男児が誘拐され殺害された事件，2014年12月7日に愛知県名古屋市で名古屋大学の女子大生が知人女性を殺害した事件などがある。これらの犯罪の影響もあり，近年，発達障害と犯罪との関連が注目を浴びている。ASDと犯罪との関係に着目した研究はあるものの，その結論は，ASD患者は定型発達者に比べて反社会的行動は多くないというものであった（Allely et al., 2017）。一方，ADHDと診断された子どもの20〜35％が素行障害の診断基準を満たしたという報告がある（Cantwell, 1996）（Mannuzza et al., 1993）。また，ADHDは反社会性パーソナリティのリスク要因の可能性もある。このようにASDに比べADHDの方が非行，犯罪の危険が高いと思われるが，どちらも家庭や学校で不適応に陥りやすく，ある意味，社会に対する不安や恐怖感を持ち続けて生活している。このことが非行，犯罪のリスクを高めても不思議ではない。

ⅱ）知的能力障害

知的能力障害（intellectual disability）は，知的障害，精神遅滞ともいわれる。知的な発達が障害され，論理，問題解決，抽象的思考，判断など

の機能に支障をきたす。知的機能は知能検査によって測られ，一般に，知能指数70未満を知的能力の低下と判断する。しかしながら，知能指数の値だけで知的障害の有無を判断することは避けて，適応機能を総合的に評価し，判断するべきである。実際に犯罪に関与する知的能力障害者のほとんどが，知能指数が55から70未満までの軽度な者であるといわれている。知的能力の障害は衝動的，感情的な異常につながりやすいが，障害がより重度な者は社会との関わりも少なくなるため，ある程度は社会との関わりをもつことができる軽度の障害者に犯罪が比較的多くなるかもしれない。知的能力障害者の犯罪自体は多いわけではないが，窃盗や無銭飲食など軽微な財産犯をくり返すことがある。時に放火や性犯罪などの重大犯罪もみられる。知的能力障害では状況を十分に理解することが難しい場合もあり，判決に至る過程で，間違った供述や自白をする，質問に対する曖昧な理解のまま肯定してしまう，そもそもの動機をうまく説明できないなど，訴訟能力にも問題がみられることがある。

H. 解離性同一症

解離性同一症（dissociative identity disorder：DID）は，かつては多重人格障害とよばれていた精神疾患で，本来のその人とはまったく違う複数の人格が交代で出現する。解離とは，記憶や意識など通常は連続しているはずの精神機能が分断された状態である。解離性同一症はこの解離が継続して起こることによると考えられている。裁判において解離性同一症と事件の関わりについて記された『24人のビリーミリガン』は有名であるが，小説や映画などで描かれる解離性同一症のイメージと実際の解離性同一症の患者との乖離もみられる。犯行が交代人格によるものであっても，裁判では責任能力を認める立場が一般的なようである。しかし，解離性同一症の発症の背景には幼児期の虐待や性的な虐待が隠れていることも多く，なぜ，そのような行動に至ってしまったのかという理解に努めることが重要である。

I. 睡眠障害

睡眠障害が犯罪に関係することもある。睡眠に関連する異常な行動は睡眠時随伴症（parasomnia）といい，周囲が本人を覚醒させることは難しく，本人は自分が何をしたのかを思い出すことはできない。これはノンレム睡眠（特に深睡眠）から不完全に覚醒した状態と考えられる。睡眠時随伴症の一

つである睡眠時遊行症（sleepwalking）は，いわゆる夢遊病のことで，眠っているはずなのに起き出して，あたかも目覚めているかのような行動をとる障害である。家の中を歩き回るだけでなく，衣服を身に着け車の運転まですることもある。当然であるが，その間，事故に遭う，あるいは事故に遭わせる危険も懸念される。時には，暴力や性的な罪を犯すこともある。実際にカナダでは睡眠時遊行症により，妻の母親を殺害した事件もある（Schenck et al., 1989）。また，レム睡眠行動障害（REM sleep behavior disorder）では，睡眠中に突然，大声の寝言や奇声を発したり，暴力的な行動がみられる。時には，ベッドから転落したり，隣で寝ている人を叩いたりして，本人や周囲の人が怪我を負うこともある。レム睡眠行動障害は，レム睡眠中の筋肉の緊張を下げる神経調節システムが障害されることにより，夢の中での行動がそのまま寝言や体動として現れると考えられる。持続時間は数分であることが多く，複雑な行動を示すことはないため，重大な犯罪に結びつく可能性は極めて低い。

おわりに

　以上，犯罪・非行と精神疾患というテーマで，代表的な精神疾患と犯罪・非行との関係を概説した。ここで強調したいのは，精神疾患だから犯罪を行うというわけではないことだ。他の章でも触れられているが，犯罪に至る背景はさまざまであり，単一の要因だけで犯罪が行われるわけではない。精神疾患という面ばかりが強調されがちであるが，そうではなく，精神疾患を発症するに至った背景，精神疾患であることで生活が制限されてしまうことの辛さなどを十分に理解する必要がある。

　また「罪を犯したのだから，刑務所で罪を償うべき」など，刑罰による犯罪の抑止は，精神疾患の場合はあまり意味がないかもしれない。それよりもしっかりと治療をすることが大切になってくる。重大な他害行為を行ったが，心神喪失等と判断され，実刑を免除された者は医療観察法の対象になり治療を受けることになる。しかし，責任能力ありという判断がなされても，治療は優先して考えられるべきであろう。例えばギャンブル障害で，ギャンブルをするために金が必要で会社の金を横領したが，責任能力ありと判断され実刑となっても，その間に治療がなされなければ，刑期を終えたのちに再びギャンブルを行う可能性は高い。そして，同じように違法な手段で金を手に入れ，再犯に至るなどとただ同じことをくり返すだけになる。

犯罪・非行と精神疾患について考えるということは，責任能力の有無について考えることだけでなく，罪を犯してしまったことを契機に，いかに治療に乗せていくかを考えることでもあるのだ。

章末演習問題

次の各問の正誤を答えよ。

1　心神喪失（責任無能力）と心神耗弱（限定責任能力）の違いは，主にその犯罪の重大性によって判断される。

2　反抗挑戦性障害は対人関係や学業成績に深刻な影響をおよぼすような行動を示すものの，本人が罪悪感を抱くことはほとんどない。

3　成長に従い，反抗挑戦性障害から素行障害に移行する者は少なくないと考えられている。

4　反社会性パーソナリティ障害は問題行動よりも，共感性や罪悪感の欠如などの内面的な側面が問題の中核となる。

5　境界性パーソナリティ障害における自殺のリスクは低く，自殺のそぶりを示しても「単なる脅しで，死のうとは思っていない」ことが多い。

6　アルコール依存症や薬物依存症，ギャンブル障害など嗜癖性障害を背景とした犯罪は，懲役刑による刑務所での刑務作業を行うよりも治療を行うことが望ましい。

7　気分障害では，うつ状態よりも躁状態の方が重大犯罪につながることが多い。

〈引用文献〉

Allely, C. S., Wilson, P., Minnis, H. et al.(2017). Violence is rare in autism: When it does occur, is it sometimes extreme? *Journal of Psychology*, 151, 49-68.

Campbell, M., Small, A. M., Green, W. H. et al.(1984). Behavioral efficacy of haloperidol and lithium carbonate. A comparison in hospitalized aggressive children with conduct disorder. *Archives of General Psychiatry*, 41, 650-656.

Cantwell, D. P.(1996). Attention deficit disorder: a review of the past 10 years. *Journal of American Academy of Child and Adolescent Psychiatry*, 35, 978-87.

Findling, R. L.(2008). Atypical antipsychotic treatment of disruptive behavior disorders in children and adolescents. *Clinical Psychiatry*, 69, 9-14.

Grant, B. F., Hasin, D. S., Stinson, F. S. et al.(2007). Prevalence, correlates, disability, and co-morbidity of DSM-IV alcohol abuse and dependence in the United States: Results from the National Epidemiologic Survey on Alcohol and Related Conditions. *Archives of General Psy-*

chiatry, 64, 830-842.

五十嵐禎人 (2019). 反社会性パーソナリティ障害. 精神科, 35, 467-471.

影山任佐 (2006). 人格障害―理論と実践の批判的考察, 将来的展望. 松下正明ほか (編集), 司法精神医学2　刑事事件と精神鑑定, 中山書店.

風祭　元 (2006). 気分 (感情) 障害. 松下正明ほか (編集), 司法精神医学2　刑事事件と精神鑑定, 中山書店.

Loeber, R., Burke, J. D., Lahhey, B. B. et al. (2000). Oppositional defiant and conduct disorder: a review of the past 10 years, part I. *Journal of American Academy of Child and Adolescent Psychiatry*, 39, 1468-84.

Mannuzza, S., Klein, R. G., Bessler, A. et al. (1993). Adult outcome of hyperactive boys. Educational achievement, occupational rank, and psychiatric status. *Archives of General Psychiatry*, 50, 565-576.

松原三郎 (2002). 起訴前鑑定と医療―民間精神病院の立場から. 臨床精神医学, 31, 277-282.

中田修 (2000). 精神鑑定とは―その現在的課題. 中田修ほか (編集), 精神鑑定事例集, 日本評論社.

野村俊明・奥村雄介 (1999). 行為障害と少年非行. 精神科治療学, 14, 147-152.

小田　晋 (2000). アルコール依存研究の最近の動向. アルコール依存犯罪者の精神鑑定―その過去・現在・未来. 日本アルコール精神医学会雑誌, 7, 45-52.

Pelham, W. E., Gnag, E. M., Greenslade, K. E. et al. (1992). Teacher ratings of DSM-III-R symptoms for the disruptive behavior disorders. *Journal of American Academy of Child and Adolescent Psychiatry*, 31, 210-218.

Schenck, C. H., Milner, D. M., Hurwitz, T. D. et al. (1989). A polysomnographic and clinical report on sleep-related injury in 100 adult patients. *American Journal of Psychiatry*, 146, 1166-1173.

Spitzer, R. L., Davies, M., Barkley, R. A. (1990). The DSM-III-R field trial of disruptive behavior disorders. *Journal of American Academy of Child and Adolescent Psychiatry*, 29, 690-697.

Storm-Mathisen, A., Vaglum, P. (1994). Conduct disorder patients 20 years later: a personal follow-up study. *Acta Psychiatrica Scandinavica*, 89 (6), 416-420.

辰沼利彦 (1983). 異常性格と責任能力. 臨床精神医学, 12, 1121-1126.

Weintraub, D., Koester, J., Potenza, M. N., et al. (2010). Impulse control disorders in Parkinson disease: a cross-sectional study of 3090 patients. *Archives of neurology*, 67, 589-95.

〈参考文献〉

池谷裕二監修 (2015). 脳と心のしくみ. p.128. 新星出版社.

日本精神神経学会監修 (2014). DSM-5　精神疾患の診断・統計マニュアル. 医学書院.

第 8 章 犯罪・司法臨床の臨床技法

8.1節 司法・犯罪分野における心理療法

　司法・犯罪分野では，再非行，再犯防止の取り組みとして古くからさまざまな心理的支援が行われてきた。わが国においては，2004から2005年に性犯罪の前科を有する者や保護観察中の者による重大再犯事件が相次いだことを1つの契機として，支援の体系化に向けた動きが本格化し，2006（平成18）年に刑事施設における集団認知行動療法に基づく**性犯罪再犯防止指導**が導入された。ちょうど同時期に，1908（明治41）年に制定された「監獄法」を改正し，刑事施設及び受刑者の処遇等に関する法律（2007（平成19）年に「**刑事収容施設法**」に一部改正）が施行されたことによって，刑事施設において**特別改善指導**が実施されることとなった。現在では，これが徐々に拡大し，少年院，保護観察所などにおいても，性犯罪や薬物事犯の再犯防止，暴力防止，アルコール依存回復，飲酒運転防止などを目的とした認知行動療法に基づく処遇プログラムによる指導が進められている。

　認知行動療法の活用が広まる背景には，ほかの心理療法と比較して，さまざまな問題行動の変容や症状の改善に関する**エビデンス**（科学的根拠）の蓄積が多いことが挙げられる。司法・犯罪分野においても，外国では認知行動療法に基づく心理的支援のエビデンスが蓄積されてきており，わが国においても，どのような特徴の対象者にどのような効果があるのかという観点から，効果の検証が進められている。

　また，わが国の司法・犯罪分野の臨床場面では，法令などによって義務的に指導を受けるケース，あるいは仮釈放など処遇上の有利性獲得が目的であるようなケースなど，自身の問題解決への動機づけが低い対象者を含みうる構造でもある。そのため，治療に対する動機を引き出す取り組みとして体系化された動機づけ面接の活用も広まりつつある。

　司法・犯罪分野における支援は，犯罪を行った者の特性や支援の構造などを踏まえた独特な面が少なくない。そのため，心理的支援の実践においては，これらの特徴を考慮しながら，丁寧にアセスメントすることが必要とされている。

A. 対象者

　非行・犯罪などを行った者については，衝動性の高さや知的能力の制約，あるいは，反社会性パーソナリティ障害などの問題を抱えているケース，さらには先述のように自身の問題性の改善について動機づけが乏しいケースなどがしばしば見受けられる。また，刑事施設などに収容されている場合は，元の生活とは切り離された施設内で生活しているため，対象者にとって犯罪の誘因となるような要因が極めて少ない状況となりやすい。そのため，対象者が一般社会とは異なる特殊な環境で生活をしていることを考慮に入れた働きかけを考える必要がある。

B. 支援者

　司法・犯罪分野の支援者は，同時に対象者を評価する，あるいは監督する者としての役割を兼ねている場合が少なくないため，処遇上の有利性獲得などを目的とした虚言などが生じやすい構造となっている。また，犯罪行為の場合には，合法か違法かを含めて扱う内容の善悪がはっきりとしていることが多く，社会的に望ましい振る舞いとして，対象者がいわゆる表面的な反省の弁などを述べる場面にしばしば出くわすことがある。そのため，対象者から犯罪に至る「生い立ち」に関するストーリーや，言い訳などの発言が出たときには，発言の内容のみではなく発言の意図や機能について推測してみるなどといった対応が重要となる。

C. 施設や機関の連携

　刑事事件手続きや少年事件手続きは，警察や裁判所，刑務所や保護観察所，民間の医療機関やNPO法人など複数の組織が関わることが多い（**図8.1**）。各施設や機関はそれぞれの役割と目的に応じた**アセスメント**や心理的支援などを個々に行っていることから，犯罪，非行からの立ち直りを支える支援の

拡充を進める際に，各施設や機関を越えた連携が必要であることがくり返し指摘されている。近年では，いずれも法的根拠に基づいた連携が定められているところが特徴である。たとえば，再犯防止推進法等の施行や刑の一部執行猶予，特別遵守事項としての保護観察所等における専門的処遇プログラムの受講，医療観察法等に基づく医療機関における入院・通院治療などに代表されるように，これまで以上に各施設や機関の連携が重視されてきている。

したがって，こうした連携や支援における機能的な**スルーケア**（切れ目のない支援）を促進するために，各施設や機関を超えて，犯罪・司法分野で働く公認心理師に共通した**コンピテンス**（心理職として必要な行動規範や専門的な技能など）を整備するなどの動きが進められている。

図8.1　司法・犯罪分野に含まれる施設等

8.3節 ｜｜ 司法・犯罪分野における認知行動療法

認知行動療法は，行動のパターンや認知のパターンを変えることによって，問題行動や不適応症状を改善し，**セルフコントロール**を促していくことを目指す心理療法である。そのため，対象者の問題行動や不適応症状に関連する行動，情動，認知，身体面の問題を治療のターゲットとして，**学習理論**をはじめとする行動科学の諸理論や行動変容の諸技法を用いて，不適応的な反応

を軽減するとともに，適応的な反応を増大させていくことを試みる（**図8.2**）。司法・犯罪分野の特徴に即した支援としては，認知行動療法的アプローチである**リラプス・プリベンション**や**グッド・ライブズ・モデル**などが活用されている（後述）。また，その運用においては，集団凝集性（組織における一体感）の活用や，経済的あ

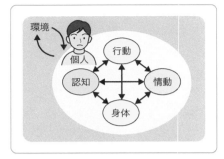

図8.2　個人と環境との相互作用

るいは人的なコスト面などの社会的要請を背景に，集団形式の集団認知行動療法が広く用いられている。

A. 認知行動療法の特徴

　認知行動療法とは，一般には，**行動療法**に起源をもつ流れと**認知療法**に起源をもつ流れというそれぞれ基盤となる理論が異なるものの総体を指している。行動療法は，刺激と反応の結びつきの枠組みである連合理論（行動理論），認知療法は，知覚体系の体制化や再体制化という認知の変容の枠組みである認知理論によって説明されており，いずれも学習理論を基盤においている点では共通しているものの，異なる部分も少なくない。

　たとえば，問題行動や不適応症状の生起，維持の理解において，同じ略称で表現される「ABC分析」が行われており，行動療法では，先行事象（Antecedent），行動（Behavior），後続事象（結果：Consequence）という強化随伴性による理解を試みる一方で，認知療法では，賦活事象（Activating event），信念（Belief），結果（Consequence）という認知的情報処理の影響性による理解を試みている（**図8.3**）。

　行動療法のABC分析は，どのようなときに（A），どのようなことをしたら（B），どのような結果になったのか（C）というABCのつながりを整理し，本人にとって，行動の結果（C）が快の環境変化であればその直前の行動（B）が増加し，行動の結果（C）が不快の環境変化であればその直前の行動（B）が減少するという前提をもっている。その一方で，認知療法のABC分析は，どのようなときに（A），どのようなことを考えたら（B），どうなったのか（C）を整理し，信念（B）に「認知の歪み」があると，結

果（C）の不適応的な反応が増大すると考えるため，認知の歪みの変容を促していくことが行われる。

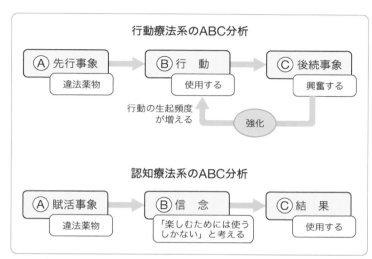

図8.3　行動療法と認知療法のABC分析

B. アクセプタンス＆コミットメント・セラピー

　近年，行動療法の変遷を理解する際に，「波」や「世代」という表現が使われることがある。この行動療法の第1の波（第1世代）は学習理論に基づく行動療法，第2の波（第2世代）は個人差変数としての認知を治療的支援に積極的に取り入れた認知行動療法，そして，第3の波（第3世代）の代表格として，**アクセプタンス＆コミットメント・セラピー**とよばれる心理療法がある。アクセプタンス＆コミットメント・セラピーは「心理的柔軟性」とよばれる心のあり方の促進に主眼を置き，学習された認知の内容の変容にはこだわらず，認知と行動の関係性（機能）を変化させるという前提に基づいている（Hayes et al., 2012）。

　そして，自分の人生の意義（価値）を明確にするとともに，頭に浮かんできた考えによって行動が振り回されないで，有意義な活動に日々取り組めるようになることなどを目指しており，司法・犯罪分野においても適用が試みられるようになってきている。とくに，呼吸法などの瞑想を行うことによって，意識的に，今この瞬間に注意を払って，現実をあるがままに知覚することを通して，思考や感情にとらわれずに，現実そのものをとらえることがで

きるようになることを目指すマインドフルネスは，少年院における性非行防止指導の周辺プログラムとして位置づけられて実践されている。

C. 弁証法的行動療法

弁証法的行動療法は，境界性パーソナリティ障害の診断基準を満たす自殺関連行動を繰り返す患者を対象として開発された，高度に構造化された包括的な心理療法である（Linehan, 1993）。治療の段階を4段階に分けて，それぞれの段階ごとに治療ターゲットの優先順位をつけており，典型的には個人精神療法，集団スキル訓練，電話コンサルテーション，治療者によるケース・コンサルテーション・ミーティングで構成される。集団スキル訓練では，マインドフルネスや感情調整スキルなどを学ぶ。

現在では，境界性パーソナリティ障害のみではなく，感情調節不全に関連する疾患とされる物質使用障害や過食症などに対しても活用されており，その有効性が報告されてきている。

D. 認知行動療法の進め方

心理臨床場面の認知行動療法においては，一般に，**ケース・フォーミュレーション**という手続きを用いながらケースの理解を試みていく（**コラム**）。認知療法系の認知行動療法における人間理解の枠組みに基づいて，個人と環境との相互作用を前提として，まず，環境の変化として，どのような出来事が生じたか，その際に個人内の変化として，どのような考えがわいたか（認知），どのような感情を抱いたか（情動），心拍が上がるなどの身体反応があったか（身体），どのような行動をとったか（行動）という点を整理していく。その際に，ある特定の環境の変化を「刺激」としてとらえ，認知や行動などの個人内の変化を刺激に対する「反応」であると理解していく。

ターゲットとなる問題行動や不適応症状については，それらの行動の結果として生じる快の環境変化が**正の強化**（快の出現）によって維持されているか，**負の強化**（不快の消失）によって維持されているかを確認しながら，得られる機能が等価であるような，より適応的な行動に置き換えていく手続きが最も基本的な枠組みとして用いられる（代替行動分化強化）。置き換える際には，本人がこれまでに自発的に行っている機能的に等価な行動がより望ましいとされるが，置き換えられる行動が見つからないときには，新たな対処方法（スキル）の獲得を促していくことが行われる。たとえば，スリルに

よって問題行動が維持されている場合には，スカイダイビングやスポーツ観戦など本人がスリルを感じられる問題行動以外の適応的な行動を増やすことを促していく。

そして，対象者の問題行動や不適応症状についてアセスメントをするとともに，その改善を促す際に，対象者自身が自分のリスクをよく理解し，その状況に適切な対処方法を選択，実行できるようになるといったセルフコントロール（メタ認知）の獲得を目指していく。

🐻 **Column** ケース・フォーミュレーションと集団認知行動療法

　司法・犯罪分野では，法的手続きに従って罪名等（犯罪の手口）で対象者をグループ分けすることが多いが，共通の罪種であっても行動を維持している「機能」はさまざまである。たとえば性犯罪については，性欲そのものの充足や支配欲，相手の女性に騒がれるのかというスリルなどの「正の強化」によって行動が維持されている場合，あるいは，それ以上にストレスの発散などの「負の強化」が行動の維持に大きな影響を与えている場合がありうる。さらに，行動の背景に性依存などの依存の問題によって行動が引き起こされている場合や，薬物使用や窃盗などの複合的な問題がある場合もある。

　そのため，他の分野以上に個別のアセスメントが重要な意味を持ってくる。伝統的な集団精神療法においては，集団凝集性の向上が強調されがちであるが，集団認知行動療法においては，集団という「森」のみを見るのではなく，一人ひとりの参加者という「木」をしっかりと見ていく中で，対象者が自身の犯罪行動の随伴性に自覚的になること，周囲の支援を積極的に活用しながら再発防止計画を具体的に立てていくこと，などが促されている。

8.4節 司法・犯罪分野における認知行動療法の諸技法

認知行動療法の実践は，大きくは，行動的技法と認知的技法に分けることができ，司法・犯罪分野でも，行動的技法としての**エクスポージャー法**，**ソーシャルスキルトレーニング（SST）**，認知的技法としての**認知再構成法**が広く活用されている。

A. エクスポージャー法

過度な不安や恐怖などは，一般に，時間の経過によって自然に弱まっていくが，回避行動をとることによって，このような「馴れ（馴化）」が生じに

くくなる。そのため，不安や恐怖を引き起こしている状況や脅威となる場面などに身をおき，回避行動をとらないまま不安や恐怖が十分に低減するまでとどまらせることによって，不適応的な反応が生じないようにすることを狙いとしている。このように脅威となる場面へ曝す手続きとしては，直接，現実場面に曝す現実エクスポージャー，頭の中で思い浮かべるイメージ等を用いたイメージエクスポージャーなどがある。

　エクスポージャー法については，犯罪被害者の**心的外傷後ストレス障害（PTSD）**の治療などに用いられており，トラウマに関連した内外の刺激への曝露を中核として，心理教育，呼吸再調整法，イメージエクスポージャー，現実エクスポージャーという4つの要素から構成されている。

B. ソーシャルスキルトレーニング（SST）

　問題が生じる場面における対処方法のレパートリーを増やすことは，問題場面の解決に適した対処方法を選択することにつながる点でも重要となる。SSTは，対処方法の中でも，とくに対人場面に特化したスキルを身につけることによって，人間関係を円滑に営むことを目指すものである。

　犯罪や非行に関しては，たとえば，仲間から犯罪に誘われたときの断り方や，対人場面でのイライラなどへの対処方法について，基本的な他者とのコミュニケーションを中心としたスキルをふまえて，具体的な問題場面への振る舞い方を検討していく。その中で，犯罪や非行につながる可能性を下げられる振る舞いはどのようなものか考えながら，該当するスキルの獲得と遂行に向けて練習を進める。なお，獲得するスキルについては，必ずしも「社会的に望ましい」行動ばかりではなく，対象者にとって実行しやすいか，対象者の生活する環境において周囲から受け入れられやすいかなどを考慮しながら，適応的なターゲットスキルを選んでいくことが重要となる。

C. 認知再構成法

　認知再構成法は，不適応的で，非機能的な思考への認識を深め，適応的な思考に置き換えることを目指している。否定的な思考を肯定的な思考に置き換えるということが一般的ではあるものの，いわゆる楽観性を身につけることではなく，状況に即した柔軟で多様な思考ができることを重視しており，対象者自身が気づきを得ていく方向へとガイドすることが必要とされている。そのため，正しいかどうかや社会的に望ましいかどうかなどの観点から「間

違った（歪んだ）」認知を「修正する」ことを目的とするのではなく，問題行動や不適応症状につながっている認知の歪みを「変容する」ことが目的となる。

犯罪行動を含む問題行動や不適応症状につながりやすい**認知の歪み**については，いくつかのパターンがあることが明らかにされており，自分のしたことを周囲の責任だととらえる「責任転嫁」や，自分のしたことはたいしたことではないととらえる「最小化」などが挙げられている。認知の変容手続きとしては，コラム法が代表的である。コラム法では，問題が生じる場面，そのときの感情や自動的に浮かんでくる自動思考を振り返り，自動思考が適切であると考える理由と適切でないと考える理由を挙げていき，別の考え方ができないかを考える。さらに，別の考え方を試した際に，感情や自動思考に望ましい方向への変化があるかを調べていく。このように，対象者が自身の抱える複数の自動思考について検討することを通して，問題行動や不適応症状が生じにくい，自身にとっての「機能」的な思考を身につけることが目指される。

8.5節 司法・犯罪分野における認知行動療法の応用

司法・犯罪分野においては，一般に衝動性の高さや反社会性の高い集団への所属など，この分野に特異的な課題を抱える対象者が含まれうる。そのため，怒りのコントロールや再犯防止などに着目して，認知行動療法の効果を高める工夫もされており，犯罪行為であってもその機能に着目しながら適用する技法を選択することが重要である。機能に関しては，たとえば，万引きという手口は同じであったとしても，物品の獲得そのものが主な目的である，あるいはスリルが主な目的であるなどのように，機能が異なる場合が多い。

A. 怒りのコントロール

非行や犯罪行為が怒りの感情から引き起こされることも少なくないため，怒りをコントロールして，上手につきあっていくことを目指す**アンガーマネジメント**も活用されている。怒りという感情は誰もがもっているため，怒りそのものをなくそうとするのではなく，怒りの感情が起こった際に，問題行動をするのではなく，適切に表現できるようになることが目標となる。

具体的な手順としては，怒りの気持ちに対して名前をつけるラベルづけや

自身の行動パターンの理解への気づきを深めること，自身の怒りの引き金について理解すること，怒りの感情を抱く自分を受け入れること，怒りの適切な表現方法を身につけることが行われている（本田，2010）。このような手順を通して，怒りが生じた際の適応的な行動パターンを身につけることを目指している。

B. ストレスマネジメント

非行や犯罪行為の背景には，ストレスの影響が絡むことが多いため，ストレスをうまく管理するとともに，避けられないストレスと上手につきあうことを目指す**ストレスマネジメント**の取り組みも多く用いられている。ストレスとなりうる出来事が起きた際に，気持ちの落ち込みや腹痛などのストレス反応が生じる者もいれば，生じない者もいる。これは，ストレスとなりうる出来事が生じた際に，出来事をどのようにとらえるかという認知的評価や，**コーピング（対処方法）**として何を行うかによって，ストレス反応が生じるか否かが変化するためである。

ストレスマネジメントでは，ストレスの生じる仕組みやストレスに対するコーピングについての理解を促すとともに，問題解決訓練や認知再構成法，リラクセーションの獲得などの技法を組み合わせながら，ストレスとの適切なつきあい方を獲得していくことが行われる。

C. リラプス・プリベンション

元来は依存症治療のために考案された治療モデルであり，問題行動が生じるプロセスを分析し，問題行動の引き金を同定するとともに，コーピング方略を獲得することによって，再発（再犯）防止を目指す（Marlatt & Donovan, 2005）。そのため，再発（再犯）が生起する直前の状況を整理し，セルフモニタリングすることによって，再発（再犯）を避けるコーピング，そして，「安全な状況」と安全な状況を維持するコーピングを検討するとともに，再発（再犯）が生起する直前の状況へと至りやすい「危険な状況」の同定と，安全な状況に戻るためのコーピングの理解の促進が行われる。

アルコールや薬物などの物質依存，ギャンブルや性行動などの行動嗜癖，窃盗症（クレプトマニア）などに対して広く効果が示されており，わが国においても刑事施設や医療機関等において活用が広まっている。そして，その効果を高めるために無意識的な行動を含めた行動の分析が行われている（**コラム**）。

　窃盗を高い頻度で繰り返す者の中には，窃盗症という精神疾患である場合が含まれるとされている。「精神疾患の診断・統計マニュアル第5版（DSM-5）」によると，窃盗症は，窃盗の対象となる物やその転売利益などが目的ではなく，窃盗行為直前の緊張や直後の満足感が生じることが特徴である（American Psychiatric Association, 2013）。数年間，毎日のように窃盗を繰り返しているケースもしばしば見受けられ，仕事の帰り道や，家の近くのスーパーマーケットなど，いつも窃盗をする場面に出くわすと意識しないまま窃盗をしてしまう自動（操縦）的な状態へと至ってしまうことが報告されている（浅見他，2021）。

　支援においては，無意識的であると本人がとらえている一連の窃盗行為について，どのような出来事が生じたか，その際に，どのような考えがわいたか，どのような感情を抱いたか，どのような身体反応があったか，どのような行動をとったかを詳細に振り返りながら，窃盗行為につながる1つ1つの手がかりを明らかにしていく（**図**）。窃盗行為に至る一連の流れを整理することによって，どの段階で踏みとどまることができるか，どのように対処することができるか，といった検討が可能となり，窃盗行為につながらないように，一連の流れを切り離していくことにつながる。このように，高い頻度で無意識的に行っている問題行動について分析することは重要であり，自らその過程を記録していく手続きをセルフモニタリングとよぶ。

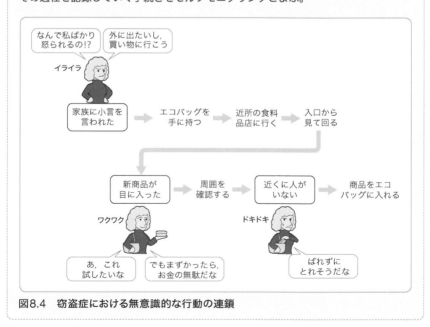

図8.4　窃盗症における無意識的な行動の連鎖

D. グッド・ライブズ・モデル

　再犯防止の取り組みとして主流となっているリラプス・プリベンションは
ハイリスク状況におけるコーピング獲得を目標とするため，否定的，あるい
は回避的な目標設定を導きやすいという指摘があることから，そのような問
題点を解決するうえで，個人のネガティブな側面ではなく，社会における適
応や生活上の満足感を向上させることを目的とするグッド・ライブズ・モデ
ルが用いられることもある（Ward et al., 2007）。

　再犯防止における効果については，リラプス・プリベンションのみを用い
た場合と，リラプス・プリベンションとグッド・ライブズ・モデルを組み合
わせた場合との比較において差異は確認されなかったものの，グッド・ライ
ブズ・モデルを組み合わせた方が治療に対する動機付けが向上するなど副次
的な効果があると報告されている（Mallion et al., 2020）。そのため，動
機づけの程度が低い対象者などの場合には，従来型の支援に組み合わせるこ
とも有用となりうるが，今後の研究が必要であると考えられる。

8.6節 ‖ 司法・犯罪分野における集団認知行動療法

　司法・犯罪分野における認知行動療法の実践では，経済的あるいは人的な
コスト面などの社会的要請もあることから，集団の形式によって実施される
ことも少なくない。一般的な集団精神療法と同様に，固定されたメンバーで
順に進めていくクローズド形式，途中参加も可能であるオープン形式に分類
することができる。矯正施設などでは，一定程度の法令による強制力をもっ
たクローズド形式で行われることが多く，民間の医療機関などでは，対象者
の都合等に合わせてオープン形式などによって行われることが多い。

A. グループ・プロセス

　従来の集団精神療法などでは，参加者同士の自発的な相互作用そのものを
主な治療メカニズムと仮定している。ヤーロム（Yalom, 1995）によると，
自身と同じ疾患や問題を有する他者と出会うことによって，回復への希望を
持つことができたり，効果的なアドバイスを得ることができたりする。さら
に，グループを通して，日常場面における参加者の対人関係のあり方への気
づきを促したり，ロールプレイなどによって修正したりしていくことが可能
になる点も利点とされている。そのため，「集団凝集性」などの向上が，症

状の改善の観点からも，重要視されている。

B. 構造化された集団認知行動療法

　集団認知行動療法は，
毎回のセッションにおけ
るテーマであるアジェン
ダの達成のため，リー
ダーによる参加者間の相
互作用の促進が重視され
ている。バーリンゲーム
ら（Burlingame et
al., 2004）は，従来型
の集団精神療法などの一
般的なグループ・プロセ
スの利点をふまえながら，
認知行動療法の枠組みに

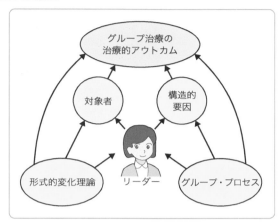

図8.5　集団認知行動療法の治療構造

基づく手続き（形式的変化理論）を加えた「構造化」された集団精神療法の
治療メカニズムに関するモデルを提唱している（**図8.5**）。
　集団の実施においては，集団の成長や相互のフィードバックなどのグルー
プ・プロセスと，従来の認知行動療法と同様に，アセスメントに基づく介入
手続きによって，治療が進んでいくと考えられている。そのため，リーダー
は参加者間の相互作用を活用しながら，一人ひとりの参加者の支援効果を高
めることを目指していく。

8.7節 | 司法・犯罪分野における動機づけ面接

　動機づけ面接（Miller & Rollnick, 2002）はもともと，薬物などの依
存症患者を対象として，行動変容に対する動機づけを引き出す手段として体
系化された技法である。司法・犯罪分野における心理的支援では，対象者が
自身の問題性を否認していたり，法令などによって参加を義務づけられてい
たりする場合もしばしば見受けられる。そのため，自分自身の問題行動を変
容させようという動機づけを欠き，指導や治療に抵抗する場合が少なくない。
そのような場合に，治療に対する動機づけを引き出す手段として，動機づけ

面接が活用されている。

　動機づけ面接では，支援者は対象者の感情や意見を受容的に傾聴し，理解する姿勢を示すなど協働的な関係を築き，対話を通して，対象者自身が望ましいと思う方向に変化できるという自信をもち，自ら変化に向かおうとする意欲や自律的な姿勢を引き出すことに重点を置いている。そのため，対象者がこうありたいと思う目標や願望と，その達成に向けて問題が山積みの現状との間の矛盾に焦点を当てて，変化したいという動機を高めていくとともに，直接議論をすることを避けて，考えの枠組みを少しずつずらしていくことによって，ものごとのとらえ方を変えていくことを促す。このようなかかわりは，共感を表現する，矛盾を拡大する，抵抗に巻き込まれ転がりながら進む，自己効力感を援助する，という4つの原理に基づいている。

A. 基本的スキル：OARS（舟をこぐ「櫂」という意味）

　基本的スキルは，開かれた質問（Open question），是認（Affirmation），聞き返し（Reflective listening），要約（Summarize）の4つにまとめられており，それぞれの頭文字をとってOARSとよばれている。

　まず，「開かれた質問」とは，「はい」，「いいえ」では答えられない質問であり，これを適切に使うことによって，対象者が重要であると感じていることをじっくりと話してもらうことができる。次に，「是認」とは，対象者の強みに気づいていることを伝え返し，対象者の良さをあるがままに認めてほめることである。また，「聞き返し」は主要なスキルであり，単なる質問とは異なって，対象者から受け取った言葉を伝え返す対話スキルである。聞き返しを行う際には，言葉に秘められた心の内側を想像し，理解しようとする姿勢が重要となるとされている。最後に，「要約」とは，対象者の話を要約して伝え返す対話スキルであり，対象者が自らの体験を整理する機会につながることである。

B. チェンジトーク

　動機づけ面接を進める際には，変化しなければならない理由や変化への意図を対象者自身が述べる「チェンジトーク」を引き出し，対象者自身の変化に向かう決意や自信を強めることが重要な目的の1つとなる。チェンジトークを引き出すために，チェンジトークであるかどうかを見極めること，チェンジトークが出たときにすかさず称賛の言葉をかけるなどの是認を行うこと

が必要となる。発言がチェンジトークであるか見極める際には，変化に関する発言であるか，ある特定の行動と結びつけられるかという点が判断材料となり，発言は現在形で行われることが多いとされている。

C. 実践における工夫

心理臨床現場においては，現在得られている恩恵を維持したいという希望や，変化は不可能，あるいは変化しても今より良い状況にはならないだろうという考えなど，対象者から変化に対する抵抗を示す言動（維持トーク）が見受けられることがしばしばある。その場合，いわゆる正論を投げかけることだけでは，さらなる抵抗に結びつく可能性もあるため，対象者の視点に立って，抵抗を表現するに至った経緯を吟味することが必要となる。

また，司法・犯罪分野では，善悪が明白であることが多いことに起因して，支援者が「対象者の"間違い"を正したい」という気持ち（「正したい」反射）をもちやすいことも指摘されている。しかしながら，正論を述べ続けるだけでは，対象者の変化への意欲を下げてしまうこともある。効果的な支援のためには，支援者自身の「正したい」反射を自覚的にコントロールして，対象者の変化に向かおうとする意欲を引き出す姿勢が重要となる。なお，動機づけのスキルに関しては「MINT（Motivational Interviewing Network of Trainers）」が資格認定を行っている。

このような動機づけ面接は，対象者の行動変容を5つのステージからなる過程として理解する行動変容のステージモデルにおける，「前熟考期」に合った支援であるとされている。前熟考期とは，行動を変えようとする意思をまったくもっていないステージのことであり，何よりもまず行動変容への動機づけを高めることが重要となる（**コラム**）（動機づけ面接については第14章も参照）。

🐻 Column　行動変容のステージ（モデル）

対象者の行動変容を5つのステージからなる過程として理解して，どのステージにあるかを踏まえた支援を選択することが有用であるとされている（Prochaska & Norcross, 2007）。元来は喫煙行動などにおいて実証されてきたモデルであり，生活習慣や依存行動などさまざまな行動変容に援用されている。変容のステージとしては，当面は行動を変えようという意思をまったく持っていない「前熟考期」，問題がある

ことに気づいており，問題を克服しようと真剣に考えているが，まだ行動に移す決意にまでは至っていない「熟考期」，すぐに行動を起こそうとしており，少しずつ問題行動を減らしてきている「準備期」，実際に行動の変容が明確に生じている「実行期」，行動を変えてから6ヶ月以上である「維持期」の5つのステージをたどるとされている。

　司法・犯罪分野の対象者の中には，治療に対して，法令等による義務，あるいは，処遇上の有利性獲得を目的として参加している者も含まれている。そのため，犯罪行為や依存行動そのものをあまり問題と感じておらず，支援に対して抵抗を表現する場面もしばしば見受けられる。抵抗は支援効果を妨げる要因にもなりうるため，このような対象者の治療に対する準備性を高めるという点において，動機づけ面接などを用いていくことの効果が期待できる。

章末演習問題

問1　52歳の男性A，自営業。Aは酒を飲むと暴力的な発言や行動が増えることがある。飲酒下での傷害事件をきっかけに医療機関に受診した。そこで，断酒を目指して薬物療法と心理療法が行われることとなり，主治医から公認心理師を紹介された。Aは飲食業を経営しており，閉店後に同業者と集まって酒を飲むのが長年の日課となっていた。Aは「つきあいは仕事の一部だし，毎日の楽しみでもある。でも，やめようと思えばいつでもやめられる」と話した。しかし，翌週に面接した際にも，「先日，本当につきあい程度に酒を飲んだ」ことが語られた。公認心理師がまず行うべき対応として，最も適切なものを1つ選べ。

①断酒を目的とした自助グループを紹介する。
②とにかく犯罪はしてはいけないことであると伝える。
③Aが自分の問題を認識するための面接を行う。
④飲酒（酒害）に関する心理教育を行う。
⑤家族の協力を得る。

問2　35歳の男性A，会社員。通勤電車における痴漢行為で逮捕され，自らもその行為を認め，罰金刑に処された。Aはやめなければならないとわかっているが，衝動を抑えきれないと感じたため，医療機関を訪れ，公認心

理師Ｂの面接を受けた。Ｂは，Ａが自らの行動を観察した結果を踏まえ，Ａの痴漢行為を標的行動とし，標的行動の先行事象と後続事象について検討した。先行事象が「電車に乗ろうとしたら，混雑した車内で好みの服装の女性が立っている」であるとき，後続事象として，最も適切なものを１つ選べ。

①電車に乗る。　　　　　②痴漢をする。
③性欲が満たされる。　　④切符を買う。
⑤家族に助けを求める。

〈引用文献〉

American Psychiatric Association (2013). Diagnostic and Statistical Manual of Mental Disorders: DSM-5 (5th ed.), American Psychiatric Publishing Inc.（高橋三郎・大野裕（監訳）(2014). DSM-5精神疾患の診断・統計マニュアル, 医学書院).

浅見祐香・野村和孝・嶋田洋徳他 (2021). 窃盗症の発症過程における認知と行動の変化. 心理学研究, 92, 100-110.

Burlingame, G. M., MacKenzie, K. R. & Strauss, B. (2004). Small Group Treatment: Evidence for Effectiveness and Mechanisms of Change. In Lambert, M. J. (Ed.), Bergin and Garfield's Handbook of Psychotherapy and Behavior Change (5th ed.), 647-696, Wiley.

Hayes, S. C., Strosahl, K. D. & Wilson, K. G. (2012). Acceptance and Commitment Therapy: The Process and Practice of Mindful Change (2nd ed.), Guilford Press.（ヘイズ, S. C., ストローサル, K. D. & ウィルソン, K. G. (著), 武藤崇・三田村仰・大月友（監訳）(2014). アクセプタンス＆コミットメント・セラピー (ACT) 第2版. 星和書店).

本田恵子 (2010). キレやすい子へのアンガーマネージメント：段階を追った個別指導のためのワークとタイプ別事例集, ほんの森出版.

Linehan, M. M. (1993). Cognitive-Behavioral Treatment of Borderline Personality Disorder, Guilford Press.（リネハン, M. M. (著), 大野裕（監訳）(2007). 境界性パーソナリティ障害の弁証法的行動療法　DBTによるBPDの治療, 誠信書房).

Mallion, J. S., Wood, J. L. & Mallion, A. (2020). Systematic review of "Good Lives" assumptions and interventions. *Aggression and Violent Behavior*, 55, 101510.

Marlatt, G. A. & Donovan, D. M. (2005). Relapse Prevention: Maintenance Strategies in the Treatment of Addictive Behaviors (2nd ed.). Guilford Press.（マーラット, G. A. & ドノバン, D. M. (著), 原田隆之（訳）(2011). リラプス・プリベンション：依存症（アディクション）の新しい治療. 日本評論社).

Miller, W. R. & Rollnick, S. (2002). Motivational Interviewing: Preparing People for Change (2nd ed.). Guilford Press.（ミラー, W. R. & ロルニック, S. (著), 松島義博・後藤恵（訳）(2007). 動機づけ面接法：基礎・実践編. 星和書店).

Prochaska, J. O. & Norcross, J. C. (2007). Systems of Psychotherapy: A Transtheoretical Analysis. (6th ed.). Cengage Learning.（プロチャスカ, J. O. & ノークロス, J. C. (著), 津田彰・山崎久美子（監訳）(2010). 心理療法の諸システム：多理論統合的分析（第6版）. 金子書房).

Ward, T., Mann, R. E. & Gannon, T. A. (2007). The good lives model of offender rehabilitation: Clinical implications. *Aggression and Violent Behavior*, 12, 87-107.

Yalom, I. D. (1995). The Theory and Practice of Group Psychotherapy (4th ed.). Basic Books.

第 9 章

施設内処遇

本章では，非行や犯罪の問題がある人を収容する施設で行われている処遇，いわゆる施設内処遇について説明していく。本章に登場する施設は，一般の目に触れることは少なく，施設内処遇についても知る機会が乏しいのではないかと思われる。ここでは，対象者や施設生活の概要なども積極的に紹介しているので，施設内処遇を具体的に理解する際の一助とされたい。

9.1節 | 児童相談所と児童自立支援施設における処遇

非行に関連する子どもが入所する施設として児童自立支援施設を中心に説明するが，関連の深い児童相談所についても紹介していく。なお，これらの施設に関する法律では，「児童」という用語が用いられ，「子ども」という言葉は使われていないが（加藤ら，2013），児童福祉の分野では主な対象を「子ども」とよぶことが多く，本節においてもそのように表記している。

A. 児童相談所

児童相談所は，子どもの福祉を図りその権利を擁護すべく相談援助活動を行う行政機関であり，厚生労働省が所管している。近年，児童虐待に関する養護相談が急増していることから施設数も増え続けており，1999年には174施設であったところ，2021年4月1日時点では，225施設に増加している（厚生労働省，2021a）。

児童相談所の基本的な機能は，後述する**相談機能**および**措置機能**のほか，市町村相互間の連絡調整や，市町村に必要な援助を行う**市町村援助機能**，子どもの安全が確保されていないときなどの際に，必要に応じて子どもを一時保護する**一時保護機能**などがある（厚生労働省，2021b）。

ⅰ）相談機能

相談機能とは，警察や家庭裁判所などの諸機関等からの通告や送致によるもののほか，子どもに関する相談のうち専門的な知識及び技術を必要とするものなどを受理し，**調査**，**診断**，**判定**を行い，援助指針を定め，児童

相談所自ら又は他の機関等を活用する一貫した子どもへの**援助**をいう（厚生労働省，2021b）。

　相談の種類は，**養護相談**（虐待相談，保護者の家出など），**保健相談**（早産児，虚弱児などの相談），**障害相談**（肢体不自由児，発達障害などの相談），**非行相談**（窃盗や障害などの相談，ぐ犯行為や触法行為に関する警察からの通告，犯罪少年として家裁からの送致），**育成相談**（不登校，しつけの相談），その他（措置変更等の相談）のように分類されている（**表9.1**）。2020年度の相談受付件数は，総数で527,272件であったところ，虐待相談を含む養護相談は280,985件（53.3%）と最も多く，続いて障害相談，育成相談，非行相談の順となっており，非行相談は10,615件（2.0%）であった（厚生労働省，2021c）。

　相談の受理後は，担当となる児童福祉司や相談員が中心となり，子ども・家族への面接や関係機関・地域への聞き取り等による**調査**を進め，問題の本質や社会的環境との関係を解明し，社会学・社会福祉学的視点から援助のあり方を明確にする**社会診断**を行う。児童福祉司とは，児童相談所の福祉職であり，児童福祉法で定められた8項目（社会福祉士，医師，精神保健福祉士，公認心理師など）のいずれかに該当する者のうちから任用されている。

　問題に直面している子どもの福祉において，問題解決に最も適切な専門的所見を確立するために，さまざまな**診断**が行われる。先の社会診断のほか，児童心理司が行う**心理診断**，医師による**医学診断**，一時保護部門の児童指導員や保育士による**行動診断**などがある。児童心理司とは，児童相談所の心理職であり，児童福祉法に定められた4項目（医師，公認心理師など）のいずれかに該当する者のうちから任用されている。心理診断は，面接や行動観察，心理検査の他，関係者への聴取などにより行われており，その心理検査については，田中・ビネー式，WISC，K-ABCなどの知能検査，新版K式，遠城寺式・乳幼児分析的などの発達検査，Y-G性格検査，TS式幼児・児童性格診断検査などの性格検査，子ども用トラウマ症状チェックリスト（TSCC）などからテストバッテリーを組み，行われている。

　その後，各種の診断をふまえて総合診断としての**判定**を行い，子どもの健全な成長と発達にとって最善の利益を確保する観点から，最も適切で効果的な**援助方針**を決定していく。

表9.1　児童相談所における相談の種類

相談区分		内　容
養護相談		虐待相談
		養育困難(保護者の家出, 失踪, 死亡, 離婚, 入院, 就労及び服役等), 迷子に関する相談　養育家庭(里親)に関する相談
保健相談		一般的健康管理に関する相談 (乳児, 早産児, 虚弱児, 児童の疾患, 事故・ケガ等)
障害相談	視聴覚障害相談	盲(弱視を含む), ろう(難聴を含む)等視聴覚障害を有する児童に関する相談
	言語発達障害等相談	構音障害, 吃音, 失語等音声や言語の機能障害をもつ児童, 言語発達遅滞を有する児童等に関する相談
	肢体不自由相談	肢体不自由児, 運動発達の遅れに関する相談
	重症心身障害相談	重度の知的障害と重度の肢体不自由が重複している児童に関する相談
	知的障害相談	知的障害児に関する相談
	ことばの遅れ相談 (知的遅れ)	ことばの遅れを主訴とする相談で, 知的遅れによると思われる児童に関する相談
	発達障害相談	自閉症, アスペルガー症候群, その他の広汎性発達障害, 注意欠如多動性障害, 学習障害等の児童に関する相談
非行相談	ぐ犯行為等相談	虚言癖, 金銭持ち出し, 浪費癖, 家出, 浮浪, 暴力, 性的逸脱等のぐ犯行為, 問題行動のある児童, 警察署からぐ犯少年として通告のあった児童に関する相談
	触法行為等相談	触法行為があったとして警察署から児童福祉法第25条による通告のあった児童, 犯罪少年に関して家庭裁判所から送致のあった児童等に関する相談
育成相談	不登校相談	学校, 幼稚園, 保育所に登校(園)できない, していない状態にある児童に関する相談
	性格行動相談	友達と遊べない, 落ち着きがない, 内気, 緘黙, 家庭内暴力, 生活習慣の著しい逸脱等性格もしくは行動上の問題を有する児童に関する相談
	しつけ相談	家庭内における幼児のしつけ, 遊び等に関する相談
	適性相談	学業不振, 進学, 就職等の進路選択に関する相談
	ことばの遅れ相談 (家庭環境)	ことばの遅れを主訴とする相談で, 家庭環境等言語環境の不備等によると思われる児童に関する相談
その他の相談		措置変更, 在所期間延長に関する相談等

ii）措置機能

児童相談所は，援助方針に基づき，**表9.2**に挙げられる援助を行うが，これを**措置機能**という。これらの援助は，子どもや保護者と合意のうえで行うことが重視されている。

なお，措置とは行政上の処分であり，援助方針会議の決定に基づいて実施する援助には，「措置による援助」と「措置によらない援助」がある。訓戒や他機関への委託・送致等は，いずれも措置によるものとなる。

表9.2　児童相談所が行う援助の種類

1 在宅指導等	（1）措置によらない指導	ア	助言指導
		イ	継続指導
		ウ	他機関あっせん
	（2）措置による指導	ア	児童福祉司指導
		イ	児童委員指導
		ウ	児童家庭支援センター指導
		エ	知的障害者福祉司指導，社会福祉主事指導
		オ	障害児相談事業を行う者の指導
	（3）訓戒，制約措置		
2	児童福祉施設入所措置，指定国立療養所等委託		
3	里親委託		
4	児童自立生活援助措置		
5	福祉事務所送致等		
6	家庭裁判所送致		
7	家庭裁判所に対する家事審判の申立て		

（厚生労働省，児童相談所運営指針　表-4を一部改変）

B. 児童自立支援施設

i）概要

児童自立支援施設は，児童福祉法により定められた**児童福祉施設**（乳児院，母子生活支援施設，保育所，児童心理治療施設，児童養護施設など）のうちの一つである。児童自立支援施設の前身である教護院の目的は，「不良性の除去」であったが，1997（平成9）年の児童福祉法の改正で現

在の名称に変わるとともに，施設目的も「自立支援」となり，子どもへの指導・支援と自立への援助を行うこととなった。

　児童自立支援施設は，2020年時点で全国に58施設（国立2，公立54，私立2）あり，厚生労働省が所管しているが，各自治体による運営を基本としている。福祉施設であるため部屋に施錠をしない開放処遇がとられているが，逃走や自傷他害のおそれがある場合，国立の2施設のみは，家庭裁判所による許可の下，部屋に施錠をして自由を制限する**強制的措置**をとることがある。

ii）児童自立支援施設の対象

　児童自立支援施設の対象は，児童福祉法第44条において，「不良行為をなし，又はなすおそれのある児童」と，家庭等の環境上の理由により「生活指導を要する児童」とされている。2021年10月1日時点で，定員の合計は3,468人のところ，在所者は1,268人であった（厚生労働，2021d）。施設への入所経路には，**児童相談所による措置**と**家庭裁判所による保護処分**があり，前者が全体のおよそ8割を占めている。児童福祉施設に関する調査（三菱UFJリサーチ＆コンサルティング，2020）によると，入所事由には，暴行・暴力，性加害・性問題行動，万引・窃盗などの不良行為等や，家出・浮浪，児童養護施設・里親への不適応などの生活指導を要する事由がみられた。

　厚生労働省（2020）によると，児童自立支援施設の主な処遇対象は，12歳から15歳の中学生年代であり，平均年齢は14.0歳であった。就学状況は，中学校が1,133人（78.2％）と最も多く，次いで中学卒業者が116人（7.9％）となるが，ほとんどが中学卒業までに退所することとなる。心身状況については，895人（61.8％）に何らかの精神状況がみられた。重複回答として，最も多かったのはADHD 435人（30.0％），次いで自閉症スペクトラム障害357人（24.7％），知的障害179人（12.4％）などであった。その他の調査項目では，934人（64.5％）に被虐待経験があることや，家庭状況では，「実父母有」が325人（24.1％）にとどまったことなどが特徴的であった。

iii）児童自立支援施設における処遇

　児童自立支援施設では，児童自立支援専門員と児童生活支援員が処遇の中核を担い，**生活指導**，**学習指導**，**職業指導**および**家庭環境の調整**などが行われている。児童自立支援専門員は，8項目（社会福祉士，児童自立支

援専門員を養成する学校等を卒業した者など）のいずれかに該当する者のうちから任用されており，児童生活支援員は３項目（保育士，社会福祉士など）のいずれかに該当する者のうちから任用されている。

　厚生労働省（2020）によると，児童自立支援施設における子どもたちの平均在所期間は約1.1年であるが，その間，生活の拠点となるのは寮である。寮は**小舎制**といって，12名以下の子どもが生活し，職員が寝起きを共にしている。これは，感化院とよばれた時代から，教護院を経て現在に至るまで「家庭に恵まれず非行化した児童に代替の家庭を提供する」という理念に基づき，続いてきた形態である（厚生労働省，2014）。特に，「寮長・寮母」とよばれる夫婦が職員として勤務する形態を**小舎夫婦制**といい，かつては6割を超えていたが，夫婦職員のなり手不足や勤務条件を整えることの困難さから，この形式を採用する施設は減少し続け，現在は，職員が交代で泊まる**小舎交代制**が7割に迫ろうとしている（相沢，2014）。

　児童自立支援施設では，個別に**自立支援計画**を策定して処遇を行っている。策定に当たっては，子どもに関する詳細な情報に加え，家族状況や地域社会とのかかわりを含めたアセスメントを総合的に行っており，子どもや保護者からの意見・意向も尊重される。策定後においても，子どもや保護者に説明して合意を得ることが重要であり，それとともに施設職員および児童相談所とも共有して，同計画に沿った支援を行っている。

　小・中学校の教育に関しては，2019年10月1日時点で，主に分校や分教室として54施設（93.1％）に導入されている（厚生労働省，2021e）。施設内学校の教員は，施設の職員ではなく，文部科学省が所管する学校の教員となる。

iv）退所と自立支援

　厚生労働省（2020）によると，在所する子どもの退所後の見通しとして最も多いのが，「保護者のもとへ復帰」で824人（56.9％）であり，全体の半数以上が保護者のもとへ戻ることとなるが，施設としても，円滑な社会復帰に向けて子どもと保護者間の調整を行うなどの支援を行っている。他方，「他施設へ移行予定」は327人（22.6％）であり，退所する子どもの約2割程度は他の児童養護施設等に移行する見通しであり，引き続き社会的養護等の下で生活を送ることになる。

　児童自立支援施設では退所後も，子どもや保護者が相談できる窓口を設置しており，また施設からも手紙や電話，訪問などで支援を行っている。

A. 少年鑑別所の概要

少年鑑別所は，法務省の所管であり，2021年時点で全国に分所8施設を含めて52施設設置されている。少年鑑別所の目的は，少年鑑別所法において規定されており，**鑑別，観護処遇，地域援助**を行うこととされている。令和3年版犯罪白書（法務省，2021a）（以下，「白書」）によれば，2020年の少年鑑別所の新規収容人員は5,197人（うち女子少年は506人）である。

B. 鑑別

鑑別とは，少年鑑別所法第16条に定められており，平たくいうならば，少年が非行に至った要因について専門的なアセスメントを行い，今後の立ち直りに向けた適切な処遇指針を示すということである。

少年鑑別所における鑑別は，その態様により4種類に分けられている。

【少年鑑別所法第16条】

鑑別対象者の鑑別においては，医学，心理学，教育学，社会学その他の専門的知識及び技術に基づき，鑑別対象者について，その非行又は犯罪に影響を及ぼした資質上及び環境上問題となる事情を明らかにした上，その事情の改善に寄与するため，その者の処遇に資する適切な指針を示すものとする。

ⅰ）収容審判鑑別

家庭裁判所の観護措置の決定により少年鑑別所に収容された者に対し，審判のために行う鑑別を**収容審判鑑別**という。白書によれば，2020年に収容審判鑑別を行った者は4,413人であり，少年鑑別所に収容される少年の多くがその対象となる。

収容審判鑑別の流れは**図9.1**のとおりであり，通常3～4週間（最長8週間）で行われる。少年には教育職である法務教官と心理職である法務技官（心理）の担当がつき，多角的なアセスメントが行われる。法務教官は主に観護処遇（鑑別面接や心理検査等を除いた少年への働きかけ全般のことで，情操に配慮しながら少年の健全な育成のための支援を行う）に携

わっており，**行動観察**を行い少年の行動特徴等の把握に努める。2015年度からは，ADHDと自閉症スペクトラム障害の特徴の把握を目的として，**スクリーニングツールおよび行動観察チェックリスト**を収容鑑別の対象者全員に実施している。法務技官（心理）は，**鑑別面接**を担当し，家族構成や過去の非行歴等の調査を行い，また**心理検査**によって知能や性格検査等を実施するなどして，非行の要因等を解明する。

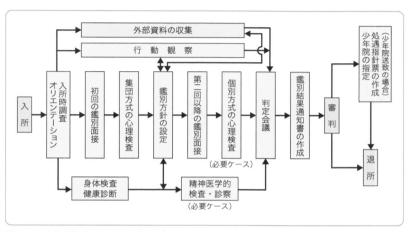

図9.1　少年鑑別所における収容審判鑑別の流れ（法務省，令和3年版犯罪白書より）

　心理検査については，まず知能検査を実施し，加えて，非行・犯罪領域の対象者を母集団として法務省が独自に開発した性格検査（MJPI）・態度検査（MJAT）・文章完成法（MJSCT）も実施する。さらに，資質鑑別が進み対象少年の問題性がより明確になるにつれ，そのアセスメントに適した個別の心理検査を実施することとなる。特に，面接からだけでは本件動機等が不明なことが多い犯罪である殺人，放火，性非行などの場合には個別検査を行うことがある。また近年は，再非行防止に資するための調査ツールである**法務省式ケースアセスメントツール（MJCA，コラム）**が鑑別の際に活用されている。そのほかに，医師による身体検査・健康診断は必須であり，必要に応じ，精神医学的検査・診察を受けることがある。これらの調査等を経たうえで**判定会議**において，対象者の資質や環境面，非行の程度や保護の必要性などを総合的に検討し，在宅保護（保護観察）や収容保護（少年院送致等）などの処遇に係る判定を行う。この判定会議

の結果は，知的能力や性格等，資質の特徴，非行要因，処遇指針等などとともに**鑑別結果通知書**に記載のうえ，家庭裁判所に送付され，審判資料の一つになる。また，少年を主として担当する法務技官（心理）等は，家庭裁判所で少年を担当する家庭裁判所調査官と互いの職務で得た情報を交換するケースカンファレンスを全ケースについて随時行っている。

なお，家庭裁判所による審判の決定は少年鑑別所の判定に拘束されるものではなく，鑑別の判定と審判結果には差異があることに留意する必要がある。白書によれば，2020年に少年鑑別所における収容審判鑑別において少年院送致と判定された者は2,821人であったが，実際に家庭裁判所の審判で少年院送致となった者は，そのうちの1,567人（55.5％）と5割超であった。それ以外では，保護観察が649人（23.0％），試験観察が483人（17.1％）などであった。

ⅱ）**在宅審判鑑別，処遇鑑別，指定鑑別**

ここでは，収容審判鑑別以外の3つの鑑別について説明していく。

はじめに，家庭裁判所による審判のための鑑別のうち，少年鑑別所に収容されていない者に対して，少年鑑別所に来所させて行う鑑別を**在宅審判鑑別**という。白書によると，2020年の受付人員は207人であった。

次に，児童自立支援施設，少年院，刑事施設などの施設内処遇や，保護観察所などの社会内処遇における各機関からの求めによって行う鑑別を**処遇鑑別**という。処遇鑑別では，面接や心理検査等により，それまでの処遇経過や対象者の課題，処遇指針などについてアセスメントを行い，その後の処遇に資するよう，アセスメント結果を記した書類を作成し，当該機関に送付している。白書によると，2020年の処遇鑑別の受付人員は，児童自立支援施設または児童養護施設からが17人，少年院または刑事施設からが1,298人，地方更生保護委員会または保護観察所からが2,530人であった。

最後に，家庭裁判所の審判で少年院送致が決定した者に対して行う鑑別を**指定鑑別**という。指定鑑別では，収容すべき少年院を指定するとともに，少年院での処遇の参考となるアセスメントを行っている。

Column 法務省式ケースアセスメントツール（MJCA）

①開発と導入

　法務省式ケースアセスメントツール（MJCA：Ministry of Justice Case Assessment tool）は，効果的な処遇が行われるよう **RNR モデル**（第 6 章参照）に基づいて法務省が開発したもので，鑑別実施上の支援アセスメントツールとして 2013 年度から導入されている。MJCA は，再非行の可能性と教育上の必要性を定量的に把握するものであり，開発においては統計上の信頼性や妥当性が十分に検証されている。

②概要

　法務技官（心理）が，面接や鑑別資料等から，教育等によって変化しない「静的領域」と，教育等によって変化しうる「動的領域」の 2 領域を評定する。

　静的領域…生育環境，学校適応，問題行動歴，非行・保護歴，本件態様

　動的領域…保護者との関係性，社会適応力，自己統制力，逸脱親和性

　これらの評定の結果，「保護者との関係性」，「社会適応力」，「自己統制力」，「逸脱親和性」などの再非行防止に向けた教育の必要性を「プロフィール」としてグラフで表示するとともに，再非行の可能性等を I からIVの 4 つの区分に分けて示しており，区分IVに向けて推定再非行率が高まるものとなっている。最後に，鑑別を行った担当者が処遇目標等の所見をわかりやすく記載することとなっている（法務省，2013）。

③活用

　MJCA は，少年鑑別所において判定会議における参考資料の一つとされ，少年院や保護観察所などにおいては，効果的な処遇を行うための資料として活用されている。

C. 観護処遇

　少年鑑別所において，鑑別面接や心理検査等を除いた少年への処遇を**観護処遇**という。観護処遇においては，少年院のように矯正教育を行うことはないが，少年法にあるとおり，「少年の健全な育成への配慮」として，少年の自主性を尊重しつつ，健全な社会生活を送るために必要な基本的生活習慣等に関する助言・指導を行う。また，少年の情操を豊かにし，健全な社会生活を営むための知識や能力を向上させることができるよう，学習支援や読書，講話，季節の行事等の機会を設けるなどしている。少年鑑別所においては，多くの少年が，どのような審判結果になるのかわからない中で生活を送っていることから，観護処遇においては，在所者の情操を保護し，落ち着いて審判を受けることができるように努めて配慮している。

D. 地域援助

　施設内の処遇以外に，少年鑑別所では，非行および犯罪の防止に関する諸問題について，地域の少年，保護者等からの相談に応じるほか，関係機関・団体からの依頼に応じて各種心理検査や心理的援助および講演等を行っており，これを**地域援助**という。少年鑑別所における地域援助は，**法務少年支援センター**という名称をベースに，各施設が独自の名称を用いて運営している。白書によれば，2020年の実施人員は，延べ4,312人であった。

9.3節 | 少年院における処遇

A. 少年院の概要

　少年院は，法務省所管の施設であり，2021年時点で，全国に分院6施設を含めて47施設設置されている。少年院では，家庭裁判所の審判における保護処分（少年院送致）の決定により送致された少年等を収容している。少年院の目的は，少年院法において規定されており，矯正教育と**社会復帰支援**を行うこととされている。処遇の中核は法務教官が担っており，ほかには医師などで構成されている。近年は，法務技官（心理）や法務技官（福祉），法務技官（就労），法務技官（修学）などが配置される施設も増えてきている。

B. 少年院の種類と矯正教育課程

ⅰ）少年院の種類

　少年院の種類は年齢や心身状況，犯罪傾向などにより分けられている（**表9.3**）。なお，第4種少年院についてはこれまで収容実績はない。

　2021（令和3）年に改正された少年院法は，翌2022（令和4）年4月1日から施行されており，ここで新しく**第5種少年院**が加わることとなった。具体的には，2年の保護観察に付された18，19歳の特定少年において遵守事項違反があり，少年院において処遇を行わなければ本人の改善および更生を図ることができないと認められる場合には，第5種少年院に収容するというものである。

ⅱ）矯正教育課程

　少年院においては，少年の特性に応じて重点的に実施する矯正教育の内容や標準的な期間などが，**矯正教育課程**として**表9.4**のとおり定められて

表9.3　少年院の種類

種類	法的地位	心身状況	犯罪傾向	年齢
第1種	保護処分の執行を受ける者	著しい障害なし	※1	おおむね12歳〜23歳
第2種	保護処分の執行を受ける者	著しい障害なし	進んでいる	おおむね16歳〜23歳
第3種	保護処分の執行を受ける者	著しい障害あり	―	おおむね12歳〜26歳
第4種	刑の執行を受ける者	―	―	※2
第5種	保護処分の執行を受ける者	―	―	18歳，19歳

※1）第1種少年院には，第2種少年院のようには犯罪傾向が進んでいない者が対象となる。
※2）懲役または禁錮の判決を受けた16歳未満の者の入所が規定されている。

いる。矯正教育課程を1課程のみ指定されている少年院もあれば，最大で13課程を指定されている少年院もある。

　各少年院においては，指定された矯正教育課程ごとに，施設・設備状況や地域特性などを考慮のうえ，処遇の各段階（後述「段階処遇」）における矯正教育の目標，内容，方法および期間などを記した**少年院矯正教育課程**を定めている。

　少年院では，少年が履修する矯正教育について，**個人別矯正教育計画**を策定している。同計画は，少年院矯正教育課程に即しながら，一人一人の特性に応じた矯正教育の目標，内容，期間や実施方法を具体的に定めるものであり，その計画に基づき矯正教育が実施される。策定された個人別矯正教育計画については，本人への告知，保護者等への通知，家庭裁判所，更生保護委員会および保護観察所への送付などが行われ，関係機関等と共有される。

C. 対象少年

ⅰ）少年とは少年法では20歳未満の者を指しているが，少年院においては，おおむね12歳から20歳までの少年を収容している。また，上限はあるが，家庭裁判所の決定等により，20歳を超えても引き続き収容することがある。
ⅱ）白書によれば，2020年の少年院入院者数は1,624人（うち女子少年は

表9.4　少年院の矯正教育課程（法務省，令和3年版犯罪白書より一部改変）

少年院の種類	矯正教育課程	符号	在院者の類型	矯正教育の重点的な内容	標準的な期間
第1種	短期義務教育課程	SE	原則として14歳以上で義務教育を終了しない者のうち，その者の持つ問題性が単純又は比較的軽く，早期改善の可能性が大きいもの	中学校の学習指導要領に準拠した，短期間の集中した教科指導	6月以内の期間
	義務教育課程I	E1	義務教育を終了しない者のうち，12歳に達する日以後の最初の3月31日までの間にあるもの	小学校の学習指導要領に準拠した教科指導	2年以内の期間
	義務教育課程II	E2	義務教育を終了しない者のうち，12歳に達する日以後の最初の3月31日が終了したもの	中学校の学習指導要領に準拠した教科指導	
	短期社会適応課程	SA	義務教育を終了した者のうち，その者の持つ問題性が単純又は比較的軽く，早期改善の可能性が大きいもの	出院後の生活設計を明確化するための，短期間の集中した各種の指導	6月以内の期間
	社会適応課程I	A1	義務教育を終了した者のうち，就労上，修学上，生活環境の調整上等，社会適応上の問題がある者であって，他の課程の類型には該当しないもの	社会適応を円滑に進めるための各種の指導	2年以内の期間
	社会適応課程II	A2	義務教育を終了した者のうち，反社会的な価値観・行動傾向，自己統制力の低さ，認知の偏り等，資質上特に問題となる事情を改善する必要があるもの	自己統制力を高め，健全な価値観を養い，堅実に生活する習慣を身に付けるための各種の指導	
	社会適応課程III	A3	外国人等で，日本人と異なる処遇上の配慮を要する者	日本の文化，生活習慣等の理解を深めるとともに，健全な社会人として必要な意識，態度を養うための各種の指導	
	支援教育課程I	N1	知的障害又はその疑いのある者及びこれに準じた者で処遇上の配慮を要するもの	社会生活に必要となる基本的な生活習慣・生活技術を身に付けるための各種の指導	
	支援教育課程II	N2	情緒障害若しくは発達障害又はこれらの疑いのある者及びこれに準じた者で処遇上の配慮を要するもの	障害等その特性に応じた，社会生活に適応する生活態度・対人関係を身に付けるための各種の指導	
	支援教育課程III	N3	義務教育を終了した者のうち，知的能力の制約，対人関係の持ち方の稚拙さ，非社会的行動傾向等に応じた配慮を要するもの	対人関係技能を養い，適応的に生活する習慣を身に付けるための各種の指導	
第2種	社会適応課程IV	A4	特に再非行防止に焦点を当てた指導及び心身の訓練を必要とする者	健全な価値観を養い，堅実に生活する習慣を身に付けるための各種の指導	
	社会適応課程V	A5	外国人等で，日本人と異なる処遇上の配慮を要する者	日本の文化，生活習慣等の理解を深めるとともに，健全な社会人として必要な意識，態度を養うための各種の指導	
	支援教育課程IV	N4	知的障害又はその疑いのある者及びこれに準じた者で処遇上の配慮を要するもの	社会生活に必要となる基本的な生活習慣・生活技術を身に付けるための各種の指導	
	支援教育課程V	N5	情緒障害若しくは発達障害又はこれらの疑いのある者及びこれに準じた者で処遇上の配慮を要するもの	障害等その特性に応じた，社会生活に適応する生活態度・対人関係を身に付けるための各種の指導	
第3種	医療措置課程	D	身体疾患，身体障害，精神疾患又は精神障害を有する者	心身の疾病，障害の状況に応じた各種の指導	
第4種	受刑在院者課程	J	受刑在院者	個別的事情を特に考慮した各種の指導	―

137人）であり，6,000人超であった2000年以降，おおむね減少傾向にある。

iii）白書によれば，少年院入院者の非行名別では，**表9.5**のように，男子は窃盗と傷害・暴行が比較的多く10%を越えており，女子は，窃盗，傷害・暴行，覚醒剤取締法違反が10%を越えていた。

表9.5　少年院入院者の非行名別構成比（法務省，令和3年版犯罪白書をもとに作成）

男子（総数1,487）		女子（総数137）	
罪　　名	％	罪　　名	％
窃　　盗	26.4	窃　　盗	24.8
傷　害　・　暴　行	19.2	傷　害　・　暴　行	18.2
強　　盗	8.3	覚　醒　剤　取　締　法　違　反	12.4
詐　　欺	7.4	ぐ　犯	9.5
強制性交等・強制わいせつ	6.2	詐　　欺	8.0
道　路　交　通　法　違　反	5.9	強　　盗	3.6
そ　　の　　他	26.6	そ　　の　　他	23.4

D. 少年院における処遇

i）矯正教育

少年院における処遇の中核は矯正教育であり，**生活指導，職業指導，教科指導，体育指導，特別活動指導**の5つの指導から成り立っている。

①生活指導

生活指導とは，社会の一員として自立した生活を送るための基礎となる知識および生活態度を習得させるための指導であり，例として，基本的生活訓練，問題行動指導，被害者心情理解指導，保護関係調整指導，進路指導などがある。女子少年院では，アサーションやマインドフルネスなどを指導する「基本プログラム」を全在院者に実施しており，自傷および摂食障害など，自己を害することなどによる処遇ニーズの高い者に対しては，「特別プログラム」を行っている。

また，生活指導には，特定の事情改善のための6種類の特定生活指導（**被害者の視点を取り入れた教育（コラム）**，薬物非行防止指導，性非行防止指導，暴力防止指導，家族関係指導，交友関係指導）がある。特定生活指導のプログラムは，全施設共通の中核プログラムと，受講者個々の必要

性に応じて各施設が選択する周辺プログラムに分けられる。例えば，薬物非行防止指導の中核プログラムには，エビデンスのある海外のプログラムを基に開発されたJ.MARPPが使用されており，集団認知行動療法をベースにしたグループ指導がなされている。周辺プログラムでは，アサーショントレーニングやマインドフルネス，自助団体による講話などが行われている。白書によれば，2020年に特定生活指導を終えた少年は，被害者の視点を取り入れた教育が43人，薬物非行指導が293人，性非行防止指導が134人，暴力防止指導が456人，家族関係指導が399人，交友関係指導が915人であった。

Column 被害者の視点を取り入れた教育

① 「被害者の視点を取り入れた教育」研究会

　被害者の視点を取り入れた教育は，特定生活指導の一つである。2004年から4回開催された法務省矯正局主催の「被害者の視点を取り入れた教育」研究会における，被害者団体やその支援関係者からの提言を受けて整備されたものであり，各少年院において当時の教育課程と個別的処遇計画の内容に反映されることとなった。

　また，同研究会において「被害者の生の声を加害者に届けたい」という要望があり，それを受けて，2005年度から職員研修，講話およびグループ指導などに被害者等のゲストスピーカーを招聘するようになるなど，被害者の立場からの直接的な関わりがプログラムの特徴の一つとなっている。

②教育内容

　被害者の視点を取り入れた教育の指導方法は，①問題を正面から受け止める下地作りの指導を強める一方，②下地作りの基礎が整備される度合いに応じて罪障感を高め謝罪の決意を固めさせる指導を強めていくことが理想であるとされる（村尾，2007）。そして，①には自尊心の回復が不可欠で，自己効力感を醸成しながら人間力を鍛える必要があり，②には共感性の涵養が必須である。それに加えて，保護者に指導力を高めてもらうことも大切で，以上の3つが被害者の視点を取り入れた教育の柱になる。

---

②職業指導，教科指導，体育指導，特別活動指導

　ここでは，生活指導以外の4つの矯正教育について説明する。

　まず，**職業指導**とは，勤労意欲を高め，職業に関する知識や技能を付与する指導のことであり，職業生活設計指導科，サービス科などの「職業生活設計指導」，手芸科，木工科などの「自立援助的職業指導」，自動車整備

科，情報処理科，溶接科，土木・建築科などの「職業能力開発指導」がある。

　次に，**教科指導**とは，義務教育や義務教育修了者に基礎学力を身につけさせる指導および高等学校への進学等を希望する者へ行う指導であり，義務教育指導，補習教育指導，高等学校教育指導が行われている。少年院で行う義務教育は，学校教育法による学校教育に準ずる内容の教育を行っている。また，在院者において希望する者は，少年院内で高等学校卒業程度認定試験を受験することができ，その受験指導も教科指導に含まれる。

　体育指導は，善良な社会の一員として自立した生活を営むための基礎となる健全な心身を培わせるための指導である。

　特別活動指導は，情操を豊かにし，自主，自律および協同の精神を養う指導のことであり，係活動，音楽鑑賞や美術などの情操的活動や，運動会，収穫祭などの行事のほか，院外清掃活動などが含まれる。

ii）段階処遇

　少年院では，入院から出院までを3段階に分けて処遇している。入院時は3級に編入し，以降，個人別矯正教育計画における目標達成度等が成績として評価され，目標を達成することで2級，1級へと進級し，その後，出院となる。これを**段階処遇**といい，進級に合わせて社会生活により近い処遇環境を設定することで，自律的な改善を促すことを意図した処遇制度である。一方で，標準期間で目標の達成度が低かった場合には，進級できずに，結果として在院期間が延びることがある。

iii）寮と個別担任

　少年は，基本的には数名から数十名が在籍する集団寮で生活を送っている。平日の日中は主に寮外で特定生活指導や職業指導，行事および体育指導などの日課を過ごし，夕方以降は寮に戻り，生活改善等の集会や日記に取り組むなどして，就寝となる。休日は寮内で課題を行ったり余暇を過ごしたりすることが多い。寮は，主に法務教官による交代制で運営されている。その寮を担当する職員は数名の少年の担任を受けもち，成績評価の作成など，個別に必要な業務はもとより，さまざまな相談対応や指導・助言を行っている。

　なお，担任業務のほか，特定生活指導などを含め，直接的に少年と関わる場面では，動機づけ面接（**コラム**）が広く用いられている。

　少年院のさまざまな場面で非行にまつわる指導を行う際には，元々，改善更生への意欲が低い少年にはその効果が表れにくいということが問題であったが，それに対応するために導入されたのが動機づけ面接である。

　ミラーとロルニック（Miller & Rollnick）がアルコール依存のクライエントに対して効果があったカウンセリングの在り方を分析，解釈，体系化したことが先駆けとなり，その後，さまざまな領域において広く発展していった面談スタイルである。少年鑑別所，少年院，刑事施設などのほか，広く司法領域や福祉領域で活用されている。

　具体的な場面として，①処遇困難な在院者等に対する生活意欲の喚起，②少年院送致決定となった少年鑑別所在所者に対する動機づけ，③刑事施設の性犯罪再犯防止指導の準備プログラム，④特定生活指導の周辺プログラム，⑤グループワーク導入時の動機づけ，⑥少年院における成績告知，⑦保護者対応等，さまざまな場面で導入されている（青木ら，2019）。

E. 社会復帰支援と出院

　少年院では，出院後に自立した生活を営むうえで困難を有する在院者に対して，出所後の適切な住居や，医療，福祉サービスを受けるための調整や手続き，復学や進学への援助，就業支援などの**社会復帰支援**を行っている。

　少年は，出院後，原則として20歳に達するまでの間，保護観察に付されるため，多くは**仮退院**として出院し社会内処遇に移行する。白書によれば，2020年の仮退院者は1,698人で，全出院者の中の割合は99.6%であった。

　出院後の援助として，少年院の職員は，出院者や保護者等から，健全な社会生活を送るうえでの問題について相談があった場合には応じることができるとされており，白書によれば，2020年の相談件数は675件であった。

9.4節 ‖ 刑事施設における処遇

A. 刑事施設の概要

　刑事施設とは，法務省が所管している刑務所，少年刑務所および拘置所の総称であり，2021年時点で，本所が75庁（刑務所61庁，少年刑務所6庁，拘置所8庁），支所が105庁（刑務支所は8庁，拘置支所が97庁）設置されている。刑務所と少年刑務所は主に受刑者を収容し，禁錮刑や懲役刑などが執行される施設である。拘置所は，主に未決拘禁者を収容する施設である。

受刑者の処遇については，刑事収容施設及び被収容者等の処遇に関する法律で，「改善更生の意欲の喚起及び社会生活に適応する能力の育成を図ること」を旨として行うこととされており，具体的には矯正処遇として，**作業**，**改善指導**，**教科指導**の3つが規定されている。

刑事施設では，規律，秩序を維持する刑務官が処遇の中核を担っており，他に法務技官（作業），法務教官，法務技官（心理），法務技官（福祉），看護師，医師などで構成されている。

B. 刑事施設の対象者

白書によれば，刑事施設の被収容者の年末収容人員は，2006年の81,255人をピークに年々減少し，2020年末は46,524人であった。また，入所する受刑者の年間人員も2006年の33,032人（法務省，2007）をピークに下がり続け，2020年は16,620人と戦後最少を更新した。

表9.6にみられるとおり，白書によれば，入所受刑者の年齢層別構成比は男性においては50～64歳が，女性においては40代が最も多かった。罪名別構成比では，男女ともに窃盗と覚醒剤取締法違反が上位を占めた。また，65歳以上の高齢受刑者の罪名で最も多かったのは窃盗であり，中でも万引きによるものが顕著で，特に女性では73.2％にも上り，突出していた。2020年の全入所受刑者における65歳以上の高齢者割合は12.9％で，2000年から9.6ポイント上昇しており，受刑者の高齢化が進んでいる。

表9.6　左：入所受刑者の年齢層別構成比, 中：入所受刑者の罪名別構成比　右：高齢者の罪名別構成比（法務省, 令和3年版犯罪白書をもとに作成）

年齢層	男性	女性
20～29歳	15.5%	11.4%
30～39歳	20.6%	19.5%
40～49歳	24.8%	26.1%
50～64歳	26.8%	24.0%
65歳以上	12.2%	19.0%

罪名	全体	
	男性 （総数 14,850)	女性 （総数 1,770)
窃盗	34.2%	46.7%
覚醒剤取締法	25.2%	35.7%
詐欺	9.7%	6.8%
道路交通法	4.5%	1.9%

罪名	65歳以上	
	男性	女性
万引き	40.4%	73.2%
万引き以外の窃盗	19.7%	16.3%
傷害・暴行	19.7%	3.7%
横領	6.8%	2.6%

C. 処遇調査

　矯正処遇には，個々の受刑者の資質および環境に応じて適切な内容と方法で実施しなければならないという**個別処遇の原則**がある。そのため，刑事施設では個々の受刑者の調査を行っており，これを**処遇調査**という。処遇調査は，刑が確定した際に収容されている刑事施設（確定施設）と，その後処遇が行われる刑事施設（処遇施設）それぞれにおいて，刑の執行開始時に行われており，主に**法務技官（心理）**が調査を担っている。調査項目は，精神状況，身体状況，生育歴，暴力団等の加入歴などであり，方法としては，面接，検査，行動観察，公務所等への照会に加え，医師による診察などがある。刑事施設における心理検査では，成人受刑者の作業上の能力や学力などをIQ相当値として測ることができるCAPASが用いられている（矯正研修所，2013）ほか，法務省が独自に開発した性格検査（MJPI）・態度検査（MJAT）・文章完成法（MJSCT）などがテストバッテリーとして取り込まれており，必要に応じてWAISや長谷川式認知症スケール（HDS―R）などの一般的な心理検査が行われる。

　なお，処遇調査においては，2017年から受刑者の再犯の可能性を客観的定量的に把握することできる**Gツール**（受刑者用一般リスクアセスメントツール）が導入されている。Gツールは，刑事施設に収容された全受刑者に実施しており，出所後2年以内の再犯確率を示して犯罪傾向の進度を判定することや，薬物依存離脱指導，アルコール依存回復プログラム，暴力防止指導などの改善指導における対象者選定の参考資料として使用されている。Gツールは現在，静的リスクのみを扱っているが，将来的には動的リスクを反映させて，**RNRモデル**（第6章参照）に対応したツールへと拡充する見込みである。

　これらの調査を経て人格所見や犯罪に関連する問題性および今後の処遇方針を見立て，その結果をふまえ，受刑者の**処遇指標**が指定される。処遇指標には，**表9.7**のように矯正処遇の種類や内容を示すものと，受刑者の属性および犯罪傾向の進度を示すものがあり，例えば「（V0,R0,R1,E1）YB」のように個別に指定されることで矯正処遇の重点方針が定まり，受刑者はこれに対応する指定区分の処遇施設に収容されることになる。その後，処遇施設においては，矯正処遇の目標や基本的な内容・方法を**処遇要領**として個別に定めており，矯正処遇は，この処遇要領に沿って計画的に実施されることとなる。

　なお，受刑期間中は，処遇状況の確認や，処遇要領の確認・見直しのため，原則として半年に1度または臨時に再調査が実施されている。

表9.7　処遇指標の区分（法務省，令和3年版犯罪白書を一部改変）

① 矯正処遇の種類及び内容			
種類	内　容		符号
作業	一般作業		V0
	職業訓練		V1
改善指導	一般改善指導		R0
	特別改善指導	薬物依存離脱指導	R1
		暴力団離脱指導	R2
		性犯罪再犯防止指導	R3
		被害者の視点を取り入れた教育	R4
		交通安全指導	R5
		就労支援指導	R6
教科指導	補習教科指導		E1
	特別教科指導		E2

② 受刑者の属性及び犯罪傾向の進度	
属性及び犯罪傾向の進度	符号
拘留受刑者	D
少年院への収容を必要とする16歳未満の少年	Jt
精神上の疾病又は障害を有するため医療を主として行う刑事施設等に収容する必要があると認められる者	M
身体上の疾病又は障害を有するため医療を主として行う刑事施設等に収容する必要があると認められる者	P
女子	W
日本人と異なる処遇を必要とする外国人	F
禁錮受刑者	I
少年院への収容を必要としない少年	J
執行すべき刑期が10年以上である者	L
可塑性に期待した矯正処遇を重点的に行うことが相当と認められる26歳未満の成人	Y
犯罪傾向が進んでいない者	A
犯罪傾向が進んでいる者	B

D. 刑事施設における処遇

　すでに触れたように，刑事施設における作業，改善指導，教科指導を矯正処遇といい，これらが受刑者処遇の中核として位置づけられている。

ⅰ）作業

　作業とは，受刑者処遇の基本をなし，懲役刑の「所定の作業」を具体化するものであり，法律上，懲役受刑者には作業が義務づけられている。作業は，木工や印刷など，物品製作や労務提供を行う「生産作業」が最も多く，ほか

に炊事，清掃など，刑事施設が自営するための「自営作業」や，溶接，建設機械など，技能を習得させる「職業訓練」および「社会貢献作業」がある。

刑事施設において作業が行われている工場では，基本的に1名または2名の刑務官が工場担当として固定されており，数名から数十名の受刑者を処遇している。受刑者は多くの時間を工場と居室（単独室や数名の共同室がある）で過ごすが，基本的に受刑生活の拠点は工場であり，受刑にまつわるさまざまな手続きや運動，入浴などは工場単位で行われている。

なお，2022年6月に，懲役と禁錮の両刑を一元化した拘禁刑を創設する改正刑法が成立した。拘禁刑に処せられた者には，改善更生を図るため，必要な作業を行わせ，必要な指導を行うことができるとされたものである。これまでの矯正処遇では作業時間の確保に縛られることがあったが，施行後においては，改善指導や教科指導などのプログラムをより多く受講させるなど，再犯防止の観点から，受刑者の状況や特性に合わせ，作業と教育を組み合わせた柔軟な処遇を行うことが可能となる。

ⅱ）改善指導

改善指導とは，犯罪の責任を自覚させ，健康な心身を培わせ，社会生活に適応するのに必要な知識および生活態度を習得させるために行う指導であり，一般改善指導と特別改善指導がある。

一般改善指導は，被害者理解教育や窃盗防止教育，運動会などの行事や体育など，改善更生等のための教育的な関わりが広範に含まれており，後に述べる特別改善指導以外のすべての改善指導が該当する。

特別改善指導は，薬物依存があったり，性犯罪を行っていたりするなどの特殊な事情により，改善更生および円滑な社会復帰に支障があると認められる受刑者に対し，その事情の改善を図る指導（表9.7①参照）である。現在行われている特別改善指導は，薬物依存離脱指導（7,707人），暴力団離脱指導（551人），性犯罪再犯防止指導（424人）（**コラム**），被害者の視点を取り入れた教育（551人），交通安全指導（1,659人），就労支援指導（2,952人）の6種類である（括弧内は，白書による2020年度の受講開始人員である）。

ⅲ）教科指導

教科指導とは，学校教育の内容に準ずる指導であり，補習教科指導と特別教科指導がある。補習教科指導は，小学校や中学校の教科に準じており，義務教育を修了していない者と学力の程度が低い者などを対象に行っている。

Column 性犯罪再犯防止指導

性犯罪再犯防止指導は，エビデンスのあるカナダのプログラムなどを参考に導入され，認知行動療法とリラプス・プリベンションがベースとなっている。指導の目的は，性犯罪につながる認知の偏り，自己統制力の不足等の自己の問題性を認識させ，その改善を図るとともに，再犯をしないための具体的な方法を習得させることとされている（猪爪，2016）。

①対象者選定

刑が確定した全受刑者に，犯罪内容や常習性などを調査項目としたスクリーニングを行い，精密な性犯罪者調査が必要と判定された者は，全国に8施設あるアセスメントの専門機関である調査センター（刑事施設に設置されている）に移送される。調査センターでは，より詳細な性犯罪者調査が行われ，再犯リスクや受刑期間などをふまえ，受講する本科，受講施設，受講時期などの処遇計画が一人一人策定される。

②プログラム

表のとおり，プログラムには4つの流れがあり，中核となるのは本科である。本科は5種類あり，対象者に応じたプログラムが用意されている。

プログラムの流れ	内　容		本　科　種　別	対　象　者	期間※
オリエンテーション	個別オリエンテーション		密度別プログラム	高密度	高リスクの者	約9ヶ月
準備プログラム	グループで動機づけを高める			中密度	中リスクの者	約7ヶ月
本科	中核プログラム			低密度	低リスクの者	約4ヶ月
メンテナンスプログラム	出所前の補足的指導		調整プログラム	知的能力に制約がある者	約11ヶ月
			集中プログラム	受刑期間が短い者	約4ヶ月

※期間は準備プログラムを含む

③本科

本科は，標準で2名の指導者（法務教官，法務技官（心理），刑務官，非常勤の心理職である処遇カウンセラーのいずれかの組合せ）と8名の受講者によるグループで構成されており，開始から終了までメンバーは固定されている。

④効果検証

性犯罪再犯防止指導の効果検証が2012年と2020年の2度行われ，法務省から公表されている。2度の効果検証結果では，いずれもプログラムにおける一定の性犯罪再犯の抑止効果が認められた。特に，2020年の効果検証では，受講した者は，受講しなかった者より性犯罪再犯が0.75倍となったことが明らかとなっている。しかし，罪名別や本科の密度ごとに分析した場合など，指導効果について統計的な裏付けが得られなかった結果もみられ，今後の課題として，再犯抑止効果を高めるための検討や指導の充実化などが示された（法務省，2021b）。

このように，わが国の犯罪者処遇プログラムにおいては，エビデンスを積み重ねる取り組みが行われている。

特別教科指導は，高等学校等の教科に準じており，学力の向上を図ることが円滑な社会復帰に特に資すると認められる受刑者に対して行っている。在所者で希望する者には施設内で高等学校卒業程度認定試験を受験できる制度があり，この受験指導も教科指導に含まれる。

E. 出所に向けた支援と出所

　刑事施設では，出所に向けた支援として，主に**就労支援**と**福祉的支援**を行っている。また，出所事由としては，主に満期釈放と仮釈放がある。

ⅰ）就労支援

　多くの刑事施設には就労支援スタッフが配置されており，就労に向けた受刑者へのキャリアカウンセリングや，ハローワーク（公共職業安定所），企業との連絡調整業務などが行われている。また，刑事施設がハローワークや保護観察所と協力して受刑者等の出所後の就労の確保を支援する**刑務所出所者等総合的就労支援対策**が2006年から行われており，在所中からハローワーク職員による職業相談や職業紹介が行われている。さらに，2015年以降は，いくつかの刑事施設にハローワーク職員が駐在し，より濃密な支援が行われている。

ⅱ）福祉的支援

　多くの刑事施設には，法務技官（福祉）などの福祉職が配置されており，出所に向けた福祉的支援が行われている。なかでも，65歳以上の高齢者や障害を有する者で，かつ，適当な帰住先がない受刑者については，保護観察所および地域生活定着支援センターと連携し，釈放後速やかに，適切な介護，医療，年金等の福祉サービスを受けることができるよう支援を行っており，これを**特別調整**という。

ⅲ）出所

　刑事施設から出所する事由としては，主に満期釈放と仮釈放がある。満期釈放とは，懲役刑や禁錮刑の刑期を終え，被収容者としての身分が解かれ，釈放となるものである。仮釈放は，「改悛の状」があり，改善更生が期待できる懲役または禁錮の受刑者を刑期満了前に仮に釈放し，保護観察に付することにより，再犯を防止し，その改善更生と円滑な社会復帰を促進することを目的とするものである。白書によれば，2020年における満期釈放は7,728人（40.8％）であり，仮釈放は11,195人（59.2％）であった。

章末演習問題

1 児童相談所において，相談の受理から援助方針を定めるまでの流れについて説明せよ。
2 児童自立支援施設における小舎制について説明せよ。
3 少年鑑別所の収容審判鑑別における心理検査およびMJCA（法務省式ケースアセスメントツール）について説明せよ。
4 少年院の種類について説明せよ。
5 刑事施設における特別改善指導の位置づけと，その種別について説明せよ。

〈引用文献〉
相澤仁（編）（2014）．施設における子どもの非行臨床　児童自立支援事業概論．明石書店，141．
青木治・中村英司（編）（2017）．矯正職員のための動機付け面接．矯正協会．
猪爪祐介（2016）．刑事施設における性犯罪再犯防止指導．法律のひろば，69（4），23-41．
矯正研修所（2020）．研修教材矯正心理学．矯正協会，30．
厚生労働省（2014）．児童自立支援施設運営ハンドブック．
厚生労働省（2020）．児童養護施設入所児童等調査の概要．
厚生労働省（2021a）．令和3年度全国児童福祉主管課長・児童相談所長会議資料（児童相談所関連データ）．
厚生労働省（2021b）．児童相談所運営指針．
厚生労働省（2021c）．令和2年度福祉行政報告例の概況．
厚生労働省（2021d）．令和2年社会福祉施設等調査の概況．
厚生労働省（2021e）．令和2年度全国児童福祉主管課長会議資料（説明資料2）．
厚生労働省．社会的養護の施設等について．
　　https://www.mhlw.go.jp/bunya/kodomo/syakaiteki_yougo/01.html
藤原正範・古川竜司（編），加藤幸雄・前田忠弘（監修）．（2017）．司法福祉［第2版］．法律文化社，46．
法務省（2007）．平成19年版犯罪白書．
法務省（2013）．法務省式ケースアセスメントツール（MJCA）について．
法務省（2021a）．令和3年版犯罪白書．
法務省（2021b）．刑事施設における性犯罪者処遇プログラム受講者の再犯等に関する分析研究報告書．
三菱UFJリサーチ＆コンサルティング（2020）．厚生労働省子ども家庭局家庭福祉課委託事業 児童心理治療施設，児童自立支援施設の高機能化及び小規模化・多機能化を含めた在り方に関する調査研究業務一式 報告書．
村尾博司（2007）．少年院における被害者の視点を取り入れた教育－運用の実情と課題．犯罪と非行，153，46-61．

第10章 社会内処遇

10.1節 | 更生保護制度

A. 更生保護とは

　犯罪をした者や非行のある少年を，矯正施設（刑事施設・少年院）に収容して処遇することを施設内処遇というのに対し，これらの者を地域で生活させながら一定の制約を加えて処遇を行うことを**社会内処遇**という。わが国において，社会内処遇は更生保護（英語では"Offender Rehabilitation"）とよばれている。更生保護の目的は，その基本法である更生保護法第1条に，「犯罪をした者及び非行のある少年に対し，社会内において適切な処遇を行うことにより，再び犯罪をすることを防ぎ，又はその非行をなくし，これらの者が善良な社会の一員として自立し改善更生することを助けるとともに，恩赦の適正な運用を図るほか，犯罪予防の活動の促進等を行い，もって，社会を保護し，個人及び公共の福祉を増進すること」と規定されている。更生保護の内容は，仮釈放および少年院からの仮退院（仮釈放等），保護観察，生活環境の調整，更生緊急保護，恩赦，犯罪予防活動と多岐にわたっている。

B. 更生保護に関わる機関

　更生保護に関わる機関には次のものがある。まず，わが国の更生保護を所管する法務省の部局として保護局が置かれている。次に，法務省の地方支分部局として，高等裁判所の管轄区域ごとに地方更生保護委員会（地方委員会）が置かれている。地方委員会は，仮釈放の許可やその取消し，少年院からの仮退院や退院の許可，少年院からの仮退院中の者を少年院に戻して収容する旨の決定の申請，不定期刑（少年法第52条に規定された，少年に対して有期刑を言い渡すときの特則）の終了，保護観察付執行猶予者の保護観察の仮解除やその取消し等の事務を司どっている。また，地方裁判所の管轄区域ごとに保護観察所が置かれている。保護観察所は，保護観察の実施，矯正施設に収容されている者の生活環境の調整，更生緊急保護の実施，恩赦の上申，犯罪予防活動の促進等の事務を行っている。加えて，法務省には，恩赦

の申出や，地方委員会がした決定について審査，裁決を行う中央更生保護審査会が置かれている。

C. 更生保護の担い手

　更生保護は，犯罪をした者や非行のある少年の再犯・再非行を防ぎ，その改善更生を助けるものであり，その主な担い手は法務省所属の国家公務員である保護観察官である。保護観察官は，地方委員会および保護観察所に配置されており，医学，心理学，教育学，社会学その他の更生保護に関する専門的知識に基づいて，保護観察や生活環境の調整，犯罪予防活動等に関する事務に従事している。

　一方で，犯罪をした者や非行のある少年を地域内で生活させながら処遇を行うという性質上，更生保護は国の機関の活動のみで成し得るものではない。これは，多くの民間協力者・団体に支えられて成り立っている。その代表的なものとして，保護司，更生保護女性会，BBS会，協力雇用主，更生保護施設が挙げられる。

　保護司は，社会奉仕の精神をもって，犯罪をした者や非行のある少年の改善更生を助けるとともに犯罪予防に努める地域のボランティアである。その身分は非常勤の国家公務員である。保護観察官と保護司は，それぞれの十分でないところを相互に補いながら更生保護に関する活動を展開しており，これを官民協働態勢とよんでいる。

　更生保護女性会は，更生保護活動に協力するほか，広く地域の犯罪予防に努め，犯罪のない明るい社会の実現に寄与することを目的としている女性ボランティアの団体である。保護観察所が実施する保護観察対象者を対象とした社会貢献活動にも協力している。

　BBS会（Big Brothers and Sisters Movement）は，非行のある少年のほか，社会不適応の状態にある少年の兄・姉のような身近な存在として自立を支援し，犯罪や非行のない明るい社会の実現を目指す青年ボランティアの団体である。BBS会は「ともだち活動」とよばれる，悩みを抱えた少年のよき相談相手となる活動や，各種グループワーク活動を行っているほか，社会貢献活動への協力も行っている。

　協力雇用主は，犯罪をした者や非行のある少年の自立と社会復帰に協力することを目的として，その前歴を理解した上で雇用し，又は雇用しようとする事業主である（「再犯の防止等の推進に関する法律」第14条）。非行・犯

罪歴のある者は，前歴を有しているという社会的負因のほか，個人の資質・能力的な事情から，就職活動に困難を伴うことが少なくない。彼らの再犯・再非行を防止し改善更生を図るには，就労によって生活基盤を安定させることが不可欠であるため，協力雇用主は再犯防止において，極めて重要な役割を果たしている。

更生保護施設は，保護観察に付されている者や，刑の執行を終えた者等のうち，自立した生活を送ることが難しい者に宿泊場所や食事を提供したり，就労に向けた支援や，社会適応に必要な指導を行ったりする民間の施設である。近年では，高齢や障害により特に自立が困難な者に対して福祉サービスの利用に必要な支援を行ったり，薬物依存のある者に対してその回復のための重点的な処遇を行ったりする施設もある。

10.2節 | 仮釈放等

A. 仮釈放等とは

仮釈放は，刑の執行のため刑事施設に収容されている者を，その刑期の満了前に仮に釈放するものである。仮釈放となった者は，その期間中保護観察に付され，その期間が経過すれば，刑の執行が終了する。一方，その期間中に再犯や遵守事項違反により仮釈放が取り消された場合は，再び刑事施設に収容され，仮釈放となった全期間の刑が執行される。仮釈放を許可する権限は地方委員会にある。

少年院からの仮退院は，保護処分の執行のために少年院に収容されている者を，その収容期間の満了前に仮に退院させるものである。仮退院となった者は，その期間中保護観察に付され，その期間を経過するか，地方委員会の決定により退院を許されたときは，保護観察が終了する。一方，その期間中に遵守事項違反が認められた場合は，家庭裁判所の決定により少年院に戻して収容され，再び少年院で保護処分の執行を受けること（戻し収容）がある。仮釈放と同様に，仮退院を許可する権限は地方委員会にある。

B. 仮釈放等許可の基準

仮釈放は，有期刑については刑期の3分の1を，無期刑については10年を経過していること（これらの期間を法定期間という）が要件とされる。仮釈放の許可は，①悔悟の情および改善更生の意欲があるか，②再び犯罪をす

るおそれがないか，③保護観察に付することが改善更生のために相当であるかを順に判断し，これらの基準を満たした者について，④社会の感情が仮釈放を是認するかどうかを最終的に確認して判断される。

少年院からの仮退院は，少年院に収容されている者が，処遇の最高段階に達し，仮退院させることが改善更生のために相当であると認めるとき，または処遇の最高段階に達していなくともその努力により成績が向上し保護観察に付することが改善更生のために特に必要であると認めるときに，許す旨の決定がされる。

C. 仮釈放等の手続

刑事施設の長は，刑の執行のために収容している者について，法定期間が経過し，仮釈放許可の基準に該当すると認めるときは，地方委員会に仮釈放を許すべき旨の申出をする。少年院の長は，少年院に収容されている者について，仮退院許可の基準に該当すると認めるときに，地方委員会に仮退院を許すべき旨の申出をする。

地方委員会は，矯正施設の長から仮釈放等を許すべき旨の申出を受けたときに仮釈放等の審理を開始する。また，矯正施設の長の意見を聴き，審理の対象となる者との面接等の調査を行った上で，申出によらない審理を開始することができる。

審理においては，3名の委員から構成される合議体のうちの委員が，その対象となる者と面接を行い，仮釈放等を許すか否かに関する心証を得ることとされている。審理では，仮釈放等を許す旨の決定または仮釈放等を許す旨の決定をしない旨の判断を行うほか，仮釈放等の期間中に居住すべき住居を特定したり，後述する特別遵守事項（10.4節C参照）を設定したりする（**図10.1**）。

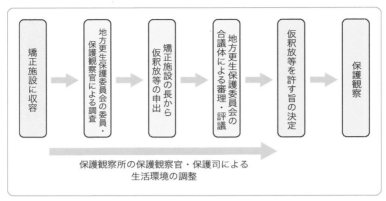

図10.1　仮釈放等の流れ（法務省，更生保護パンフレットをもとに作成）

A. 生活環境の調整とは

　矯正施設に収容されている者は，その収容期間が経過すれば，いずれ社会に戻ってくる。そのときに，住むところがなく，また，立ち直りを支える人が身近になく孤立すれば，同じ過ちを犯してしまう可能性がある。そこで，保護観察所は，犯罪をした者や非行少年が矯正施設に収容されている間，住居や家族，就労・就学先等の生活環境を調整し，これらの者の改善更生と円滑な社会復帰にふさわしい環境を整える**生活環境の調整**を行っている。

B. 生活環境の調整の手続

　保護観察所は，矯正施設から，生活環境の調整の対象者（調整対象者）が希望する帰住予定地や引受人等の身上事項が記載された身上調査書を受理したときや，帰住予定地を変更する旨の身上変動通知書を受理したときなどに生活環境の調整を開始する。生活環境の調整を担当する保護観察官が生活環境の調整の計画を作成したうえで，保護観察官や保護司は調整対象者の希望する帰住予定地を訪問して引受人等と面接し，その引受意思を確認するほか，調整対象者の家族の状況や収容前の生活状況，矯正施設から釈放された後の生活の計画等を調査する。その結果は，調整対象者が収容されている矯正施設とその矯正施設の所在地を管轄する地方委員会に通知され，矯正処遇・教育に活かされるほか，仮釈放等審理における重要な資料となる。生活環境の

調整は1回で終わるものではなく，調整対象者が矯正施設に収容されている間継続的に行われる。また，生活環境の調整を担当する保護観察官や保護司は，必要に応じて矯正施設に収容されている調整対象者と面接を行う。調整対象者が仮釈放や刑の執行の終了，少年院からの仮退院等により矯正施設に収容中の者でなくなったときなどに，生活環境の調整は終結する。

C. 特別調整

矯正施設に収容されている者のうち，高齢（おおむね65歳以上）または障害のため，自立した生活が困難で，適当な帰住予定地がない者について，保護観察所は，各都道府県が設置する**地域生活定着支援センター**や矯正施設等の関係機関と連携し，生活環境の調整の特別な手続である**特別調整**を実施している。その目的は，特別調整の対象者が，矯正施設から釈放された後，速やかに必要な介護，医療，年金，その他の福祉サービスを受けることができるようにし，円滑な社会復帰を図るところにある。

10.4節 || 保護観察

A. 保護観察とは

保護観察は，保護観察対象者の再犯・再非行を防止し，改善更生を図ることを目的として，**指導監督**と**補導援護**を行うことにより実施される。指導監督と補導援護の概要については，**表10.1**のとおりである。

B. 保護観察の種別

保護観察に付されるのは，①家庭裁判所で保護観察処分の決定を受けた少年（保護観察処分少年），②少年院からの仮退院を許された者（少年院仮退院者），③刑事施設からの仮釈放を許された者（仮釈放者），④刑の全部の執行を猶予され，猶予された期間保護観察に付された者（保護観察付全部執行猶予者），または刑の一部の執行を猶予され，猶予された期間保護観察に付された者（保護観察付一部執行猶予者），⑤婦人補導院からの仮退院を許された者（婦人補導院仮退院者），の5種である。このうち，婦人補導院仮退院者は，近年ほとんど実例がなく，実務上取り扱う機会も限られるため，本書での説明は割愛する。それぞれの種別の保護観察期間は，**表10.2**のとおりである。

表10.1　指導監督と補導援護の概要

	指導監督	補導援護
性格	権力的・監督的	援助的・福祉的
内容	・面接等により保護観察対象者と接触を保ち,行状を把握すること ・遵守事項を遵守し,生活行動指針に即して生活・行動するよう指示すること ・専門的処遇を実施すること　　など	・適切な住居・宿泊場所を得たり当該宿泊場所に帰住したりすることを助けること ・職業を補導し,就職を助けること ・社会生活に適応する上で必要な生活指導を行うこと　　　　　など
具体的な施策	・専門的処遇プログラム ・簡易薬物検出検査 ・しょく罪指導プログラム ・社会貢献活動 ・交通講習　　　　　　　など	・更生保護施設や自立準備ホームへの宿泊等の委託 ・公共職業安定所と連携した就労支援 ・更生保護施設における薬物依存回復訓練の実施　　　　　　　　など

表10.2　保護観察種別ごとの期間

保護観察処分少年	少年院仮退院者	仮釈放者	保護観察付執行猶予者
保護観察処分の言渡しの日から20歳に達するまで その期間が2年に満たない場合は,言渡しの日から2年	少年院を仮退院した日から仮退院の期間が満了するまで (原則として20歳に達するまでであるが,家庭裁判所が定めた期間に達するまでの場合もある)	仮釈放となった日から残された刑期の終了日まで (無期刑仮釈放者は,恩赦によらない限り,終身保護観察が継続する)	保護観察付全部執行猶予者は,執行猶予の裁判が確定した日から執行猶予の期間が終了するまで 保護観察付一部執行猶予者は,実刑部分の刑の執行が終了し,執行猶予期間の開始の日から執行猶予の期間が終了するまで

🐻 Column　少年法の改正による新しい保護観察処分

　成年年齢が18歳に引き下げられたことなどをふまえて,2021(令和3)年に少年法が改正され,2022(令和4)年4月から施行された。この改正により,処分時18歳・19歳の少年を特定少年と位置づけ,3種類の保護処分(6月の保護観察,2年の保護観察,収容期間が最長3年の少年院送致)が新設された。このうち,保護観察処分について紹介する。

6月の保護観察は，その期間は最大6ヶ月であり，期間満了前に解除により終了することができる。この処分に不良措置は存在しない。原則として特別遵守事項の設定や保護司の指名はせず，毎月1回，生活状況を報告させ，必要に応じて交通講習を受講させたり社会貢献活動に参加させたりする。
　2年の保護観察は，その期間は最大2年であり，期間満了前に解除により終了することができる。この処分では，家庭裁判所がこの保護処分を言い渡す際，保護観察期間中に不良措置として少年院に収容することができる期間（収容可能期間）をあらかじめ1年以内で定める。少年が遵守事項を遵守せず，その程度が重いと認められた場合，保護観察所の長は家庭裁判所に対して少年院に収容する旨の決定の申請ができる。収容決定によって少年院に収容されている間は，保護観察期間の進行は停止し，収容可能期間の満了または地方委員会の決定によって釈放されると，保護観察が再開する。

C. 遵守事項と生活行動指針

　保護観察対象者は，**遵守事項**とよばれる約束事を遵守しなければならない。遵守事項のうち，その内容が更生保護法で定められ，すべての保護観察対象者が共通して遵守すべき事項を**一般遵守事項**という。一般遵守事項は，保護観察期間を通じて遵守しなければならない。一方，保護観察対象者ごとに定められ，改善更生のために特に必要と認められるものを**特別遵守事項**という。特別遵守事項は，保護観察開始時のほか，保護観察の実施状況に応じて開始後に新たに設定したり，内容を変更したり，取り消したりすることが可能である。一般遵守事項も特別遵守事項も，遵守していることが**良好措置**の条件となり，違反した場合は**不良措置**に結びつくものである。

　また，保護観察対象者は，**生活行動指針**に即して生活し，行動するよう努めなければならない。生活行動指針は，指導監督を行うために定められるものであるが，違反しても直接的に不良措置に結びつかない点が遵守事項とは異なる。

i）一般遵守事項

　一般遵守事項の内容は，**表10.3**のとおりである。なお，少年院仮退院者と仮釈放者については，仮釈放等の決定の際に居住すべき住居が特定されるので，保護観察開始時の住居の届出は不要である。

表10.3　一般遵守事項の内容（更生保護法　第50条）

1	再び犯罪をすることがないよう，又は非行をなくすよう健全な生活態度を保持すること。
2	次に掲げる事項を守り，保護観察官又は保護司による指導監督を誠実に受けること。
	イ　保護観察官又は保護司の呼出し又は訪問を受けたときは，これに応じ，面接を受けること。
	ロ　保護観察官又は保護司から，労働又は通学の状況，収入又は支出の状況，家庭環境，交友関係その他の生活の実態を示す事実であって指導監督を行うため把握すべきものを明らかにするよう求められたときは，これに応じ，その事実を申告し，又はこれに関する資料を提示すること。
3	保護観察に付されたときは，速やかに，住居を定め，その地を管轄する保護観察所の長にその届出をすること。
4	保護観察に付されたときに保護観察所の長に届け出た住居又は転居をすることについて保護観察所の長から許可を受けた住居に居住すること。
5	転居又は7日以上の旅行をするときは，あらかじめ，保護観察所の長の許可を受けること。

ii）特別遵守事項

　特別遵守事項には，**表10.4**のような類型があり，この中から，保護観察対象者の改善更生のために特に必要とされるものが，具体的な文言として定められる。

表10.4　特別遵守事項の類型

1	犯罪または非行に結びつくおそれのある特定の行動の禁止
2	健全な生活態度を保持するための行動の実行または継続
3	保護観察官や保護司への事前申告
4	専門的処遇プログラムの受講
5	宿泊による指導監督を受けること
6	社会貢献活動を一定の時間行うこと
7	その他指導監督を行うために必要な事項

D. 良好措置

　保護観察処遇は，改善更生が進んだ者については，指導監督を緩和するなどして，自立と改善更生に向けた自発的な意欲をさらに喚起する。特に，保護観察を継続しなくとも，健全な生活態度を保持し，善良な社会の一員として自立し，確実に改善更生することが認められるときは，良好措置をとる。

　保護観察の種別ごとの良好措置として，保護観察処分少年に対する解除と一時解除，少年院仮退院者に対する退院，不定期刑の仮釈放者に対する不定

期刑の終了，保護観察付執行猶予者に対する仮解除がある。

E. 不良措置

　保護観察処遇によって改善更生が進まない者には，指導監督を強化するなどして改善更生に向けた自覚を促す。しかし，それでも改善更生が困難であると認められる者については，不良措置をとり，施設内処遇（矯正施設への収容）に移行させる。

　保護観察種別ごとの不良措置として，保護観察処分少年に対する警告，施設送致申請，通告，少年院仮退院者に対する戻し収容，仮釈放者に対する仮釈放の取消し，保護観察の停止，保護観察付執行猶予者に対する刑の執行猶予の言渡しの取消しがある。

F. 保護観察官と保護司の官民協働態勢

　保護観察処遇は，保護観察官のもつ専門性と保護司のもつ地域性・民間性を組み合わせて行われる。保護観察官と保護司は，必要な情報共有や意見交換をするなどして常に連携を保ちながら，保護観察官が主体的な役割を果たし，保護司に対して十分な指導や助言を行うことで，実効性のある保護観察処遇が展開される。

G. 専門的処遇プログラム

　保護観察処遇においては，反復性のある特定の犯罪的傾向を有する者に対して，その傾向を改善するために，**認知行動療法**を理論的基盤とし，体系化された手順による処遇を行う**専門的処遇プログラム**が実施されている。現在実施されているものとして，**性犯罪再犯防止プログラム**，**薬物再乱用防止プログラム**，**暴力防止プログラム**，**飲酒運転防止プログラム**がある。これらは，犯罪に結びつく認知のゆがみや行動パターンを認識し，再び同種の犯罪をしないための具体的方法を習得することを目的としている。いずれも，特別遵守事項により受講を義務づけられ，受講を怠った場合は不良措置の対象となり得る。保護観察官がその専門性に基づいて実施し，実施した内容を保護司と情報共有している。

　とりわけ性犯罪再犯防止プログラムは，刑事施設で行われる性犯罪再犯防止指導（第9章参照）との一貫性が重要である。刑事施設で行われたアセスメントと指導の結果は保護観察所に引き継がれる。性加害を実行し得る地域

生活の場こそ，自らの認知や行動，感情，置かれた状況をモニタリングし，時宜を得たコーピングを実行することが求められることから，性犯罪再犯防止プログラムでは，保護観察対象者が，改めて自らの再犯に結びつくリスクを確認し，日常生活を送る中でそれらのリスクに対処する具体的方法を検討し実践することが肝となる。加えて，中長期的に再犯を防止するためには，保護観察期間中に，保護観察終了後も利用できる医療機関や精神保健福祉センター，**自助グループ**など，保護観察対象者の抱えるリスクやニーズに応じた地域の社会資源へとつないでいくことも重要である。

H. 薬物事犯者に対する処遇

　覚醒剤や大麻などの規制薬物を乱用する者は，薬物への依存性の高さから，刑事施設に収容されたとしても，出所後に薬物を再乱用してしまい，再び刑事施設に収容されることをくり返す傾向にある。特に満期釈放となった場合や仮釈放となってもその期間が短い場合は，薬物依存からの回復のための指導や支援を十分に受けられないことが多い。このような事情もふまえ，**2016年に刑の一部の執行猶予制度**が施行された。これは，刑事施設において一定期間処遇した後，相当期間社会内処遇を実施するものである（**図10.2**）。

（例）懲役2年，うち6ヶ月につき2年間執行猶予とされ，執行猶予の期間保護観察に付される場合

懲役2年

| 実刑部分 | 猶予部分 |

1年6ヶ月　　　　6ヶ月　　執行猶予の期間　2年間

　この場合，1年6ヶ月間刑事施設に収容された後，釈放され，執行猶予の期間である2年間保護観察に付されることになる。2年間の保護観察が満了した場合は，猶予部分の6ヶ月間は刑の執行を受け終わったものとされる（保護観察中に遵守事項違反により執行猶予の言渡しが取り消された場合は，6ヶ月間刑事施設に収容されることになる）。なお，実刑部分については仮釈放も可能であり，1年6ヶ月経過するより早く釈放されることもある。

図10.2　刑の一部の執行猶予制度の適用例

刑の一部の執行猶予制度の対象となった薬物事犯者に対しては，刑事施設において薬物依存離脱指導（第9章参照）が行われるとともに，地方委員会による薬物依存の問題に特化したアセスメントや，保護観察所によるケア会議などが行われる。刑事施設を出所した者は社会内処遇に移行し，保護観察処遇の一環として，毎月1回以上薬物再乱用防止プログラムを受講する。同プログラムの教育課程は，刑事施設のほか，多くの**薬物依存症の専門医療機関**や**精神保健福祉センター**等で行われているプログラムと同一の理論に基づいているが，保護観察所では，教育課程に併せて**簡易薬物検出検査**を行っている。これは，毎月指定された日に受検し，その日に陰性（薬物を使用していない）の結果を出すことを目標として行うものである。陰性の結果を出すことにより，保護観察官から肯定的なフィードバックを受け，断薬に向けた行動が強化され，動機づけが高まることをねらっている。

　ところで，仮釈放となった後に薬物を再乱用し再び刑事施設に収容された者のうち，約4割の者にとって「保護観察期間が終了したこと」が薬物再乱用のきっかけの一つとなっていたという調査結果がある（赤木，2017）。保護観察処遇においては，保護観察終了後を見据えた支援体制の構築が重要であり，法務省と厚生労働省が2015年に定めた「薬物依存のある刑務所出所者等の支援に関する地域連携ガイドライン」に基づき，保護観察対象者を地域の医療機関，精神保健福祉センター，**民間依存症回復支援施設**（ダルク，Drug Addiction Rehabilitation Center：DARCなど），**自助グループ**（Narcotics Anonymous：NAなど）につなげていく取り組みが進められている。

　また，薬物事犯者が薬物依存から回復するには，家族による支援も重要とされる。保護観察所は，矯正施設に収容されている薬物事犯者の家族等を対象として，地域の医療機関，精神保健福祉センター，民間依存症回復支援施設，家族のための自助グループ（Nar-anon（ナラノン）など）の協力のもと，家族会や引受人会を定期的に開催している。

保護観察処遇は，保護観察対象者の性格，年齢，生活歴，心身の状況，家庭環境や交友関係等を十分に考慮して，その者にとって最もふさわしい方法によるものとされている。2017年に閣議決定された**再犯防止推進計画**では，保護観察対象者への効果的な処遇を実施するため，アセスメント機能の強化を図ることが示された。

　これをふまえ，法務省保護局は，Risk-Need-Responsivity（RNR）モデル（Bonta & Andrews, 2017 = 2018）に基づき，新たなアセスメントツールであるCFP（Case Formulation in Probation/Parole）を開発した（勝田・羽間，2020）。CFPは，①静的リスク要因を中心とした再犯リスクを統計的に分析し，②動的な要因である，再犯を誘発する要因と改善更生を促進する要因を8つの領域（家庭，家庭以外の対人関係，就労・就学，物質使用，余暇，経済状態，犯罪・非行や保護観察の状況，心理・精神状態）ごとに把握し，③再犯を誘発する要因と改善更生を促進する要因の相互作用をパス図として図示し，犯罪・非行に至るプロセスに関する仮説を立て，働き掛けの焦点とすべき要因を明らかにするというものである（勝田，2021；長岡，2021）。

10.5節 更生緊急保護

　更生緊急保護とは，対象となる者が身体の拘束を解かれた後，親族や公的機関から援助を受けられないときなどに，その者に対し，金品の給与や貸与，宿泊場所の提供，旅費の援助，就労支援等のほか，社会生活に適応させるために必要な生活指導を行うことにより，速やかな改善更生を図る制度である。

　更生緊急保護の対象となる者は，満期釈放者，保護観察に付されない執行猶予者または刑の一部の執行猶予者，起訴猶予者，罰金の言渡しを受けた者，少年院を退院した者または仮退院の期間を満了した者等である。

　更生緊急保護の要件は，①上記の対象となる者であること，②身体の拘束を解かれてから6ヶ月以内（特に必要である場合にはさらに6ヶ月以内）であること，③親族の援助や他の機関の保護を受けられないこと，④本人の意思に反しないことである。更生緊急保護は，その対象となる者から申出があった場合に行う。

　更生緊急保護には，保護観察所が自ら行う場合と，更生保護施設や自立準備ホーム（あらかじめ保護観察所に登録したNPO法人や社会福祉法人等が管理する，更生保護施設以外の宿泊場所であって，一時的な住まいと自立に向けた生活指導を一体的に提供するもの。必要に応じて食事の提供も行う）

等に委託して行う場合がある。

　なお，保護観察対象者が，適切な医療や食事，住居等を得ることができず，改善更生が妨げられるおそれがある場合には，**応急の救護**として，更生緊急保護と同様の措置を受けることができる。

10.6節 | 更生保護における犯罪被害者等施策

　犯罪被害者やその家族等（被害者等）は，長い間，事件の当事者でありながら，その事件の刑事司法手続において，もっぱら加害者の犯罪の立証手段としての役割しか与えられず，情報の提供を受けたり，意見を述べたり，被害について社会生活上の支援を受けたりすることができなかった（法務省保護局総務課被害者等施策班，2018）。更生保護においても，加害者の再犯・再非行防止や改善更生に比重が置かれ，被害者等の視点を取り入れた処遇や被害者等への支援は，必ずしも十分になされているとはいえなかった。

　大きな転機となったのは，2004（平成16）年に**犯罪被害者等基本法**が成立したことである。同法を受け，2005年には**犯罪被害者等基本計画**（第一次）が閣議決定され，更生保護において行うべき4つの施策が定められた。そして，2007年から，①仮釈放等審理における意見等聴取制度，②保護観察対象者に対する心情等伝達制度，③被害者等通知制度，④犯罪被害者等に対する相談・支援の4つの制度が導入された。なお，犯罪被害者等基本計画は，2011年に第2次犯罪被害者等基本計画が，2016年に第3次犯罪被害者等基本計画が，2021年に第4次犯罪被害者等基本計画がそれぞれ策定された。

　被害者等施策を適切に運用するため，保護観察所には，加害者の処遇に関与せず被害者等施策に専従する保護観察官（被害者担当官）と被害者担当官を補助する男女の被害者担当保護司が配置されている。また，被害者等の心情に十分な配慮を期すため，加害者が利用する区域とは別の相談室や待合室を整備し，加害者との接触を避けるよう努めており，被害者等の安心感やプライバシーを確保している。加えて，被害者等からの電話相談に的確に対応するため，地方委員会と保護観察所に専用の電話番号を整備している。被害者等が4つの制度の存在を認知し利用できるよう促すため，制度の周知にも努めている。

A. 意見等聴取制度

　加害者の仮釈放等審理を行っている地方委員会は，被害者等から加害者の仮釈放等に関する意見や被害に関する心情を述べたいとの申出があったときは，意見や心情を聴取する。これを**意見等聴取制度**という。聴取した意見や心情は，仮釈放等を許すか否かの判断や特別遵守事項の設定，保護観察処遇の実施に当たり考慮されている。

B. 心情等伝達制度

　保護観察所の長は，被害者等から被害に対する心情，自身の置かれている状況や保護観察対象者の生活・行動に関する意見を保護観察対象者に伝達したいという申出があったときは，これを聴取し，加害者である保護観察対象者に伝達する。これを**心情等伝達制度**という。心情等の聴取は，被害者担当官が行い，伝達は加害者の処遇を担当する保護観察官が行う。被害者等の希望があれば，伝達をした際に加害者が述べた内容について，被害者等に通知することができる。被害者等の心情等を伝達することで，保護観察対象者に，自らのした犯罪や非行の責任を一層自覚させ，被害者等が置かれた状況や心情をできる限り正確に理解させるよう指導監督が行われる。

C. 被害者等通知制度

　検察庁や矯正施設，更生保護官署等が連携し，刑事事件の処分結果や刑事裁判の結果，裁判確定後の加害者の処遇状況等を被害者等に通知する制度を**被害者等通知制度**という。このうち地方委員会は，仮釈放等審理の開始や結果に関する事項を被害者等に通知している。保護観察所の長は，保護観察の開始，保護観察中の処遇の状況，保護観察の終了に関する事項を被害者等に通知している。

D. 相談・支援

　刑事司法に関わる機関は，その手続において，被害者等に十分な配慮をし，その負担を軽減することが重要である。このため，保護観察所においても，被害者等の相談に応じ，支援を行っている。

　具体的な内容としては，①被害者等からの相談に応じ，その悩みや不安などの心情を傾聴し，軽減・解消すること，②相談内容に応じて関係機関等の連絡先を紹介すること，③被害者等に更生保護における被害者等施策や，そ

れ以外の被害者等支援の制度等について情報提供を行うこと等である。

被害者等の支援を行うに当たっては，必要な支援を途切れなく行うことが求められるため，関係機関・団体との相互理解，連携，協力に努めなければならない。

🐻 Column 修復的司法

　従来の刑事司法は，応報的司法が中心であり，国対加害者という関係のもとに加害者に刑罰が科せられ，被害者は事件から切り離されていた。これに対し**修復的司法**は，犯罪に対する被害者中心の考え方であり，犯罪によって直接的に影響を受けた被害者，犯罪をした加害者，そして家族や地域社会の代表が，犯罪によって引き起こされた害への対応について対話を通じて直接的に関与できる機会を提供するものである（石橋，2015）。

　わが国では，NPO法人や弁護士会などによる修復的司法の取り組みはあるものの，刑事司法制度には位置づけられていない。しかし，少年の保護観察において，保護観察所が被害弁償の仲介を行い，直接対話により和解に至った事例（小長井・近藤，2002）など修復的司法といえる事例やそれに類する事例が少なからずある。また，しょく罪指導プログラムにより加害者が被害弁償に向けた動機づけを高め実行するための計画を立てたり，心情等伝達制度により被害者等がそのニーズを加害者に伝えたり，社会貢献活動により地域社会に貢献するための活動を行ったりするなど，現行制度の中で修復的司法の要素をもった取り組みが展開されている。

10.7節 ‖ 心神喪失者等医療観察制度

心神喪失者等医療観察制度は，「心神喪失等の状態で重大な他害行為を行った者の医療及び観察等に関する法律（医療観察法）」に基づいて行われる。その目的は，心神喪失または心神耗弱の状態（精神障害のために善悪の区別がつかないなど，刑事責任を問えない状態）で他人に重大な害を及ぼす行為を行った者に対して，継続的かつ適切な医療を提供するとともに必要な観察・指導を行うことによって，病状の改善と同様の行為の再発防止を図り，社会復帰を促進することにある。医療観察法が2005（平成17）年に施行されたことに伴い，保護観察所は心神喪失者等医療観察制度に関する業務も所掌している（**図10.3**）。

心神喪失者等医療観察制度の対象となるのは，①対象行為（放火，強制わいせつ，強制性交等，殺人，強盗（これらの未遂を含む），傷害）を行い，

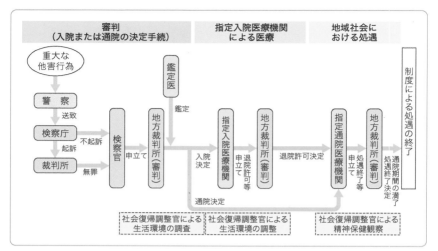

図10.3　心神喪失者等医療観察制度の流れ（法務省，医療観察制度のしおりをもとに作成）

心神喪失または心神耗弱であることが認められて不起訴処分となった者，②対象行為について，心神喪失を理由に無罪の確定裁判または心神耗弱を理由に刑を減軽する確定裁判を受けた者である。

　これらの対象者について，検察官は，地方裁判所に対して申立てを行う。裁判所は，鑑定医（精神科医）に対し鑑定を命じるほか，保護観察所の長に対し対象者の**生活環境の調査**を行いその結果を報告することを求めることができる。

　裁判所は，裁判官1人と精神保健審判員（精神科医）1人の合議体による**審判**を行う。審判には，精神障害者の保健や福祉に関する専門家である精神保健参与員も関与する。

　審判の結果，①医療を受けさせるために入院させる旨の決定（入院決定），②入院によらない医療を受けさせる決定（通院決定），③医療観察法による医療を行わない決定（不処遇）がなされる。

　入院決定を受けた者は，厚生労働大臣が指定した**指定入院医療機関**において手厚い専門的な治療を受ける。入院当初から，保護観察所は，対象者の円滑な社会復帰を図るため，退院に向けた**生活環境の調整**を行う。指定入院医療機関の管理者は，対象者について，入院を継続させて医療を行う必要があると認める場合は，6ヶ月ごとに入院継続の確認の申立てを行う。入院を継続させて医療を行う必要があると認めることができなくなった場合は，直ち

に退院の許可の申立てをする。この申立てを受けて，裁判所は，医療継続の要否を審判により決定する。

　通院決定を受けた者や退院を許可された者は，厚生労働大臣が指定した**指定通院医療機関**において，保護観察所が中心となって作成する処遇実施計画に基づき，原則として3年間医療を受ける。この通院期間中は，継続的な医療の確保を目的として，保護観察所による**精神保健観察**に付される。精神保健観察では，保護観察所が中心となってケア会議を開催するなど，地域処遇に携わる関係機関と連携した処遇の実施が進められる。

　保護観察所には**社会復帰調整官**が置かれ，生活環境の調査，生活環境の調整，精神保健観察の実施，関係機関相互の連携確保等の事務に従事している。社会復帰調整官には，精神保健福祉士等の一定の資格を有している者が任用されている。

　医療観察法における対象行為の被害者等は，その申出に基づき，保護観察所から，加害者の処遇の状況等に関する情報提供を受けることができる。その内容は，加害者の氏名，処遇段階（入院処遇，地域社会における処遇，処遇終了）とその開始・終了年月日，地域社会における処遇中の加害者と保護観察所による接触状況等である。

章末演習問題

次の各問の正誤を答えよ。

1　保護観察所は，仮釈放や少年院からの仮退院の許可に関する事務を司どっている。

2　更生保護施設は，刑の執行を終えた者を保護することができる。

3　仮釈放の審理は，刑事施設の長の申出がないと開くことができない。

4　生活環境の調整では，保護観察官や保護司は，対象となる者の引受人と面接をするが，対象となる者本人と面接をすることはない。

5　特別遵守事項は，保護観察期間の途中であっても，新たに設定することができる。

6　保護観察付執行猶予者に対する良好措置は，仮解除である。

7　専門的処遇プログラムは，性犯罪再犯防止プログラム，薬物再乱用防止プログラム，暴力防止プログラム，飲酒運転防止プログラムの4種類で

ある。

8　更生緊急保護の対象には，保護観察中の者が含まれる。

9　意見等聴取制度は，保護観察対象者に対する被害者等の意見を聴取し，これを地方委員会が保護観察対象者に伝達する制度である。

10　心神喪失者等医療観察制度における精神保健観察の主な実施者は，保護観察所に配置された社会復帰調整官である。

〈引用文献〉

赤木寛隆（2017）. 仮釈放後に再び薬物を乱用した覚せい剤事犯者の薬物重症度，薬物再乱用に関する意識等について. 更生保護学研究, 11, 73-92.

Bonta, J. & Andrews, D. A. (2017). The Psychology of Criminal Conduct, 6th ed. Routledge. (ボンタ, J. & アンドリュース, D. A. (著). 原田隆之（訳）（2018）. 犯罪行動の心理学. 北大路書房）

法務省. 更生保護パンフレット. https://www.moj.go.jp/content/001290603.pdf

法務省. 医療観察制度のしおり. https://www.moj.go.jp/content/001146932.pdf

法務省保護局総務課被害者等施策班（2018）. 更生保護における犯罪被害者等施策と被害者等の視点を踏まえた保護観察. 更生保護, 69(11), 6-11.

石橋昭良（2015）. 警察の現場から―非行のある少年への立直り支援. 伊藤冨士江（編著）. 司法福祉入門第2版〈増補〉―非行・犯罪への対応と被害者支援. 上智大学出版.

勝田聡（2021）. CFPの理論的背景と処遇上の留意点. 更生保護, 72(8), 8-13.

勝田聡・羽間京子（2020）. 保護観察における新たなアセスメントツール：期待される効果と課題. 千葉大学教育学部研究紀要, 68, 317-322.

小長井賀與・近藤由美（2002）. 保護観察所での和解プログラムの試み. 更生保護, 53(11), 41-46.

長岡千恵（2021）. CFPを活用した保護観察. 更生保護, 72(8), 18-21.

第4部 | 捜査と裁判

第11章 捜査と裁判

　日本の捜査段階で使用される心理学的な技術・技法の多くには，警察および警察以外の心理学の研究者や実務家といった公認心理師を含む心理専門職が関わっている。具体的には，前者は，都道府県警察の**科学捜査研究所**（以下，「科捜研」）に属する地方公務員の心理専門職が主であり，警察庁付属機関である**科学警察研究所**（以下，「科警研」）に属する国家公務員の心理専門職である。後者は警察以外の機関である大学等の心理学者である。心理専門職にとって，被疑者・被告人，被害者・目撃者等の参考人，捜査関係者，法曹関係者は，公認心理師法における「要支援者」に当たる。なお，心理専門職の果たすべき役割は，実務だけでなく，技術向上のための研究，警察部内外の職員や職種の人々との連携，そして，司法・犯罪分野の将来を担う人材育成のため，学生に対する教育も含まれる。

　日本の司法手続きは，捜査段階と起訴後の公判段階が明確に分けられている（廣瀬，2016）。本章では，**表11.1**に示した捜査段階や起訴後の公判段階で使用される心理学的な技術・技法について焦点を当て，仮想事例を交えて，技術・技法の目的や適用とその限界，心理専門職の果たす役割を解説する。

　これらの技術・技法の一部には，**鑑定**も含まれる。起訴後の公判段階で鑑定書が証拠提出された場合，裁判官が証拠としての是非を判断するため，心理専門職も専門家証人として公判で証言を求められる場合がある。そのため，心理専門職は，鑑定に関するさまざまな技法に加えて，法律の規定や鑑定倫理を理解している必要がある。

　表11.1は，おおよその捜査の進行順に対応した技術・技法である。このうち，司法面接，参考人取調べ，被疑者取調べは，被面接者から覚えている事実をいかに誘導せずに聴取するかというところが共通しているため，「誘

表11.1　捜査段階で使用される心理学的な技術・技法の目的と心理専門職の役割

適用場面	技術・技法	目的	心理専門職の役割
発生直後の捜査	司法面接	誘導しないで供述を得る	実務・研究・教育
	参考人取調べ		
被疑者浮上前の捜査	プロファイリング	捜査対象者の発見	
被疑者浮上後の捜査	ポリグラフ検査（鑑定）	犯罪事実の認識の評価	
	被疑者取調べ	誘導しないで供述を得る	
起訴後の公判	供述分析（鑑定）	供述の信用性評価	

導しないで供述を得る」というひとつの枠組みで理解するのが望ましい。異なるのは，被面接者の特性に合わせて聴取技法や手続きを変えていく必要があることである。また，「聴取」は，捜査の開始段階から必要となるため，表11.1の技術・技法の中から，はじめに説明する。

11.1節　捜査段階における聴取・取調べ

A. 聴取・取調べ環境変革の背景

　近年，科警研および科捜研などの心理専門職は，警察官を対象としてこの後説明する，司法面接などを含む参考人・被疑者の取調べに関する教育・訓練を担当する機会が増えてきた。これには，取調べ環境の大きな変革を目指す国の取り組みが背景にある。

　2019（令和元）年6月1日に改正刑事訴訟法等が施行され，特定の条件に該当する取調べは，原則として，その全過程を録音録画することが義務づけられた。録音録画が義務化される特定の条件とは，裁判員裁判対象事件，検察官独自捜査事件で，逮捕または勾留された身柄事件の被疑者への取調べである。また，警察では，被疑者が知的障害，発達障害，精神障害等を有する場合にも，録音録画による取調べの試行を継続している（警察庁，2021）。

　録音録画による取調べ義務化の背景には，2008年前後に取調べを始めとする警察捜査の在り方が厳しく問われた氷見事件，志布志事件，足利事件等で無罪判決が相次いだことが挙げられる。2012年，警察庁は，取調べの録

音録画の試行の拡充，取調べの高度化・適正化等の推進を決定し，取調べの教本として，「**取調べ（基礎編）**」を作成した（警察庁，2012）。2013年度から，全国の警察官に対して，同教本を踏まえた教育・訓練を一斉にスタートし，警察部内の心理専門職も担当することになった。

一方，児童虐待などの被害児童から供述を得る際には，心理的な負担軽減，供述の信用性確保に向けた取り組みも急務となっている。2015年に，厚生労働省，警察庁，最高検察庁から出された通知によって，被害児童等からの代表的な聴取機関である児童相談所，警察，検察の3機関の連携強化が図られた（厚生労働省，2019）。現在では，児童虐待事案等で3機関による**協同面接**が実施されている。協同面接は，**代表者聴取**ともよばれている。また，協同面接の実施状況については，2018年から，厚生労働省，警察庁，法務省の3省庁間で統一して把握すべき項目を整理し，情報を共有して把握することになった。この協同面接ないし代表者聴取で使用されているのが，司法面接の技法である。

現在では，児童虐待容疑などの事案認知段階から，主要機関の代表者が連携し，司法面接の技法を用いて，事案の真相を解明し，福祉的対応や司法処理へと移行している。

なお，司法面接は，被害者や目撃者にだけではなく，被疑少年にも適用できる技法である（仲，2016b）。

B. 司法面接とその代表的な種類

司法面接は，「法的な判断のために使用することのできる精度の高い情報を，被面接者の心理的負担に配慮しつつ得るための面接法」と定義されている（仲，2016b）。

日本で普及している司法面接の技法は，**NICHDプロトコル**と**Child Firstプロトコル**に大別される。両プロトコルの共通点は，誘導質問を使用しない，多機関連携，録音録画，早期・短時間の面接，ラポールの重要性，児童に合わせること，ピア・レビュー（相互評価）と継続訓練の重要性である。相違点は，グラウンドルールの説明時期（一括説明か流れの中で個別に説明するか），補助物の使用の可否である（法務省，2020）。

C. 司法面接の流れ

本節では，**仮想事例1**を用いて，NICHDプロトコルによる司法面接のお

およその流れを解説する。なお，NICHDとは，アメリカの国立小児保健発達研究所（National Institute of Child Health and Human Development: NICHD）の略であり，NICHDプロトコルは，同研究所で開発されたものである。

　仮想事例1において，実母の内縁の夫による加害という先入観をもった周囲の大人が，子どもに誘導的な質問を用いて，いろいろ尋ねてしまうと，父親加害に合致する供述を収集し，合致しない供述は無視しがちになる。これを**確証バイアス**という。誘導質問によって得られた情報は，子どもがもっていた出来事に関する本来の記憶を汚染し，真相と異なる内容に変遷しかねない。

仮想事例1　司法面接

> 　小学4年生のA子（10歳）は，実母35歳，実母の内縁の夫26歳と3人暮らしである。月曜日の午後，児童会館の職員に対して，「家で体を触られたの」と話したことから，学校から児童相談所に通告があり，児童相談所から警察に通報された。
> 　児童相談所と警察が連携して，実母に話を聞くと，実母は性的虐待については把握していないが，内縁の夫がA子にわいせつな行為をしたのかと心配そうであった。児童相談所と警察は，母子を一時避難させる措置をとり，検察官とも協議して，司法面接の実施を検討することになった。

　実際にA子が発した言葉は，「家で」，「体を」，「触られた」であり，誰の家なのか，誰の体なのか，誰が触ったのかは不明である。そのため，A子が児童会館の職員に話した内容の真相を聴取し，事件性の有無について判断し，福祉，司法，その他の適切な措置につなげなくてはならない。

　図11.1は，司法面接の流れである。面接自体は，導入→聴取→ブレイク（休憩）→確認の順に進められるが，司法面接を成功させるためには，準備の段階である関係機関の事前協議が重要となる。司法面接では，個人の面接技能もさることながら，バックスタッフによる面接者への集団的な支援技能によって，児童の心理的負担を軽減し，記憶汚染を回避した証拠価値の高い供述の効率的な確保を目指しているのである。

　NICHDプロトコルを使用した司法面接研修（司法面接支援室，2018）では，受講者は児童役，面接者役，バックスタッフ役のロールプレイを行い，技能を習得する。研修では，プロトコルどおりに実施することが求められている。どの面接者も同じ手続きで実施できる面接は，**構造化面接**とよばれて

おり，再現性のある科学的に信頼性の高い方法である。

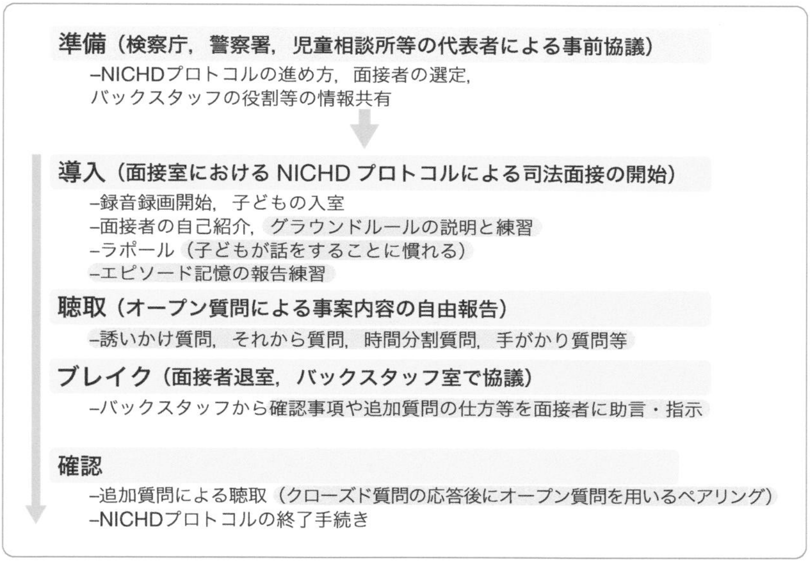

準備（検察庁，警察署，児童相談所等の代表者による事前協議）
　–NICHDプロトコルの進め方，面接者の選定，
　バックスタッフの役割等の情報共有

導入（面接室における NICHD プロトコルによる司法面接の開始）
　–録音録画開始，子どもの入室
　–面接者の自己紹介，グラウンドルールの説明と練習
　–ラポール（子どもが話をすることに慣れる）
　–エピソード記憶の報告練習

聴取（オープン質問による事案内容の自由報告）
　–誘いかけ質問，それから質問，時間分割質問，手がかり質問等

ブレイク（面接者退室，バックスタッフ室で協議）
　–バックスタッフから確認事項や追加質問の仕方等を面接者に助言・指示

確認
　–追加質問による聴取（クローズド質問の応答後にオープン質問を用いるペアリング）
　–NICHDプロトコルの終了手続き

図11.1　司法面接の準備とNICHDプロトコルによる司法面接の流れ
（司法面接支援室，2018をもとに作成）

　司法面接場所の基本構成は，**図11.2**のように余計なものを置いていない静かな部屋であり，面接者と被面接者である子どもの1対1で面接が実施される。NICHDプロトコルでは補助物は使用しない。面接者以外の主要機関の代表者は，バックスタッフとして別室のモニターで面接の様子を観察し，記録等を行いながら，ブレイクの際に面接者に伝える事項をまとめておく。

　「導入段階」では，グラウンドルールの説明と練習，ラポール，エピソード記憶の報告練習を行う。これらは，子どもの面接手続きについての理解度，供述能力等を把握するためにも重要である。**グラウンドルール**とは，面接時の約束事であり，①本当のことを話すこと，②わからないことをわからないと言うこと，③知らないことは知らないと言うこと，④間違っていることを間違っていると言うこと，⑤出来事をすべて話すこと，である。同ルールは，参考人・被疑者の取調べにおいても使用されている。

　「聴取段階」における技能は，面接者の技能が最も関係してくる部分といえよう。聴取で重視される技法は，**オープン質問**である「誘いかけ質問」，

図11.2　司法面接場所の基本構成（仲, 2016bをもとに作成）

「それから質問」，「時間分割質問」，「手がかり質問」等の使用である。

　仮想事例1で，A子に事案内容を聴取する場合，たとえば，面接者は，初めに「今日はどんなことを話すように言われたのかな？」，「児童会館の人に話したことについて教えて？」といった**「誘いかけ質問」**を用いる。A子が事案内容を一言二言話して沈黙が生じた際には，「それから？」，「その後はどうしたのかな？」といった**「それから質問」**を用いて，A子が自発的に事案内容を話すことを促していく。その後，A子が「学校の帰りに，おじさんに呼ばれて，お尻を触られた」と事案内容について報告した場合，面接者は「おじさんに呼ばれてからお尻を触られるまでのことを詳しく教えて？」といった**「時間分割質問」**を用いて，エピソードについて詳しく聴取していく。**「手がかり質問」**とは，「さっき言ったおじさんがどんな人か詳しく教えて？」，「おじさんに呼ばれた場所について詳しく教えて？」など，エピソードに含まれる人物，時間，場所などの詳細を掘り下げていく質問である。

　また，「いつ」「どこで」「誰が」「何を」「どのように」といったWH質問（焦点化質問ともいう）は，面接者からヒントを与えず特定の情報について応答を得ることができる質問であるが，多用すると一問一答になりがちで得られる情報量は限られる。さらに，クローズド質問は，「おじさんは知っている人ですか？」といった「はい・いいえ」で応答できるYN質問，「赤ですか，青ですか，他の色ですか？」といった選択式質問などである。クローズド質問は誘導や暗示につながりやすいため，ブレイク前は極力使用を避け

たい質問である。クローズド質問を使う前に，「ブレイク」に入り，面接者はいったん面接室を退室し，バックスタッフ室において，バックスタッフから具体的な聴取事項や質問方法等について助言・指示を受ける。面接者は再び面接室へ戻り，「確認段階」において子どもに追加質問を実施する。クローズド質問を用いる場合，**ペアリング**を用いて聴取することが重要である。ペアリングとは，特定の話題について，クローズド質問後にオープン質問を一緒に用いることで，被面接者の自由応答を促進させ，得られる情報を増やしていこうとする質問技法である。たとえば，ブレイク中にバックスタッフから，「おじさんと一緒に入った建物の特徴を確認してほしい」と指示されたとする。面接者は面接室へ戻り，A子に対して，「さっき言っていたおじさんと一緒に入ったところって，帰り道の近くにあるのかな？」といったYN質問を用いたとする。A子が「そう」と報告した後，面接者は「その場所について，もっと詳しく教えて？」，「この紙に，学校を出ておじさんと入った場所まで，地図を描いて？」といったオープン質問によるペアリングを実施し，さらに詳しい自由報告を得ていく。

　その後，面接者を含めて多職種連携のチームが，これ以上A子からは聴取できそうにないと判断した時点で，面接は終了段階へ移行する。

D. 司法面接の現状

　法務省（2020）の調査によれば，代表者聴取の件数は年々増加している。2019年に全国で実施された代表者聴取は，1,638件であった。実施機関は，3機関連携が最も多く（65.8％），次いで検察・警察連携（31.4％）であった。代表面接者は，検察官が最多で（74.2％），次いで，警察官（17.4％），児童相談所職員（8.4％）であった。

　主な犯罪は，性犯罪（55.7％），次いで傷害（43.3％）であった。被面接者の内訳は，被害者（86.3％），参考人（13.7％）であった。面接回数は，9割が1回きり聴取で終了している。録音録画の実施は98.8％であった。検察官調書の作成は1割程度であり，多くは捜査報告書に聴取内容をまとめる形で証拠化されており，公判では録音録画媒体が実質証拠や補助証拠として採用されていることもある。

E. 参考人・被疑者の取調べ

　警察庁が作成した取調べの教本「取調べ（基礎編）」に基づいて説明する。

図11.3は，「取調べ（基礎編）」における心理学的知見をふまえた参考人・被疑者の取調べの手続きである。実際に被疑者取調べを実施するのは警察官であり，心理専門職は警察内部のさまざまな研修において，参考人・被疑者取調べを行う警察官に対して，「取調べ（基礎編）」に則った聴取技法に関する講義やロールプレイなどのトレーニングを担当している。

　準備→導入→聴取→確認の基本的な4段階の流れは，司法面接，参考人・被疑者の取調べにおいて，共通の過程である。図中の赤色アミ掛け部分は，被疑者取調べに特有のものであり，現状，参考人には必要ない。権利の説明は，被疑者に対する供述拒否権（黙秘権），弁護人選任権の説明である。

　山田（2021）は，被疑者の取調べは，①**的確な証拠構造を把握したうえ**で，②**適切なコミュニケーションにより必要十分な事実を聞き取る**ものと定義している。後者については，「取調べ（基礎編）」の内容が該当する。前者は起訴後の公判段階を視野に入れた，犯罪構成要件をふまえた取調べである。捜査段階，および起訴後の公判段階においては，供述証拠よりも物的証拠が重視される。物的証拠を供述証拠で裏づけ，供述証拠を物的証拠で裏づける相補的な捜査が必要となる。

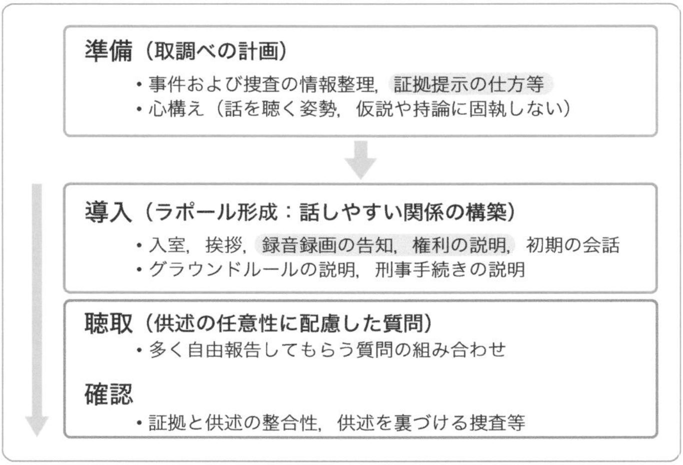

準備（取調べの計画）
・事件および捜査の情報整理，証拠提示の仕方等
・心構え（話を聴く姿勢，仮説や持論に固執しない）

導入（ラポール形成：話しやすい関係の構築）
・入室，挨拶，録音録画の告知，権利の説明，初期の会話
・グラウンドルールの説明，刑事手続きの説明

聴取（供述の任意性に配慮した質問）
・多く自由報告してもらう質問の組み合わせ

確認
・証拠と供述の整合性，供述を裏づける捜査等

図11.3　「取調べ（基礎編）」の心理学的知見をふまえた取調べの流れ

F. 起訴後の公判段階における供述証拠の評価

　捜査段階における司法面接，参考人・被疑者の取調べについては，起訴後

の公判段階で，供述の信用性に関する鑑定が行われることがある。この鑑定は**供述分析**とよばれており（仲，2016a），誘導質問の影響を受けるなどして，虚偽自白に至った部分がないか否かが入念に検討される。供述分析の対象は，犯罪の嫌疑がある被疑者・被告人，被害者・目撃者等の参考人の供述内容，およびそれらの供述を聴取した警察官・検察官等の発問内容となる。司法面接については，プロトコルとの比較によって，子どもの供述における虚偽自白の問題の有無等を特定したうえで説明できる（Ridely et al., 2013）。

裁判例検索[1]における2022年1月現在の「供述分析」，類似概念である「供述心理学」のヒット件数は，2013年以降から数えてまだ5件しかなく，わが国では，近年になって登場した新たな鑑定手法である。なお，供述分析に限らず，公判段階では，前提となる物的証拠とずれた鑑定結果の証拠価値は減殺される（廣瀬，2016）。したがって，こうした鑑定に携わる心理専門職は，心理学的な鑑定の知識だけでは不十分であり，証拠構造や法科学的な鑑定・検査の公判段階における証拠価値についての知識も求められる。

G. 誘導しないための留意事項

表11.2は，捜査から公判までの過程において，被害者，目撃者，被疑者・被告人といった被面接者を極力誘導しないための留意事項である（Ridely et al., 2013）。実際のところ，公判段階において極力誘導すべきでない対象者には，表11.2に記された被害者，目撃者，被告人だけではなく，出廷した捜査員や鑑定人などの証人も含まれると考えられる。

11.2節 プロファイリング

日本の**プロファイリング**は，「犯行現場の状況，犯行の手段，被害者等に関する情報や資料を，統計データや心理学的手法等を用い，また情報分析支援システム等を活用して分析・評価することにより，犯行の連続性の推定，犯人の年齢層，生活様式，職業，前歴，居住地等の推定や次回の犯行の予測をおこなうものである」と公式に定義されている（警察庁，2021）。

プロファイリングは，特定の被疑者が浮上する前の捜査段階において，実

---

1 https://www.courts.go.jp/app/hanrei_jp/search1

表11.2　捜査から公判の過程で被面接者を誘導しないための留意事項

場面	リスク	被面接者	誘導しないための留意事項
犯罪	・トラウマ ・覚醒 ・注意 ・目撃状況	目撃者 被害者 被疑者	・該当なし
直後	・他の目撃者と話し合う ・間違った情報（報道等） ・非開示 ・初回聴取で不適切な質問 ・忘却 ・トラウマ ・感情	目撃者 被害者	・目撃者に事件のことを他の人に話させない ・可能な限り早期に目撃者から証言を得る
捜査	・誘導質問 ・面接者の態度 ・プレッシャーをかけたり，強圧的な面接 ・対象者の脆弱性	目撃者 被害者 被疑者	・可能な限り自由再生を推奨する ・選択式質問や誘導質問を避ける ・繰り返し質問が必要な理由を説明する
公判	・誘導質問 ・複雑な質問 ・プレッシャーをかける ・覚醒 ・感情 ・証人の脆弱性	目撃者 被害者 被告人	・脆弱な証人の応答を誘導しない質問表現になっているか確認する ・繰り返し質問が必要な理由を説明する

（Ridely et al., 2013をもとに作成）

施を検討する。特定の被疑者が浮上している捜査段階では，被疑者の犯人性をより確かなものにするため，11.3節のポリグラフ検査などを含め，必要な他のさまざまな捜査手法や法科学による鑑定が適用される。日本のプロファイリングは，起訴後の公判段階における証拠として用いることを想定していない。

　プロファイリングが，次章で述べられる起訴後の公判段階で行われる被告人に対する**精神鑑定**や**犯罪心理鑑定（情状鑑定）**とまったく異なるのは，目の前で被疑者本人を査定できないこと，被疑者本人の査定に必要な詳細な資料もほとんどないことである。存在するのは，犯罪の発生認知から捜査に

よって収集された事件情報や捜査情報，あるいは分析担当者が自ら収集する情報等である。被疑者浮上前の捜査段階は，起訴後の公判段階と比べると，被疑者に関する情報の質と量が圧倒的に少なく，不確かな情報も多い。プロファイリングに利用する情報は，事件情報や捜査情報から読み取れる犯人が選択した行動，あるいは選択しなかった行動である。これには，時間や場所の選択も含まれる。被疑者浮上前の捜査段階では，起訴後の公判段階に比べて，判明していない事実が多いことから，認知バイアスの影響を受けやすい，より不確実な状況下における分析となる。そのため，プロファイリングは診断ではなく，推定を限界に位置づけている（岩見，2018）。

A. プロファイリング担当者の資格

現在の日本の警察において，プロファイリングを担当するのは，情報分析担当部署の警察官，科捜研の心理専門職等である。本格的にプロファイリングの実務を担当する場合は，科警研の法科学研修所に一定期間入所し，担当者を養成する基礎コースにおいて，統計分析に比重を置きつつも，臨床心理学や環境犯罪学などの関連領域の知見を幅広く習得する必要がある（横田，2020）。また，分析事例に関するケースカンファレンスを行う研修等，習得した技術の維持向上のための研修が実施されている（渡邉，2020）。

B. 分析着手

本節では，**仮想事例2**を用いて，プロファイリングのおおよその流れを説明する。都道府県警察のプロファイリング担当部署の方針にもよるが，仮想事例のような連続性が疑われる事件では，依頼に基づいて受動的に介入する場合と，日常的な発生監視に基づいて能動的に介入する場合がある。

仮想事例2　プロファイリング

半月の間に，ある地域において，ゴミ集積所から出火する事案が10件発生した。なかには同じ日に複数件発生することもあった。いずれの事案も火の気がなかったことから，放火の可能性があった。昨日も発生があり，今後の発生が懸念される状況であった。

仮想事例2のような発生状況の場合，同一犯による連続事件の可能性がある。発生地区を管轄する警察機関だけではなく，消防機関や町内会等が，そ

れぞれ次の火災発生を警戒し，さまざまな予防対策がとられる。メディアも注目し，連日大々的に報道することも珍しくない。

　この段階における捜査活動は，関連事件が10件あるため，初期の事件は初動捜査や基礎捜査が終了，中期の事件は基礎捜査中，最新の事件は初動捜査の段階であるなど，各事件の捜査進捗状況が異なっている可能性がある。

　また，現在の捜査環境は，日本でプロファイリングの実務が開始された頃と比べて，DNA型鑑定などの法科学による鑑定技術，防犯カメラ解析などの捜査支援技術が格段に向上している。これらの客観的情報に基づいて特定された事実は，プロファイリングを行う際の重要な分析資料となる。

C. 分析資料の収集

　警察庁の定義にあるとおり，犯行現場の状況，犯行の手段，被害者等に関する情報や資料等が分析資料である。個々の事件の捜査進捗状況に応じて，アップデートされた捜査情報や法科学による鑑定結果など，分析資料については随時収集を継続することが重要である。収集した情報は，表にまとめる，電子地図に関連場所をプロットして一覧図を作成するなどして，分析の基礎資料とする。分析資料の収集・整理・集約の過程で，被疑者が浮上した場合は，状況に応じてプロファイリングの分析作業を中断，終結することもある。

D. 分析事項

　警察庁の定義にあるとおり，分析事項は，「**事件リンク分析**（犯行の連続性の推定）」，「**犯人像推定**（犯人の年齢層，生活様式，職業，前歴等の推定）」，「**地理的プロファイリング**（犯人の居住地等の推定や次回の犯行の予測）」である。仮想事例の発生周期や発生地域の広さなどの時空間情報，投入される捜査人員などの捜査体制を考慮し，分析事項のすべてを分析するのか，優先事項のみ分析するのかを決断する。なお，犯人像推定や地理的プロファイリングを実施するためには，事件リンク分析を終えて，同一犯の可能性が低い事件情報は除外しておく。

E. 分析方法

　表11.3に示すように，事件リンク分析，犯人像推定，地理的プロファイリングを実施する際には，分析対象となる事件だけでなく，それらと類似する過去の解決事件の情報を用いて，事例分析と統計分析を行う（渡邉，

表11.3　プロファイリングの3つの手法と2つの分析手法

	事件リンク分析	犯人像推定	地理的プロファイリング
統計分析	過去の類似事件の犯罪手口の一般性・特異性の評価，同じ犯人が一緒に行いやすい行動パターンの特定	過去の類似事件の犯人の一般的特徴	過去の類似事件の時間・場所に関する一般的特徴
事例分析	一連犯行における行動の一貫性評価，同一犯性を想定できるかの判断（鑑識資料，外見や行動特徴）	行動特徴から推定される犯人の心理学的特性の評価（通り魔等），外見特徴の評価，および外見や行動から推定される特徴	現場の分布や犯行地選択の特徴から推定される犯人の居住・生活圏の評価，犯行の時間・場所の予測

（渡邉，2011をもとに作成）

2011）。

　仮想事例2のような放火（罪名では，器物損壊の場合もある）は，犯行現場の状況などを説明変数，犯人属性等を目的変数とした，過去の解決事件に対する統計分析に基づく先行研究が数多く存在するので，分析時に引用できる場合もある（たとえば，鈴木，2004；鈴木，2006）。鈴木（2004）の研究は，連続放火犯の犯行時間と性別の関係，年齢や性別と放火対象の関係，移動手段別の住居と犯行地の関係を分析したものである。また，鈴木（2006）の研究は，連続放火犯の自宅と犯行地の移動距離について分析し，犯人の年齢や性別によって，移動距離が異なることを明らかにしたものである。これらの研究知見と仮想事例2の犯行地の分布状況，各事件の捜査情報を評価することで，犯人の居住圏や今後の犯行場所を予測でき，容疑者の割出に寄与する可能性がある。

F.　報告書等の作成および捜査担当者への説明

　報告書等の資料は，捜査員向けに作成する。分析結果をすぐに捜査で活用してもらうため，専門用語を極力用いず，要点のみ示すなど，読み手の負担を軽減する工夫や説明が必要である（岩見，2018）。

　捜査段階における**ポリグラフ検査**は，生理反応を記録するポリグラフという装置を用いた心理検査である。日本では，全国の警察で年間5,000件程度実施されている（Osugi, 2011）。同検査には，「訴追証拠の提供」，「新証拠の発見」，「嫌疑のある犯罪の特定」，「多数の容疑者からの捜査対象者の絞り込み（スクリーニング）」，「無実の人の訴追防止」という5つの目的と役割がある（Osugi, 2018）。同検査は，科捜研の心理専門職が実施する捜査段階における鑑定技術である。この場合，裁判で検査（鑑定）結果を証拠とすべきか否か評価するために，専門家証人として出廷し，証言を求められる可能性もある。そのため，検査者が公認心理師の場合，公認心理師法だけではなく，憲法，刑事訴訟法，刑事訴訟法規則，犯罪捜査規範等における鑑定および証人の規定に従い鑑定を行わなければならない。

A. 検査者の資格

　日本の警察においてポリグラフ検査を担当するのは，大学において心理学等の専門知識を習得し，各都道府県警察の科捜研に採用された地方公務員の心理専門職である。担当者の中には，公認心理師の資格を有する者も含まれているが，公認心理師の資格取得だけで，ポリグラフ検査を実施できる資格は満たしてない。採用後に，科警研の法科学研修所に一定期間入所し，鑑定技術としてのポリグラフ検査に関する専門知識・技能を習得し，修了試験に合格することで，検査者資格が得られる。

B. 鑑定嘱託

　本節では，**仮想事例3**を用いて，ポリグラフ検査のおおよその流れを説明する。

　検査嘱託の相談受理時には，仮想事例3の概要よりも，さらに詳細な事件内容，捜査状況，捜査対象者の浮上経緯，報道されている犯罪事実，被検査者に伝えた犯罪事実，被検査者の情報，検査予定日時などについて情報収集する。これらの情報収集は，検査可能か否かを判断するためである。科捜研内で検査可能と判断した場合，鑑定嘱託書により，正式な鑑定依頼に移行する。

仮想事例3　ポリグラフ検査（下線部分は報道された内容）

　3月5日午前2時頃，Ａ市Ｂ町2丁目5番地先路上において，高齢女性が，後ろから自転車に乗った犯人に手提げバッグをひったくられた。
　犯行現場から約300ｍ離れた公園内でバッグが発見されたが，バッグ内の財布には在中していた現金3万円は発見できなかった。同現金は，被害直前に被害者がATMで払い戻したものであった。

C. 鑑定事項

　鑑定事項とは，鑑定によって明らかにしようとする事項である。仮想事例3の鑑定事項は，窃盗被疑事件に関する「事実を認識しているか否か」である。たとえば，財布に入っていた現金額は，世間に公開されていない事件の詳細な内容である。この事実を認識しているとすれば，犯人の可能性があることを意味する。日本の検査では，認識の有無について，適切な質問方法を用いて判断する。認識の有無に対する鑑定結果の表現は，「認識ありと推定する」，「認識なしと推定する」，「不明」に区分されており，認識の有無を断定するものではない。

D. 認識の有無の判断に利用する質問方法

　適切な質問方法とは，犯人でなければ弁別できないが，犯人であればすぐに弁別できるよう，特定の犯罪事実について同一概念で構成した多肢選択式質問表（以下，「質問表」）を作成することである。つまり，仮想事例3の下線部分に示した報道等により世間に公開された犯罪事実は，認識の有無の判断に用いる質問項目として適当ではない。特に，発生認知後に報道される犯罪は，世間に公表される犯罪事実の情報量が日に日に増えていくため，検査開始直前まで報道等のチェックは不可欠な作業となる。

　現在，日本の検査では，**隠匿情報検査**（concealed information test: CIT）の下位区分である**裁決質問法**と**探索質問法**の2種類の質問方法が使用できる（小川，2016）。実際の検査では，裁決質問法や探索質問法によって作成された，複数の質問表が使用される。

　裁決質問法は，検査時までの捜査によって特定できている犯罪事実を用いる質問方法である。犯罪事実である裁決質問と犯罪事実ではない複数の非裁決質問によって構成される。仮想事例3では，被害現金額が判明しているので，**図11.4**のような裁決質問法による質問表が作成できる。

```
1  「手に入れた現金は，約1万円でしたか（非裁決質問）」
2  「手に入れた現金は，約3万円でしたか（裁決質問）」
3  「手に入れた現金は，約5万円でしたか（非裁決質問）」
4  「手に入れた現金は，約7万円でしたか（非裁決質問）」
5  「手に入れた現金は，約9万円でしたか（非裁決質問）」
```

図11.4　裁決質問法による被害金額に関する質問表の例

　仮想事例3の記載内容に限れば，裁決質問法による複数の質問表が作成可能な特定の犯罪事実には，高齢女性の特徴，犯人の移動手段，バッグの特徴，バッグの発見場所などがある。

E. 被検査者および生理反応測定前の面接

　ポリグラフ検査は，捜査が終結していない段階で実施されるため，被検査者が，嫌疑のかかった犯罪に関与しているのか，部分的に関与しているのか，それともまったく関与していないのかは，明らかではないことが多い。

　ポリグラフ検査は任意検査であるため，被検査者からの同意が得られなければ検査を実施することはできない。また，健康上の理由等で正確な検査ができない場合，被検査者と検査手続き上必要な意思疎通ができないなどの場合には，検査を中止するなどの適正な措置をとらなければならない。

　検査当日は，被検査者が，検査場所に入室して着席すると，生理反応測定前の面接を開始する。面接では，被検査者の氏名確認，検査者の自己紹介，検査の説明をする。被検査者には，検査を受ける理由，検査を同意するまでの経緯について回答してもらう。さらに，同意の意味についての理解や同意が任意であることを最終確認し，健康状態等についても確認する。その後，ポリグラフ装置のセンサー類を被検査者の身体に装着する。日本の検査では，呼吸，皮膚コンダクタンス水準，皮膚コンダクタンス反応，心拍，規準化脈波容積といった自律神経系の生理反応を測定する。

　その後，カードなどを用いた質問表による模擬検査を実施する。模擬検査の役割は，ポリグラフ装置が正常に作動していることの確認，被検査者が模擬検査の手続きを理解して検査を受けられることの確認，被検査者の模擬検査における生理反応の変化について傾向を把握するためである。

F. 生理反応から弁別を判断する方法

　まず，現時点で被検査者が被疑事件について知っていることを確認する。質問表については，質問表毎に裁決質問等について知っているか否かを確認する。被検査者が裁決質問等を知っているならば，その質問表は検査で実施しない（Matsuda et al., 2019）。その理由は，裁決質問等を知っている場合，犯行時の認識か事後情報による認識かは，現行の検査では区別できないためである。知らないと回答した場合には，質問表毎に質問項目をランダムに提示しながら，質問表を複数回提示して，生理反応を測定する。

　裁決質問を含む特定の犯罪事実を弁別している場合の生理反応の変化傾向は，呼吸は遅く浅く，皮膚コンダクタンスは大きく，心拍数は下がり，規準化脈波容積は小さくなる（松田，2016）。これらの生理反応の変化傾向は，意味のある刺激がたまに提示された際に生じる定位反応と似ている。たとえば，被害金額について知っている人であれば，正解は5回に1回しか提示されない意味のある刺激であるため，正解である裁決質問の提示によって，定位反応が生じると考えられている。

　日本で実施された隠匿情報検査のうち，検査後の捜査活動によって，認識の有無が確認された実務データを検討した研究（小川ら，2014）では，実際に記憶があった場合に，「認識あり」と推定できたのは95％であった。逆に，実際に記憶がない場合に，「認識なし」と推定されたのは98％であった。

G. 検査記録の解析・鑑定結果の報告

　11.1節で述べたとおり，現在の取調べは，「取調べ（基礎編）」に基づいて実施するよう指導されている。鑑定結果が出るまでの時間は，取調べ官は，被検査者に対して，取調べの導入段階にあり，ラポール形成に費やす時間となる。たとえば，図11.4に示した被害金額に関するポリグラフ検査記録を解析した結果，裁決質問である「3万円」に認識があると推定されたとする。この場合，取調べ中の被検査者には，世間に公表されていない被害金額について知り得た理由を本当は説明できる状態にあると考えられる。逆に，「3万円」に認識がないと推定された場合や認識の有無が不明な場合，少なくとも検査時には，被検査者は被害金額について説明できる状態にはなかったと考えられる。

H. 鑑定結果に対する裁判所の評価

鑑定後，捜査側が必要な場合には鑑定書を作成し，嘱託先へ送付される。鑑定書は，後の裁判において証拠提出された場合，判例において触れられることがある。それは，裁判所がポリグラフ検査について何らかの評価を下したことを意味する。前出の裁判例検索において，「ポリグラフ検査」を検索した結果，2022年1月現在で，1964年から2019年にかけて57件ヒットした。主な判例としては，1968年の最高裁判決で，ポリグラフ検査結果の証拠能力を認めたものがある。検査結果の証明力を認めるためには，検査者の適格性，適正な検査機器，検査書（鑑定書）に検査者が実施したポリグラフ検査の経過および結果が忠実に記載されていることが求められる（平岡，2021）。

なお，科学鑑定をテーマに研究した裁判官は，ポリグラフ検査は，脳が一定の情報を弁別した場合に生理反応の変化を生じる原理は科学的であるが，記憶形成過程の原理は，科学的に十分証明されていないという見解を示している（司法研修所，2013）。すなわち，記憶形成過程の原理解明は，今後の研究課題でもある。また，裁判官は，捜査段階で犯人の可能性が高い人を絞り込む手法として一定の有用性を認めているものの，裁判における証拠としては補助的に扱う見解を示している（司法研修所，2013；内田，2016）。

11.4節 捜査と裁判における鑑定と専門家証言の倫理

勝又（2008）は，**科学鑑定は**，①科学的観点から公平中立な立場で実施されるものであり，②科学的な手法と考え方に基づいて誠実に実施するとともに，そのことをわかりやすく説明する努力が望まれると述べている。この2点は，捜査段階，起訴後の公判段階において鑑定を行う者の鑑定倫理であり，裁判に出廷して自身が実施した鑑定について専門家証言を行う際に課された倫理でもある。刑事司法における鑑定は，心理学に限らずさまざまな分野の科学が関わっている。そのため，「科学鑑定」ともよばれている。裁判において科学鑑定の信頼性を評価する際の注意点を，**表11.4**に示した。

表中の**ドーバート基準**とは，①理論や方法が実証的にテスト可能であること，②理論や技術がピア・レビューされていること，③誤差率や標準手技が明らかにされていること，④専門分野で一般的に受け入れられていること，である。同基準は，陪審制のアメリカにおいて，裁判官が新規の科学鑑定を

表11.4　科学鑑定の信頼性評価における注意点（勝又，2008をもとに作成）

1. 鑑定に用いた手法に科学的根拠があること
   ・ドーバート基準を参考
   ・専門学会において一定の評価があること

2. 鑑定の品質が高く保たれていること
   ・検査の実施者が必要な技術に熟練していること
   ・指針やマニュアルなどが整備され品質管理が行き届いていること

3. 科学的態度が堅持されていること
   ・仮説に都合の悪いデータがないか真摯に探求していること
   ・鑑定の経過や結果の忠実な報告であること

証拠として採用するか否かについて，裁判官・陪審員が最終的に判断するためのものである。なお，司法研修所（2013）によれば，日本の裁判はアメリカの陪審制と異なり，職業裁判官が科学的証拠のもつ価値を判断して，ジャンク・サイエンス（くず科学，えせ科学ともいう）を排除する最終的な役割を担っている。日本の裁判所は，科学捜査を担う側にも刑事裁判における証拠の適性を意識し，慎重な態度で臨んできた伝統があり，少なくとも公的な鑑定機関が行う鑑定に限れば，アメリカのようなジャンク・サイエンスが登場する蓋然性はかなり低いという認識を示している。

章末演習問題

1　司法面接の説明について，正しいものを1つ選べ。
① 子どもの心理的負担を増大させる面接法として，問題になっている。
② NICHD プロトコルでは，子どもの供述を得るため人形を活用する。
③ ブレイクの主目的は，面接で疲労した子どもを休憩させるためである。
④ クローズド質問の一種である「誘いかけ質問」は，極力使用しない。
⑤ グラウンドルールについては，子どもへの告知と練習が必要である。

2　プロファイリングの説明について，誤っているものを1つ選べ。
① 被疑者を逮捕した後に，警察が独自に実施する犯罪心理鑑定である。
② 日本では，起訴後の公判段階での活用は想定していない。

③ 地理的プロファイリングでは，次回の犯行の予測も実施する。

④ 法科学の鑑定や捜査支援技術の結果は，必ず考慮して実施する。

⑤ 捜査側から提供された情報だけでなく，分析者も情報収集する。

3 ポリグラフ検査の説明について，正しいものを1つ選べ。

① 日本では，公判段階における被告人の供述の真偽判定に利用する。

② 対照質問法は，認識の有無について検査する質問法である。

③ うそ発見器による検査で，日本では年間約5,000件実施されている。

④ 犯罪事実の弁別時には，一般的に心拍数が下がる。

⑤ 報道された事件内容は，裁決質問に適している。

〈引用文献〉

平岡義博 (2021). 日本の法科学が科学であるために—改革に向けた提言—. 現代人分社.

廣瀬健二 (2016). 法律家が求める心理鑑定 橋本和明 (編) (2016). 犯罪心理鑑定の技術. 金剛出版, 76-89.

法務省 (2020). 代表者聴取の取組の実情.
　　https://www.moj.go.jp/content/001331469.pdf

岩見広一 (2018). わが国の凶悪犯罪に対する犯罪者プロファイリングの総合的研究. 多賀出版.

勝又義直 (2008). 裁判所における科学鑑定の評価について. 日本法科学技術学会誌, 13 (1), 1-6.

警察庁 (2021). 令和3年版警察白書.
　　https://www.npa.go.jp/hakusyo/r03/pdf/09_dai2sho.pdf

警察庁刑事局刑事企画課 (2012). 取調べ (基礎編).
　　https://www.npa.go.jp/sousa/kikaku/20121213/shiryou.pdf

厚生労働省 (2019). 平成30年度子ども・子育て支援推進調査研究事業 児童相談所，警察，検察による協同面接等の実態調査による効果検証に関する調査研究事業報告書.
　　https://www.mhlw.go.jp/content/12601000/000579592.pdf

松田いづみ (2016). ポリグラフ検査の生理指標. 日本犯罪心理学会 (編). 犯罪心理学事典. 丸善出版, 248-249.

Matsuda, I., Ogawa, T. & Tsuneoka, M. (2019). Broadening the Use of the Concealed Information Test in the Field. Front. Psychiatry 10:24. doi: 10.3389/fpsyt.2019.00024

仲真紀子 (2016a). 供述分析としての鑑定. 橋本和明 (編) (2016). 犯罪心理鑑定の技術. 金剛出版, 205-226.

仲真紀子 (2016b). 子どもへの司法面接：考え方・進め方とトレーニング. 有斐閣.

小川時洋 (2016). ポリグラフ検査の質問法. 日本犯罪心理学会 (編). 犯罪心理学事典. 丸善出版, 250-251.

小川時洋・松田いづみ・常岡充子 (2014). 隠匿情報検査の生理反応—フィールドデータの分析—. 日本心理学会第78回大会発表論文集, 537.

Osugi, A. (2011). Daily application of the Concealed Information Test: Japan. In: Verschuere, B., Ben-Shakhar, G. & Meijer, E. (Eds) (2011). Memory Detection: Theory and application of the Concealed Information Test, 253-275. Cambridge University Press.

Osugi, A. (2018). Field findings from the concealed information test in Japan. In: Rosenfeld JP. (Eds) (2018). Detecting Concealed Information and Deception, 97-121. Academic Press.

Ridley, A. M., Gabbert, F. & La Rooy, D. J. (2013). Suggestibility in Legal Contexts: Psychological Research and Forensic Implications. (リドリー，A. M.，ギャバート，F. & ラルーイ，D. J. (著).

渡邉和美（監訳）和智妙子・久原恵理子（訳）（2019）．取調べにおける被誘導性：心理学的研究と司法への示唆．北大路書房．

司法研修所（編）（2013）．科学的証拠とこれを用いた裁判の在り方．法曹会．

司法面接支援室（2018）．NICHDプロトコルにもとづく司法面接の最小限の手続き（2010.10-2018.11）．https://forensic-interviews.jp/_obj/_modrewrite/doc/fi-20211219_276_3.pdf

鈴木護（2004）．連続放火事件の犯人像．渡辺昭一（編）．捜査心理学．北大路書房，146-159．

鈴木護（2006）．連続放火の犯人像分析．予防時報，225, 30-35．

内田曉（2016）．刑事事実認定重要事例研究ノート 第20回裁判例から見たポリグラフ検査．警察学論集，69, 164-179．

渡邉和美（2020）．第6章 捜査．藤岡淳子（編）．司法・犯罪心理学．有斐閣ブックス，104-116．

渡邉和美（2011）．日本のプロファイリング．越智啓太・藤田政博・渡邉和美（編）．法と心理学の事典―犯罪・裁判・矯正―．朝倉書店，288-289．

山田昌広（2021）．録音録画時代の取調べ技術．東京法令出版．

横田賀英子（2020）．第3章 捜査・裁判に役立つ犯罪心理学 1節 犯罪者プロファイリング．河野荘子・岡本英生（編著）（2020）．コンパクト司法・犯罪心理学．北大路書房，41-50．

第12章 裁判と鑑定

本章では，刑事司法手続と鑑定について概説する。特に，鑑定に臨む実務家の態度，役割，専門性について整理し，学習者の理解の促進を図りたい。

なお，本章では事例については紙面の関係で扱わない。そのため，章末の文献等にある事例も合わせて学習し，鑑定に対する具体的なイメージをもっていただきたい。

12.1節 刑事司法手続

まず，刑事司法手続の主要な流れについて確認する（刑事司法手続きの詳細については第5章を参照）。刑事司法手続は，犯罪の捜査，公訴提起，公判，裁判，刑の執行の順をたどる（図12.1）。岩井・渡邊（2019）の記載に詳しいが，以下はこれを参考に刑事司法手続きについて整理した。

A. 捜査

捜査は，司法警察職員が犯罪があると思料するときまたは検察官が必要と認めたときに開始され，証拠の収集・確保と犯人の発見・身柄の確保を主な目的とする。司法警察職員による捜査が終わると，事件は検察官に速やかに送致される。事件の送致を受けた検察官も必要に応じ，捜査を行う。

B. 公訴

検察官は，事件を**起訴処分**または不起訴処分とするか，起訴猶予処分とするかの事件処理を行う。検察官による公訴の提起は，起訴状を提出することによりなされる。

C. 公判手続

公訴の提起によって事件が裁判所に継続してから，**公判手続**が開始される。事件について審理が行われ判決が確定するまでの間の手続となり，公判手続

では犯罪事実の存否の確認（事実の確認）と刑の量定（**量刑**）が行われる。裁判所は，充実した審理を継続的，計画的，迅速に行うため必要がある場合に，当事者の意見を聴いたうえで，事件を**公判前整理手続**（争点の整理，証拠の整理，証拠開示に関する裁定，審理計画の策定が行われる）に付す。**裁判員**が関与する事件では，事件について特に迅速な審理を遂げる必要があるため，必ず公判前整理手続に付される。なお，裁判員裁判により審理されるのは，死刑または無期の懲役もしくは禁錮に相当する重大事犯である。

D. 公判の裁判

　裁判所の行う意思表示行為を裁判という。裁判では，有罪・無罪の判決が言い渡される。有罪の場合でも，刑に執行猶予が付される場合と実刑の場合がある。実刑判決が確定すれば，刑の執行がなされる。刑罰が懲役・禁錮等であれば，刑務所に収容されることになる。

12.2節 ‖ 鑑定の概要と鑑定の種類

　法実務家（裁判官，検察官，弁護人）や裁判員が法律判断をする際に，必要な知識が足りないことがある。これを補う目的で行われるのが鑑定である。刑事事件の鑑定には，刑事訴訟法第223条に基づく起訴前鑑定と，刑事訴訟法第165条に基づく起訴後の鑑定がある（**図12.1**）。鑑定を委嘱された者を鑑定人，鑑定の対象となる被疑者・被告人を被鑑定人とよぶ。また，当事者（主として弁護人）からの依頼に基づく私的鑑定が行われる場合もある。私的鑑定を実施した者は，鑑定人ではなく調査者などとよばれ，裁判所で鑑定結果を報告する際も鑑定証人とよばれる。

　鑑定には，DNA鑑定，声紋鑑定，筆跡鑑定などさまざまなものがあるが，主に心理学が寄与するものには，精神鑑定と犯罪心理鑑定ないし情状鑑定がある。

A. 精神鑑定

　精神鑑定は，司法の関与する状況において，被鑑定人の現在もしくは過去の精神状態ないし精神医学上の問題について精査し，専門的見地から意見を述べることである。鑑定人の条件や資格について法律で規定はされていないが（後述の医療観察法鑑定を除く），証拠としての信頼性を保証するだけの

資格や経験が求められるため，精神科の医師，特に司法精神医学を専門としている者，鑑定経験がある者等が選ばれる。心理学の専門家は，鑑定助手あるいは鑑定チームの一員として心理検査や鑑定面接の一部を請け負うことによって精神鑑定に関わることが多い。精神鑑定にはいくつかの種類があるが，刑事事件に関するものでは，刑事責任能力鑑定，訴訟力鑑定，被害者の精神鑑定，情状鑑定（精神科医が精神医学に基づき行うものであり，後述の臨床心理専門職が行うものとは区別される），医療観察法鑑定がある。ここでは，精神鑑定のうち，実施されることが多く，特に臨床心理学が寄与する刑事責任能力鑑定と医療観察法鑑定について解説する。

ⅰ）刑事責任能力鑑定

①刑事責任能力鑑定の種類

刑事責任能力鑑定は，起訴前鑑定と起訴後に行われる公判・公判前鑑定とに大別され，起訴前鑑定はさらに嘱託鑑定と簡易鑑定に分けられる（**図12.1**）。起訴前鑑定は，検察官が被疑者を起訴するかどうかの判断を行う際の参考にするために行われる鑑定である。簡易鑑定は，検察官による勾留期間中に行われ，半日ないし一日を使って行われる。嘱託鑑定は，検察官の請求に基づき，裁判所が鑑定処分許可状を発行して行われ，通常3ヶ月程度で行われる。公判・公判前鑑定は，被告人の刑事責任能力の有無や程度を裁判所が判断する際の参考資料を得るために行われるものである。裁判員制度の対象事件に関しては，公判前整理手続の過程で鑑定を行うことが原則となっている。これらも起訴前嘱託鑑定と同様に3ヶ月程度で行われる。

②刑事責任能力と心神喪失および心神耗弱

刑事責任能力とは，事物の是非・善悪を弁別し（**事理弁識能力**），かつそれに従って行動する能力（**行動制御能力**）のことを指す。心神喪失とは精神の障害により責任能力（事理弁識能力または行動制御能力）が完全に失われた状態のことをいい，心神耗弱とは精神の障害により責任能力が著しく減退している状態をいう（1931年大審院判決）。刑法第39条は，「心神喪失者の行為は罰しない」「心神耗弱者の行為は，その刑を減軽する」と規定している。「責任なければ刑罰なし」の法格言の示すとおり，心神喪失者が行った他害行為は，責任無能力であったとして無罪となり，心神耗弱者が行った他害行為は，限定責任能力であったとして減刑される。

③刑事責任能力鑑定の目的と刑事責任能力の判断

　被疑者・被告人の事件当時の精神状態と，それが事件におよぼした影響等を明らかにすることが刑事責任能力鑑定の目的となる。具体的には，事件当時の被疑者・被告人の精神科診断，精神状態，精神障害が事件に与えた影響，事理弁識能力および行動制御能力，現在の精神状態，処遇などについての意見が求められる。

　責任能力の判断に当たっては，事件当時の疾患の種類，程度，犯行の動機，原因，犯行の手段，程度，犯行後の態度，犯行前の性格と犯行との関連性等を総合して個別的に判断されなければならない（1984年7月3日最高裁決定）。なお，判例等では，鑑定意見が不合理でなければ尊重したうえで（2008年4月25日最高裁判例），最終的な結論は裁判所によってなされるもの（1983年9月13日最高裁判例）と位置づけられている。心神喪失と心神耗弱，事理弁識能力と行動制御能力等はあくまでも法的概念であって，医学や心理学で定義されるものではない。責任能力の最終的な判断を行うのは，あくまでも裁判官や裁判員の役割であり，鑑定人の役割は事件と精神障害の関係を説明することである。

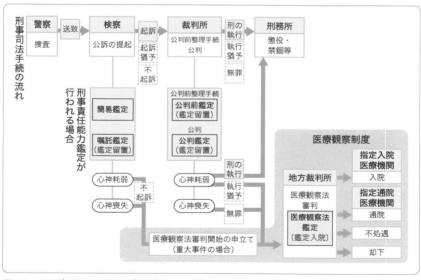

図12.1　刑事司法手続・医療観察法の手続・精神鑑定の種類

ii）医療観察法鑑定

①医療観察制度

　2003（平成15）年に「心神喪失等の状態で重大な他害行為を行った者の医療及び観察等に関する法律」（医療観察法）が成立し，2005（平成17）年より本格的な司法精神医療制度がはじまった。本法による医療観察制度は，刑法第39条に定める心神喪失または心神耗弱の状態で，重大な他害行為（殺人，傷害，放火，強盗，強制性交等，強制わいせつ）を行った者に対して，継続的かつ適切な医療，その確保に必要な観察及び指導，援助を提供し，病状の改善とこれによる再他害行為の防止を図り，社会復帰を促進することを目的としている。医療観察法の対象となった者を対象者，対象となった行為を対象行為とよんでいる。

　医療観察制度の決定手続（図12.1）では，まず，対象行為を行い，心神喪失者または心神耗弱者と認められて不起訴処分となった者，または心神喪失により無罪または心神耗弱により刑を減軽する旨の確定判決（実刑は除く）を受けた者について，検察官が地方裁判所に申立てを行う。申立て後，2ヶ月（最長3ヶ月）の**鑑定入院**となる。鑑定医は，精神保健判定医またはこれと同等以上の学識経験を有する医師のなかから選ばれ，地方裁判所により任命される（医療観察法第37条）。鑑定作業そのものは，およそ1ヶ月程度で行われる。そして，鑑定入院の間に裁判所（裁判官1人と精神保健審判員1人）が処遇を決定する。これを**審判**という。決定には，**指定医療機関**における入院または通院または不処遇があり，鑑定を基礎に，裁判所の依頼に基づいて**社会復帰調整官**により行われる生活環境調査の結果および鑑定医の意見を考慮してなされる。

②医療観察法鑑定の目的

　医療観察法鑑定は，処遇を決定する裁判所が，対象者の審判において正しい結論を得るための情報を提供するためにある。すなわち，対象者に医療観察法による医療を受けさせる必要があるか否か，あるとすればそれは入院の必要があるか否かを判断するに当たっての根拠を示さなければならない。

　本法の審判では，次の3要件を視点として決定がなされる。すなわち，①対象者が対象行為を行った際の心神喪失，または心神耗弱の状態の原因となった精神障害と同様の精神障害を有していること（**疾病性**），②そのような精神障害を改善するために本法による医療を行うことが必要である

こと（**治療反応性**），③本法における医療を受けさせなければ，その精神障害のために社会復帰の妨げとなる同様の行為を行う具体的，現実的な可能性があること（**社会復帰要因**）であり，鑑定においてもこの点が評価されなければならない。

　なお，医療観察法鑑定が他の精神鑑定と異なる点として，治療しながら反応性をみる，いわば関与しながらの鑑定であることが挙げられる（村上，2005）。これは多くの刑事責任能力鑑定において被鑑定人が積極的な治療を受けづらい環境に置かれている実情と対照的である。医療観察法鑑定では，事件当日の精神状態の再現よりも，対象者の予後予測のほうが重視される（椎名，2019）。

B. 犯罪心理鑑定および情状鑑定

ⅰ）犯罪心理鑑定・情状鑑定とは

　犯罪心理鑑定と情状鑑定（情状鑑定には，精神科医によるもの，福祉専門職によるものもあるが，ここでは臨床心理専門職が行うもののことを指す）は同義で用いられることもあるが，これらの定義や違いについてはいくらか議論がある。例えば，橋本（2016）によれば，犯罪心理鑑定には認知心理学や発達心理学の知見を取り入れた供述分析なども含まれるが，主としては「被告人の性格等を精査し，その形成過程が家庭環境や生育歴とどのように関係するかを明らかにするとともに，犯行のメカニズムやそのときの心理状態を心理学的に解明する鑑定」とされている。他方，情状鑑定とは「刑の量定を定めるに際し，犯行時の心理状態やそのメカニズムが性格，家庭環境，生育歴といかに関係しているかを明らかにする鑑定」である。なお，量刑判断における**情状**とは，犯行の動機・目的，手段や方法，計画性の有無といった犯情と，被告人の家庭環境，生活歴，性格・行動傾向，処遇可能性，被害弁済などの一般情状に分けられる（上野，2006）。犯罪心理鑑定は犯行のメカニズムの解明に力点が置かれているのに対し，情状鑑定は処遇を決定するに際して量刑を定めることを目的とする違いがあるとされている。とはいえ，犯罪心理鑑定も情状鑑定も命じられる鑑定事項に大きな違いはなく，犯罪心理鑑定においても最終的には処遇や量刑を定める目的で活用され，情状鑑定は犯罪心理鑑定に内包されるものとして位置づけられる（橋本，2016）。以降は，犯罪心理鑑定の用語を用いる。

犯罪心理鑑定は精神鑑定と異なり，犯罪事実を争うケースが少なく，犯罪の事実は基本的に認めたうえでの実施となる。通常は起訴後に行われ，期間は2～3ヶ月程度である。犯罪心理鑑定においては，鑑定活動の内容が家庭裁判所の行う社会調査の方法と似ているという理由から元家庭裁判所調査官などが行うことが多かった。しかし，両者の目的と専門性の違いが指摘されており（岡本，2019），今後は犯罪心理鑑定の専門性の検討と担い手の育成が必要である。

ii）犯罪心理鑑定の目的

犯罪心理鑑定は，被告人の犯行の心理がわかりにくかったり，本人の個別的要因以外の家庭や周囲の環境から影響を強く受けている事件において実施されやすい（橋本，2016）。

犯罪心理鑑定において要求される事項としては，①被告人の知能，性格，素質，気質，行動傾向，反社会的なパーソナリティの有無等（人格調査），②被告人の家庭環境，生育歴等の被告人の人格形成ないし本件犯行に影響を及ぼしたと思われる諸要因（環境調査），③本件犯行の動機・原因等の心理学的解明または本件犯行前後の心理状態（犯行動機），④被告人の社会的予後，再犯危険性，更生の意欲，社会復帰の適応性，短期収容の影響等（再犯予測ないし予後判定），⑤処遇上留意すべき事項，施設内処遇を相当とするか社会内処遇を相当とするか，その場合の処遇のあり方についての勧告の内容等（処遇意見）がある（本庄，2018）。

12.3節 ┃ 鑑定における臨床心理専門職の役割

鑑定での臨床心理専門家の仕事は，臨床で実践される専門性を基礎にして行われる。しかし，鑑定と臨床ではその性質や目的の違いがあり，それに伴い心理専門職の振る舞いや求められる技術が異なる点がさまざまにある。

鑑定人の実際の作業としては，事件に関する資料の精読，本人への面接，家族への面接，心理検査を含む検査（精神鑑定では身体検査も通常行われる），収集した情報のまとめと考察，鑑定書の作成，公判における証言がある。

ここでは，鑑定における（鑑定ならではの）臨床心理専門職に求められる役割や専門性について整理して示す。

A. 臨床と鑑定の違い

ⅰ) 説明と実行における違い

鑑定における専門家の仕事は，被鑑定人の精神状態や心理状態を診断ないしアセスメントすることであり，それらは一般の心理臨床であってももちろん行われている。しかし，臨床においても鑑定においても，診断ないしアセスメントの目的はそれ自体にあるのではない。

臨床においては，診断やアセスメントは有効な治療方針を決めるためのプロセスであり，患者や被支援者の状態の改善が最終的な目的となる。診断やアセスメントを終えると，説明と実行の段階がある。すなわち，治療者によって患者や被支援者に説明がなされ，治療やリハビリテーションが実行される。診断やアセスメントについての説明の段階で少々の誤解があっても，その後の治療やリハビリテーションの段階で修正することが可能である（村松，2013）。

他方，鑑定では専門家が診断ないしアセスメントをすると，鑑定書や証言を通して裁判所に報告し，説明をする。続く実行の段階は，裁判官や裁判員による判決というかたちでなされる。つまり，専門家の責務は説明までで終了となり，実行の段階では専門家の手を離れることになる。そのため，説明が終わった後では誤解が生じていても修正することはできず，致命的となる（村松，2013）。鑑定における診断やアセスメントとその説明は極めて重大な仕事であり，信頼性の高いものでなくてはならない。

ⅱ) 対象者の「視点」の取り扱いの違い

臨床においては，置かれた状況や問題に対する患者や被支援者の視点と健康が第一の関心ごとであり，客観的な評価については，重要ではあるがその次に求められることである。しかし，鑑定においては，クライエントはアセスメントの対象者（被鑑定人）ではなく裁判所や弁護人であり，クライエントの関心は判決にある。したがって，被鑑定人の視点や健康は依然として重要ではあるが，クライエントである裁判所や弁護人に正確な情報を与えることが第一の役割になる（Melton et al., 2017）。そのため，鑑定では特に，被鑑定人の視点ばかりでなく，**多方面からの情報収集**が重要となる。自己報告に加え，側副資料，心理検査，近親者への面接など，多数の情報源で一致していれば，その情報は正確なようだと期待できる（Heilbrun et al., 2008）。

iii）対象者の自発性の違い

　一般の臨床においては，自身が望んで治療やリハビリテーションを受けているケースが多いので（なかには，家族等に伴われて相談に訪れる場合など治療やリハビリテーションを自ら望まない被支援者も少なくはないが），大半の患者や被支援者は問いかけや心理検査に自発的に答えたり取り組んだりする。しかし，鑑定は裁判所の命令や弁護人の計らいで行われるので，被鑑定人は自ら進んで鑑定を受けるわけではない（Melton et al., 2017）。例えば，責任無能力を訴える人は，検察が嘱託した鑑定人に疑いをもっているかもしれないし，「"異常である"とレッテルを貼られて病院に入れられるより刑務所に入りたい」と望む人もいるかもしれない。また，どのような鑑定であっても，被鑑定人の個人的な情報が鑑定人に提供され，被鑑定人が明示的には認めていないことがらが法廷で晒されることもある。そのため，抵抗を示したり，防衛的になったり，非協力的であることがしばしばある。被鑑定人に対しては，初めに接見する際に，鑑定の意義や目的，結果の取り扱いなどについての説明が重要である（橋本，2016）。

iv）診断ないしアセスメントの妥当性を損なわせる要因の違い

　臨床と鑑定においては，評価の妥当性を損なわせる要因が異なる。臨床においては，患者や被支援者の自己報告が不正確であるときは，たいていその人が内気であること，困惑していること，防衛的になっていること，洞察や自己の気づき（self-awareness）が十分でないことが背景にあり，意図的ないし故意に不正直であろうとすることは，少なくとも自発的に治療や支援を求める人ではほとんどないだろう。また，支援の対象となる人が家族や他の支援機関に伴われて相談に訪れた場合でも，家族や他の支援機関は，当人のことを意図して歪めて支援者に伝えようとはしないだろう。

　鑑定においては，さらに評価の妥当性を脅かす要因がある。評価のプロセスが強制的な性質をもっていることや鑑定の結果が被鑑定人の将来に重大な意味をもつことから，例えば減刑や免責をもくろみ，被鑑定人が不正直なことがあるし，事件や動機について語ることを避けることもある（Melton et al., 2017）。被鑑定人ばかりでなく，弁護人，親族，友人，被害者，治療者などが，それぞれの思惑で鑑定人の見解に関心をもっていることも考えられるため，バイアスのかかった情報や特定の情報のみが提供される可能性があることに注意する必要がある。この観点においても，

やはり多方面から情報を得ることが求められる。情報源として被鑑定人のことを最もよく知る人物を選択するが，次の情報源は，被鑑定人をよく知る人たちの中でもまた違う環境にいる人から選択することが推奨される（Heilbrun et al., 2008）。例えば，最初に家族に面接をしたのなら，次に選ばれる人は学校や職場など異なる領域からにする。

ⅴ）関係性のダイナミクスの違い

臨床においては，通常，患者や被支援者に共感的であろうとする。多くの場合，関係性の維持はどんなときであっても最優先される。対決（confrontation）が用いられる場合でも，治療的に必要で，かつ治療同盟が十分耐えられるほど強固である場合に限り，注意深く時機をみはからって試みられる。

鑑定の場合は，鑑定人はより公正であろうとする（Melton et al., 2017）。被鑑定人はその人間性や被鑑定人が置かれている困難な法的状況から同情されるに足ることもあるが，鑑定人の目的は，鑑定を行わなければ知り得なかった情報を提供することで，法律家や裁判員の助けとなることである。

また鑑定においては，臨床の場合よりもより対決的であることもあるだろう。被鑑定人は，臨床における患者や被支援者のように率直な表現をすることが少ないと考えられるし，臨床よりも鑑定の結果が他者の目に触れ吟味されるため，臨床におけるアセスメントよりも集中的かつ綿密に探求される。鑑定人は，被鑑定人の述べていることが疑わしかったり，矛盾したり，信頼性の高い情報と一致しなかったりする場合に被鑑定人に挑んだり対決したりすることがある。

なお，公正であることや臨床よりも対決的である場合があることは，被鑑定人に対して冷たい態度をとることではない。治療関係とは異なるものであっても，鑑定人－被鑑定人としての信頼関係を構築することは，自由な語りを促し，より真実に近い鑑定結果が得られることにつながると考えられる（橋本，2016）。

ⅵ）守秘義務の違い

臨床において，秘密保持は信頼関係の基礎となるものであり，非常に重要である。秘密が守られないのであれば，クライエントは安心して心の内を話すことができない。また，秘密が守られないと，クライエントは援助を求めなくなり孤立してしまう。なお，公認心理師法第41条において，

公認心理師の秘密保持義務が明記され，第46条においては罰則が定められている。また，刑法第134条には医師が業務上知り得た人の秘密を正当な理由なく漏らしたときには刑罰に処することが定められている。

　しかし，鑑定は，刑事訴訟法上証拠を必要とする事実を認定するための手段であり，鑑定面接で話されたことや検査の結果は，鑑定書や法廷で明らかにされなければならない。そのため，鑑定人が臨床心理専門職であれ医師であれ，専門家の守秘義務は解除されることになる。鑑定の内容は，裁判官や検察官，弁護人ら法律の専門家と裁判員，被害者や傍聴人に知られる。場合によっては世間に広く報道されることもある。そのため，鑑定の目的に必要ではない情報まで記載することは避け，鑑定書を記載するに当たっては，被鑑定人及び家族等の関係者に関する個人情報の保護には十分に配慮されなければならない（日本司法精神医学会，2012）。鑑定人は，鑑定のこうした性質を十分理解し，被鑑定人に対して語られたことが原則として裁判所に提示されることを被鑑定人に明らかにする必要がある。

B. 鑑定の作業

ⅰ）資料の精読

　鑑定が開始されると，事件に関する資料が依頼者から提供される。資料は警察官と検察官によって作成された取調べの調書（供述調書や実況見分調書を含む）が中心となるが，公判鑑定などでは，弁護人から提出された資料が加わる。その他，本人に関する身分が明らかになる戸籍関係書類，家族関係や人間関係がわかる資料，これまで関与してきた関係機関の情報などが含まれる。

　岡田（2019）が，資料の特性の違いを挙げ，読む際に注意を促している。捜査段階で作成される供述調書は「私は〜しました」のように一人称を主語とした語り口調の文体で書かれている。しかし，これは本人の「生の言葉」として記録されたものではない。取調べの調書は，捜査担当者がいろいろな質問をしたうえで本人の返答をまとめて，本人を主語とする文章にし，それを本人に読み聞かせて，本人の確認をとって作られる。そして，法廷などで読み上げられる調書が第三者にわかりやすいように理路整然とした文章になっている。内容は別としても，少なくともそこに示される「表現ぶり」は精神医学的あるいは心理学的な評価の対象とするべきではないとされる。他方，法廷の尋問を速記のかたちで記録して作成される

公判調書は，まさに「生の言葉」で記録されたものであり，こうした調書の特性を理解する必要がある。

　また，供述調書はその性質上，主観的な内容に偏りやすいと指摘されている（安藤，2019）。そうした，供述のなかでも複数の人物により同様の内容がくり返されていれば，その客観性は高まるといえる。被鑑定人が少年の場合では特に，相手の反応に合わせて供述を変えたり，自分の言いたいことがうまく捜査担当者に伝わっていないときでも，その内容を訂正しないまま放置してしまうことがある。そのため，供述内容の矛盾や発言の訂正箇所がないかなどを確認しながら，主観と客観に十分に意識しなければならない。

　そして，資料の特性や客観性をふまえたうえで，仮説を立てることが重要である（橋本，2016）。本人の犯行の動機や心理状態を家庭環境や生育歴などの情報を織り交ぜてさまざまな仮説を立てることで，面接場面での適切な質問や聞き取りが可能となる。仮説を立てないとすれば，質問は闇雲になり，非効率的であるうえに，鑑定が信憑性を欠くものとなりうる。

ⅱ）本人との面接

　面接は鑑定における中核的な作業となる。

　初回面接においては，**インフォームド・コンセント**を得て，その際には鑑定の目的や意義を説明することが肝要である。特に，鑑定で知り得た個人的な情報の取り扱いについては，通常の臨床とは異なる。先述の通り，鑑定面接で話されたことは，よほどの理由がない限り鑑定書や法廷で明らかにされる可能性があることを最初にはっきりと伝え，本人が納得のうえで面接を行うことが必要である。当然，鑑定は公正な立場で行われるもので，黙秘権は守らなければならない。また，事例によっては被鑑定人が自分を擁護してくれると鑑定に対して期待を寄せることもあるが，必ずしも鑑定結果や鑑定人の証言が，本人の期待に沿うものではないことはあるため，その点についても初回面接で伝えることが望ましい（橋本，2016）。

　先述の通り，鑑定には真実を明らかにする，事件を説明するという本質的な目的があり，面接自体が「証拠」という性質をもつため，正確性が求められる。その点で臨床面接とは異なる対応が必要となる。例えば，語り手に受容と共感をされているという実感を伝え，内省を促すために，言い換えなどが臨床では用いられるが，これは誘導や暗示を与えるおそれがあるとして，鑑定では控えるべきとされている（岡田，2019）。なかには，

ありもしない精神障害があるとして，疾病利得を享受しようとする事例もある（有責性や量刑の判断に影響する可能性がある）。誘導的な問いかけを手がかりに，そうしたことが出現したり，増強したりすることがある。誘導を避けるために，話題こそ一定のコントロールしながらも，本人にできるだけ自由に語ってもらうようにしなければならない。そして，その問答は究極的には，事件がなぜ起こったのかという疑問を解消することを求めたものでなければならない。

iii）家族や参考人との面接

鑑定では多方面からの情報収集が求められる。本人との面接が中心となるが，家族や本人と関わりのあった第三者に面接（場合によっては電話など）を行う。家族や参考人に面接を行うことで，事件当時に本人がどのような状態であったか，あるいは本人が述べていることを裏づけることができる。また，これまでに見えてこなかった本人の一面に気がつくことができる。これにより，鑑定人が本人あるいは事件の説明としてこれまでに立てた仮説を修正したり，逆に強固にすることにつながり，より信頼性の高い鑑定が行える。

iv）心理検査

鑑定において心理検査がほとんどの場合で実施される。心理検査は，学術的に信頼性や妥当性の検証がなされたもの，汎用されているものが用いられる。ウェクスラー式知能検査（WAIS-IVやWISC-IV）などの知能検査，ミネソタ多面人格目録（MMPI），矢田部-ギルフォード（Y-G）性格検査などの質問紙によるパーソナリティ検査などがある。パーソナリティ検査においては，わが国ではロールシャッハテスト，P-Fスタディ，文章完成法（SCT），HTP検査などの投影法によるものも使用されることが多い。ただし，これら投影法の検査は心理実践の場で汎用されているものではあるが，信頼性や妥当性の問題がかねてより指摘されている（Lilienfeld et al., 2003）。投影法による検査を実施する場合は，特に，なぜ用いる必要があったのかに加え，当該検査の限界について説明する必要があるだろう。なお，どのような心理検査を行うかは事例ごとに異なり，知的機能やパーソナリティのほかにも，精神症状，認知機能，本人に固有の問題の特徴などが把握されるように検査バッテリーを組むことが重要である。

心理検査バッテリーを決定する際には，選択しようとしている検査が専門家の間で認められているものなのか，その結果の信頼性はどのような水

準で確認されているものかといったことに注意を払わなければならない。心理検査の選択に当たっては，コラムにあげたメルトンら（Melton et al., 2017）の基準が参考になる。また，選択した心理検査の特徴や限界をよく理解し，その検査によって知り得ることと，知り得ないことを説明できる必要がある。

　面接場面においても通ずるが，心理検査を実施する場面では，検査には直接関係ない言動についても観察を怠らないようにする。検査における教示を十分に理解して取り組めているか，率直に答えているか，あるいは防衛的になっていないか，自分の状態を意図的に悪く見せようとしていないか，逆に自分を好ましく見せようしていないかなど，被鑑定人の心理検査に対する理解の程度や態度は，検査結果に影響があるばかりでなく，被鑑定人および事件や鑑定に対する捉え方について理解するために非常に重要な情報となる。

🐻 Column　科学鑑定の基準と心理検査

　法廷に科学鑑定が提出された場合，証拠採用するかどうかが問題となる。米国では，新しい科学的手法による鑑定が法廷に提出された場合に，裁判官がゲートキーパーとなって科学的信頼性をあらかじめ審査する制度がある。その審理では，1923年のフライ裁判で用いられた**フライ基準***が用いられてきたが，その後，1993年のドーバート対メレル・ダウ薬品会社裁判で示された科学的証拠の許容性基準である**ドーバート基準***が多くの州で用いられるようになった。精神鑑定や犯罪心理鑑定においては科学的根拠をもたせるために，特に心理検査の選択が問題となるだろう。そこで，メルトンら（Melton et al., 2017）により，ドーバート基準を参考に検討され，心理検査の選択基準が示されている*。

　一方，日本では，検察側あるいは弁護側の一方が証拠採用に不同意となると，証拠採用されないが，鑑定人が法廷に呼ばれ尋問が行われれば，よほどのことがない限り証拠採用される。精神鑑定においては，「鑑定において採用されている諸検査を含む診察方法や前提資料の検討が相当か」，「鑑定が依拠する精神医学的知見が，特段特異なものではなく，精神医学的に広く受け入れられているものであるか」といった信頼性の評価方法が2008年の最高裁判決によって示されているが，明確なものとはいいがたい。メルトンらの基準を手がかりに，鑑定の手法を科学的に吟味することが重要である。

●**フライ基準**
　フライ裁判では，当時のポリグラフ検査（脈拍や発汗などの生理的反応が，意識的

に嘘をついたときに強くなることを利用する検査）の信頼性が問題となった。そこでは，ポリグラフ検査が当時の学会で必ずしも一般的に承認されているわけではないとして，この検査による証言が虚偽でないことを証明する証拠として採用されなかったのである。つまり，不採用の判断の根拠とされたのが，学会における一般的承認の原則であり，これが「フライ基準」として広く用いられるようになった。

● ドーバート基準

ドーバート対メレル・ダウ薬品会社裁判では，専門家による証言が，過去に出版された疫学研究の再検討を根拠としていた。しかし，これら疫学研究を再検討したもの自体は出版されてはいなかった。すなわち，フライ基準に則れば，採用されない証言ということになる。しかし，この裁判では新しい基準により根拠として採用された。この新しい基準を「ドーバート基準」といい，フライ基準に代わる証拠採用の規準として用いられるようになった（**表1**）。

● メルトンの心理検査の選択基準

メルトンらは，ドーバート基準を参考にして12個の心理検査の選択基準を挙げている（**表2**）。しかし，これらすべてを満たすことは実践においては困難である。鑑定における心理検査の使用者は，選択した検査がどの程度基準を満たし，どういうところに限界があるのか，また，心理学的問題ないし法的問題をどのように扱うものなのか説明ができることが求められる。

表1　ドーバート基準概要

1. 理論や方法が実証的に検証可能であること ・仮説について，実験テストなどによる科学的根拠があること ・判定のデータを開示し，第三者の実施によっても同じ判定結果になること 2. 理論や技術がピア・レビューされている，あるいは出版されていること ・理論や技術が学会など科学者のコミュニティーで点検されていること ・出版は適切な考慮要素ではあるが，決定的ではない 3. 結果を評価するための誤差率や標準手技が明らかにされていること ・分析基準が決められ，どの程度の誤りが生じるかが明らかにされていること ・数値や確率を扱う場合には理論的根拠を示し，結果を証明すること 4. 専門分野で一般的に受け入れられていること ・フライ基準の「一般的承認」は依然として考慮に値する ・学会などにおける重要性の程度が考慮される

表2　メルトンらの心理検査選択基準

1. そのテストは出版され，販売されているものか 2. 包括的なテストマニュアルが利用可能か 3. 十分な水準の信頼性が証明されているか 4. 十分な水準の妥当性が証明されているか 5. そのテストは使用される目的に対して妥当なものか 6. そのツールを使用するのに必要な資格は何か 7. そのツールはピア・レビューされているか 8. アセスメントされるものはどのような構成概念か 9. 関心の構成概念をどの程度直接的にアセスメントするものであるか 10. 関心の構成概念を評価するに当たり，そのアセスメントよりも直接的な別の方法があるか 11. そのツールが評価する構成概念と，関連する心理-法的問題との間に容認できないほどの推論を 　　必要とするか 12. 反応スタイル（response style）の尺度を含むツールか

ⅴ）鑑定書の作成

　記録，本人への面接，家族や参考人との面接，心理検査等によって得られた情報をまとめて，事件当時の状態（精神鑑定であれば鑑定人である医師により精神科診断がなされる）や事件について考察をし，鑑定書を作成する。鑑定書の形式に決まったものはないが，鑑定事項に添って記載する。通常の項目立てとして，被鑑定人の情報，事件の概要，本人生活歴（現病歴含む），家族歴，検査所見，犯行前後の行動・状態，考察，鑑定主文などからなる。

　最近では，裁判員裁判において，法定期日の短縮化に伴い，証拠の量もできるだけ制限する傾向にある。そのため，作成した鑑定書がそのまま証拠採用されることは少ない。鑑定書として作成されたものは「鑑定メモ」といった位置付けとなり，鑑定人が公判で証言する際に使用する資料が正式な証拠とされるのが一般的で，簡にして要を得たものが好まれる（橋本，2016）。

　鑑定書作成時の留意点として，客観的情報と鑑定人自身の主観的評価を明確に区別すること，論理の矛盾や破綻がないか，頑強な論理構成となっているかを検討することが挙げられる（岡田，2019）。また，鑑定書は専門家ではない素人が読むものであるため，いくら内容的に優れていても理解されなければ意義を失ってしまう。専門用語の乱用は避け，必要に応じて用語の解説を入れたり，できる限り平易な表現にしたりするよう努めなければならない。

ⅵ）公判における証言

　提出した鑑定書について疑問があった場合，反論があった場合，鑑定人からの直接の説明の要請があった場合に，鑑定人尋問が行われる場合がある。最近の法廷では鑑定人による**プレゼンテーション**が行われることも多い。出廷するに当たり，鑑定人は自分の鑑定書を読み直して，自分がどのようなエピソードを重視したのか，どうのように整理された論理構成のもとで，その結論を出したのかといったことを確認しておく必要がある（岡田，2019）。そして，プレゼンテーションの際には，端的にわかりやすく，鑑定結果をまとめて報告しなければならない。公判において，鑑定の内容や結果をいかに伝えるかということも，鑑定人の非常に重要な役割である。

ⅶ）私的鑑定

　私的鑑定は，弁護人が裁判所に鑑定請求を行うも認められなかった場合

に，別途任意の専門家に依頼して行われる。以上に示した鑑定の作業は，私的鑑定においても同様に行われるが，私的鑑定においては，面接場所や面接時間に制限を受けることが多い。私的鑑定では，本人とアクリル板越しに拘置所の接見室で会うことになったり，拘置所職員が立ち会ったり，通常の面会人と同様に時間制限が付されることもある。そのため，面接や心理検査（物理的に実施が不可能な検査もある）の実施には状況に応じた工夫が必要になる。

C. 鑑定における心理専門職の専門性

　本章では，心理専門職が携わる鑑定として，精神鑑定のうち刑事責任能力鑑定と医療観察法鑑定，そして犯罪心理鑑定ないし情状鑑定を挙げて説明した。刑事責任能力鑑定と医療観察法鑑定では，心理学の専門家は鑑定助手あるいはチームの一員として，犯罪心理鑑定では鑑定人として携わることになる。

　このいずれの鑑定においても，法論理について専門家である必要はないが，理解をしておく必要がある。例えば，被鑑定人の置かれている法的な立場や公判での争点についての理解や，鑑定の結果が法律家や裁判員にどのように理解され，活用されるのかといったことをある程度知っておかなければならない。

　刑事責任能力鑑定においては，助手として単に心理検査や面接を行うばかりがその役割ではない。鑑定人である医師は，心理専門職としての意見や議論することを求めている。そのために，心理専門職としても責任能力判断における**不可知論**と**可知論**の立場の違いなどの司法精神医学の知識を有していることが望ましい。不可知論とは弁識・制御能力とは自由意思であり，その判断は何人にも不可能であるという立場を指す。すなわち，精神医学は精神障害が人の意思や行動にどのように影響するのかを判定することができないという立場である。そのため，精神医学的診断と責任能力の有無の関係に対応をつけて，診断が確定すれば責任能力が決まるという立場となる。例えば，統合失調症という精神医学的診断が確定すれば，その者は常に責任無能力と判定する。他方，可知論とは，弁識・制御能力は自由意思のような形而上学的，哲学的な能力ではなく，より具体的・現実的な能力であり，経験科学的な証明がある程度は可能であると考える立場である（五十嵐，2019）。日本では可知論的なアプローチがとられている。

　また，刑事責任能力鑑定においては，その科学性を向上させるために，技

術や方法論などについての議論が現在も活発になされており，その動向を注視しておくとよいだろう。最近では，**ケース・フォーミュレーション**といった心理学の手法が刑事責任能力鑑定に活用されるなど，精神鑑定における臨床心理専門職への期待は増大していると考えられる。

　医療観察法鑑定では**多職種**により鑑定作業を進めることが推奨されており（椎名，2019），心理専門職は基本的な心理検査のほかに，とりわけ**リスクアセスメント**における意見が求められる。医療観察法における処遇では，鑑定時から処遇終了まで共通評価項目とよばれるものが使用されているが，リスクアセスメントを行うことにより，対象者本人と周囲の状況の変化を適切に把握し，支援の方向性を考察したり，治療成果を検証したりすることができる。リスクアセスメントは犯罪心理鑑定において，再犯予測や予後判定を求められる際にも必要とされる技能である（第6章参照）。

　後述するように，鑑定における心理専門職の専門性については，今後さらに検討と議論が必要と考えられる。

D. 鑑定の治療的効果

　鑑定の目的は，被鑑定人を評価して事件を説明することであり，被鑑定人への治療的・教育的な働きかけや家族関係の調整などを行うことは求められていない。しかし，多くの鑑定経験者が鑑定の過程で副次的に治療的効果がもたらされることを指摘している（安藤，2019；橋本，2016；須藤，2018）。

　鑑定においては，鑑定人が治療的効果を狙って被鑑定人を導くということはないが，鑑定期間を通して面接回数を重ねることで，関係性に厚みが増し，鑑定人と被鑑定人の間に相互作用が生まれる。被鑑定人は自らが起こした事件やこれまで誰にも語ってこなかった内面について語るように求められる。その過程において，被鑑定人は事件やこれまでの人生を振り返り，気づきや洞察にいたることがある。

　くり返しになるが，治療的効果はあくまで副次的に生じることであって，これが鑑定の目的ではない。しかし，治療が目的ではないからといって，被鑑定人との相互作用や臨床的変化をあえて避けるべきではないだろう。関係性が構築されないと，語りが促されず，語られないことで真実が明らかにされないのであれば本末転倒である。

おわりに

2000年以降，裁判員裁判法，少年法改正，刑事収容施設法，医療観察法の施行などの法制度の創設・改正がなされ，鑑定のニーズは高まっている。裁判員裁判において，犯行メカニズムを理解したり，量刑を定めるに際して被告人の家族関係，生育歴，性格を考慮する余地があるのかなどについて，鑑定により明らかになることが，裁判員の判断の参考になる場合があると考えられる。また，刑事収容施設法では，教育的な処遇を強化することが織り込まれ，犯罪心理鑑定の結果を処遇にも活かすことができると考えられるようになりつつある。そして，医療観察法による司法精神医療では，心神喪失・心神耗弱者の認定が要件とされているので，質の高い刑事責任能力鑑定の重要性が増している。

一方で，課題もある。刑事責任能力鑑定など精神鑑定においては，日本司法精神医学会等で鑑定人たる精神科医の専門性についての議論や研修が行われているが，助手たる臨床心理専門職の専門性について議論されることはほとんどない。犯罪心理鑑定においては，依頼する側の法実務家にその存在があまり知られておらず（須藤，2018），鑑定が裁判官の知識不足を補うほどの活動ではないといった指摘もある（岡本，2019）。2018年に公認心理師資格が誕生し，今後多くの公認心理師が鑑定に携わることが期待される。そのためには各学会などにおいて鑑定における心理学の専門性や適切な実務家の具体像を明確にするための議論が必要である。

章末演習問題

（　）内に適切な用語を入れよ。

1　検察官により事件が（　　　）とされたら，裁判所で公判手続が開始する。公判手続では，犯罪事実の存否の確認と（　　　）が行われる。

2　（　　　）者が行った他害行為は，責任無能力として無罪となり，（　　　）者が行った他害行為は，限定責任能力であったとして減刑される。

3　医療観察法鑑定では，事件当日の精神状態よりも，対象者の（　　　）の方が重視される。

4　情状鑑定とは，（　　　）を定めるに際し，犯行時の心理状態やそのメカニズムが性格，家庭環境，生育歴といかに関係しているかを明らかにす

るものでる。

5 鑑定は正確であることが重要なので，被鑑定人の視点ばかりでなく，
（　　　）からの情報収集が求められる。

6 鑑定で実施する心理検査は，学術的に（　　　）や（　　　）の検証が
なされたものや，汎用されているものが用いられる。

7 鑑定の経過中に，副次的に（　　　）がもたらされることがあるが，鑑
定の目的はあくまで事件を（　　　）することである。

〈引用文献〉

安藤久美子（2019）．少年の司法システムと精神鑑定．五十嵐禎人・岡田幸之（編），刑事精神鑑定ハンドブック．中山書店，78-89．

橋本和明（2016）．犯罪心理鑑定の意義と技術．橋本和明（編），犯罪心理鑑定の技術．金剛出版，19-59．

Heilbrun, K., Grisso, T., Goldstein, A.（2008）．Foundations of Forensic Mental Health（Best Practices in Forensic Mental Health Assessment），Oxford University Press.

本庄武（2018）．情状鑑定とは何か．須藤明ら（編），刑事裁判における人間行動科学の寄与—情状鑑定と判決前調査．日本評論社，20-35．

五十嵐禎人（2019）．刑事責任能力鑑定の精神医学的基礎．五十嵐禎人・岡田幸之（編），刑事精神鑑定ハンドブック．中山書店，2-21．

岩井宜子・渡邊一弘（2019）．犯罪心理学に関する法律と制度．岡本吉生（編），司法・犯罪心理学．遠見書房，64-78．

Lilienfeld, S. O, Lynn, S. J., Lohr, J. M.（2003）．Science and Pseudoscience in Clinical Psychology, Guilford Press.（リリエンフェルド，S. O.，リン，S. J.，ロー，J. M.（編），厳島行雄，横田正夫，齋藤雅英（監訳）（2007）．臨床心理学における科学と疑似科学．北大路書房）

Melton, G. B, Petrila, J., Poythress, N. G., et al.（2017）．Psychological Evaluation for the Courts, Fourth Edition: A Handbook for Mental Health Professionals and Lawyers, Guilford Press.

村上優（2005）．医療観察法における鑑定入院について．日本精神科病院協会雑誌，24（4），318-323．

村松太郎（2013）．神経心理学的検査と精神鑑定．精神神経学雑誌，115（10），1051-1056．

日本司法精神医学会（2012）．日本司法精神医学会刑事精神鑑定倫理ガイドライン．http://jsfmh.org/oshirase/pdf/kanteirironGL.pdf

岡本吉生（2019）．情状鑑定の実際から見た犯罪心理学の専門性と課題．犯罪心理学研究，56（2），35-37．

岡田幸之（2019）．刑事責任能力鑑定の実際．五十嵐禎人・岡田幸之（編），刑事精神鑑定ハンドブック．中山書店，22-32．

椎名明大（2019）．医療観察法に関する精神鑑定．五十嵐禎人・岡田幸之（編），刑事精神鑑定ハンドブック．中山書店，47-66．

須藤明（2018）．情状鑑定の現状と課題．刑事裁判における人間行動科学の寄与—情状鑑定と判決前調査．日本評論社，98-116．

上野正雄（2006）．情状鑑定について．法律論叢，78（6），283-288．

第13章 犯罪被害者支援

本章では，犯罪被害者支援における支援の背景や仕組み，さらには他職種との連携を円滑に進めるための方法について説明する。

犯罪被害者支援に公認心理師をはじめとする心理職が携わる機会は多いとはいえず，なじみの薄い分野と感じるかもしれない。しかし，犯罪被害者等基本法（平成16年法律第161号）第8条により，犯罪被害者支援のために政府が定めた犯罪被害者等基本計画では，カウンセリング費用の公費負担が盛り込まれている。また，精神的・身体的被害の回復・防止への取り組みとして公認心理師や臨床心理士等の資格を有する警察職員の活用が掲げられており，心理職の専門性に基づいたカウンセリングの有用性が認知され，支援への期待が高まっている領域である。

13.1節 犯罪被害者支援に関する法律と計画

A. 犯罪被害者等基本法

2004（平成16）年に成立した犯罪被害者等基本法は，犯罪被害者等（犯罪やこれに準ずる心身に有害な影響を及ぼす行為の被害者及びその家族又は遺族，以下「被害者」という）のための施策を総合的かつ計画的に推進することによって，被害者の権利利益の保護を図ることを目的としている。国・地方公共団体が講ずべき基本的施策としては，以下が挙げられる。

1. 相談および情報の提供
2. 損害賠償の請求についての援助
3. 給付金の支給に係る制度の充実等
4. 保健医療サービス・福祉サービスの提供
5. 犯罪被害者等の二次的被害防止・安全確保
6. 居住・雇用の安定
7. 刑事に関する手続への参加の機会を拡充するための制度の整備

B. 犯罪被害者等基本計画

犯罪被害者等基本法に基づき，犯罪被害者等基本計画が策定され，犯罪被害者のための施策は大きく進展した。2022年現在，「第4次犯罪被害者等基本計画」の検討・推進が進められている。犯罪被害者等基本法第3条の基本理念等をふまえ，支援における4つの基本方針と5つの重点課題を定めている（警察庁，2021）。

ⅰ）4つの基本方針

①尊厳にふさわしい処遇を権利として保障すること

犯罪被害者は我々の隣人であり，社会に生きる誰もが被害者になりうる立場にある。支援の施策は，例外的な存在としての一方的な恩恵的措置ではなく，社会のかけがえのない一員として当然に保障されるべき権利利益の保護を図り，尊厳が尊重され，ふさわしい処遇を保障される権利を有している。

②個々の事情に応じて適切に行われること

彼らが直面している困難な状況を打開し，権利利益の保護を図るために具体的事情を正確に把握し適切に実施されなければならない。自ら被害を訴えることが困難なため被害が潜在化しやすい犯罪被害者や，自己が直接の犯罪被害者ではないものの，身近な人々が被害に遭ったことなどにより心身に悪影響を受けるおそれがある人々のニーズを正確に把握し，適切に実施されなければならない。

③途切れることなく行われること

彼らが直面する困難な状況を打開することに加え，再び平穏な生活を営むことができるようになることを見据えて，生活再建を支援するという中長期的な視点が必要である。支援は必要な時に必要な場所で適切に途切れることなく実施されなければならない。

④国民の総意を形成しながら展開されること

彼らの名誉または生活の平穏を害されることなく地域で生きていくことができるようにするため，国民の信頼が損なわれることのないよう支援は適切に実施されなければならない。

ⅱ）5つの重点課題

①損害回復・経済的支援等への取り組み

犯罪被害者は，犯罪等により生命を奪われ，家族を失い，傷害を負わされ，財産を奪われ，高額な医療費の負担や収入の途絶などにより経済的に

困窮することなどの被害を受ける。自宅が事件現場となったり，加害者から逃れる必要から住居を移す必要が生じたり，雇用主等の無理解から雇用の維持に困難が生じる場合もある。第一義的な責任を負う加害者の賠償責任が果たされず，十分な賠償を受けることができない被害者も多い。彼らが経済的な困難を打開するため，損害を回復し経済的に支援するための取り組みを行わなければならない。

②精神的・身体的被害の回復・防止への取り組み

犯罪等により直接生じる精神的・身体的・財産的被害のみならず，自らや家族が犯罪行為等の対象となったという事実からも精神的被害を受ける。さらに，将来再被害を受けることに対する恐怖や不安を抱いたり，捜査・公判の過程，医療，福祉等の場で配慮に欠ける対応を受けたことにより，いわゆる**二次被害**を受ける場合もある。特に，性犯罪・性暴力は，個人の尊厳を著しく踏みにじる行為であり，心身に長期にわたり重大な悪影響を及ぼすことから，**ワンストップ支援センター**（後述）の体制強化等により支援を充実させる必要がある。また，**児童虐待，ストーカー事案**及び**配偶者等からの暴力事案（いわゆるドメスティックバイオレンス，DV）**は，繰り返し行われて被害が深刻化することが多く，生命・身体に重大な危害が及ぶ場合もある。相談につながりやすく，安全が確保され，適切に支援を受ける取り組みの充実を図る必要がある。

③刑事手続への関与拡充への取り組み

被害者の回復には，事件の正当な解決だけでなく，解決に至る過程に被害者自身が関与することが資する面がある。刑事事件や少年保護事件に関する国家・社会の秩序維持，個人の人権の保障，少年の健全育成等の要請に応えつつ，これらの手続に適切に関与する機会を拡充するための取り組みを行わなければならない。また，刑の執行段階や保護観察における加害者処遇への被害者に対する情報提供や彼らの心情を反映することが求められており，こうした対策を一層充実させる必要がある。

④支援等のための体制整備への取り組み

被害直後からさまざまな困難に直面する被害者が再び平穏な生活を営むことができるようになるためには，必要な時に必要な場所で支援の情報を入手したり，地方公共団体や民間の団体が継ぎ目のない支援体制を構築していく必要がある。被害者は被害直後から，医療，福祉，住宅，雇用などの生活全般にわたる支援を必要としており，回復の経過においてニーズは

変化していくため，中長期的な支援体制整備も必要である。

⑤国民の理解の増進と配慮・協力の確保への取り組み

　被害者のための施策の効果は，国民の理解・協力がなければ十分に発揮されない。被害者は，地域社会において配慮・尊重され，支えられることで初めて平穏な生活を回復することができる。被害者のための適切な施策の実施と，国民の理解・協力は車の両輪である。インターネットやSNS（ソーシャル・ネットワーキング・サービス）などを含め，さまざまな機会や媒体を通じて，被害者が置かれている状況，名誉や生活の平穏への配慮の重要性に関する国民の理解・共感を深めることもまた大切である。

C. 被害者の個別性に応じた支援体制

ⅰ）未成年被害者への対応―司法面接

　児童虐待や性的な被害等を被った未成年被害者から，精神的負担を最小限にしながら，法的な判断・意思決定にも用いることができる精度の高い情報を，できるだけ多く得るための面接法として司法面接がある（詳細は第11章参照）。福祉分野では被害確認面接，事実確認面接，警察では客観的聴取技法ともよばれる。事件について聴取がくり返されることで「**法務的手続きにより引き起こされる外傷的敏感症状**」とよばれる，フラッシュバックやうつ症状，過呼吸や筋緊張といった症状が引き起こされることが指摘されている。福祉，警察，司法の多機関が連携し，一回で聴取を行う**協同面接**が推奨されることで，支援の変遷に伴って被害状況の開示をくり返す負担の軽減が期待される（仲，2017・2018）。

ⅱ）性犯罪被害者への支援

　第3次基本計画の下，性犯罪・性暴力被害者のためのワンストップ支援センター（被害直後からの医療的支援，法的支援，相談を通じた心理的支援等を総合的に行うために設置された組織）がすべての都道府県に設置された。これによって**性犯罪・性暴力，児童虐待**が深刻な社会問題となる中，自ら被害を訴えることが困難で，支援が十分に行き届いていない被害者への手厚い支援体制が整えられつつある。

　ワンストップ支援センターは，性犯罪・性暴力被害者に，被害直後からの**総合的な支援**（産婦人科医療，相談・カウンセリング等の心理的支援，捜査関連の支援，法的支援等）を可能な限り一か所で提供することにより，被害者の心身の負担を軽減し，その健康の回復を図るとともに，警察への

届出の促進・被害の潜在化防止を目的とする。

　支援対象は強制性交・強制わいせつ（未遂・致傷を含む）の被害に遭ってからおおむね1～2週間程度の急性期の被害者である。警察への届出の有無に関わらず，可能な限り子どもも対象とする。上記以外の被害者からの相談には，必要な支援を提供可能な関係機関・団体等に関する情報提供等を行う。

　支援のコーディネート・相談は警察，精神科医，男女共同参画センター，児童相談所，精神保健福祉センター等が行う。性犯罪・性暴力被害者は，身体に外傷を受けていることがあり，産婦人科医による妊娠・性感染症の検査，緊急避妊薬・性感染症治療薬等の処方等の診察・治療も必要となる。性感染症の検査の必要性や心身の負傷状況等によっては，継続的な経過観察や治療，または中絶手術が必要となることがある。適正な性犯罪捜査を行うためにも，被害者の負担軽減を図りつつ，産婦人科医による被害者への配慮ある適切な証拠採取が行われることが重要である。採取した資料は警察に提出することとなるが，警察に通報することを被害者が希望しない場合には，被害者に対してその心情に配慮しつつ，警察への届出を勧める（警察庁，2021）。

13.2節 ｜ 犯罪被害者支援の基礎的な知識

A. 支援に際しての基本的な態度や知識

　被害者支援の場においては，来談者が社会的に弱い立場に置かれる状況にあるため，支援者と来談者との間に上下関係が生じやすい。その点に留意しつつ，来談者が話しやすい環境や枠組みを整えることが重要である。支援者との距離や座り位置，支援者の性別や年齢，面談時間の長短，面談が継続的なものなのか，単発なのかの見通しなど，基本となる進め方を説明しながら，希望を聴取して対応できるとよい。話したくないことは無理に話したり思い出さなくてよいこと，時系列や，話のまとまりを気にする必要はないこと，途中で先に伝えた内容を訂正したり，取り消したくなればそのように申し出てもよいことを確認しておくと，被害の影響から生じる混乱や，強い不安や緊張を緩和するために役立つことがある。

　来談者が安心して話ができるように配慮すると同時に，秘密を守ることは通常の相談と同様に重要である。一方，被害者支援の特徴として他機関との

連携が必要となったり，相談終了までに時間を要する点が挙げられる。情報共有することが来談者にもたらす利点を説明することが重要となる。

　面談は親しみやすく落ち着いた雰囲気の中，面接者が話題を誘導することなく開かれた質問（8.7節参照）を用い，決めつけ，否定，押しつけのようなアドバイスを控えながら進める。共感的かつ客観的な視点をもった被害者支援に取り組むためには，支援者の経験的理解に偏らず，最新の知見に関する情報収集に努め，**エビデンスに基づく対応**を心がけることが肝要である。

B. 犯罪被害の特徴

　犯罪被害によって受ける影響はさまざまであるが，基本的な安全感が喪失するような価値観や信念の変容が生じうる。これらは中長期的に継続することも多く，身体的，精神的，生活的側面に影響をおよぼしうる。**表13.1**は，被害者によくみられる心身の反応の例である。

表13.1　被害者にみられる心理的反応の例（被害者支援都民センターHPより）

反　　応	説　　明
身体面	眠れない，食欲がない，体がふるえる，熱が出る，頭が痛い，お腹が痛い，心臓がどきどきする，息をするのが苦しい
精神面	気持ちが不安定になる，思い出したくないのに場面がよみがえる（フラッシュバック），出来事を思い出す，場所や人物・事物を避ける，自分を責める，集中力がなくなりぼんやりする，イライラして怒りっぽくなる，不安や恐怖におそわれる，警戒心が強くなる
生活面	外出できない，人付き合いが嫌になる，一人ではいられない，仕事や学校に行きたくなくなる，電気を消して眠れない，公共交通機関を利用できない

C. 二次被害のリスクへの配慮

　被害者が支援を受ける際には，被害状況の聞きとりなどによって，事件や被害内容の想起を促されることがある。したがって，支援に携わる専門家は，来談者に二次被害を与える可能性があることに留意しておかなければならない。支援者に求められる留意点やスキルを以下に挙げる。

①被害について話すことは，来談者にとって強い抵抗を感じることである。
　しかし，できる限り正確に被害を受けた状況を説明することが，犯人の特定や量刑の判断に影響する場合がある。安全な場所で状況を説明したり，

体験を他者と共有したりすることを通して，同じような状況が再び生じることがないという安心感を得る機会となり，被害について話す抵抗感を和らげることにつながる。

②事件や被害状況について，被害者のペースに合わせて話を聴く。事件や被害の状況について，被害者の心身へのダメージについて確認することは，正確なアセスメントや効果的な支援を検討するうえで重要となる。しかし，聞き取り方が事務的であったり，支援者のペースで進められることがあれば，安心して話すことは困難となる。客観的な情報を得ると同時に，来談者との信頼関係を構築することが求められる。例えば，被害者の多くが経験する心身への影響などが記載されたリーフレットのような客観的資料を用意し，説明しながら面談を進めることが，来談者に必要な情報を提供しながら，自分だけが苦しい思いをしているわけではないことや，被害直後に生じている苦痛はいずれは軽快するという見通しを明確に提供することにつながる場合もある。

③事件や被害に関する客観的な事実と，被害者の主観的な体験を分けて聞き，主観的な体験を尊重する。捜査や裁判では，客観的な事実の聴取に焦点が当てられることが多い。客観的な事実を把握することは，被害から生じる**トラウマ**やその苦痛を和らげていくためにも重要である。一方で，被害を通して受けた苦痛は来談者にとって誰とも比較できない個別的な体験である。客観的な事実と主観的な体験とを整理しながら面談を進め，主観的な体験を尊重していくことが，支援の重要なポイントである。

④トラウマに焦点化した治療を進めるに当たって飛鳥井（2010）は，「被害場面を想起することが求められる。被害者に自死や自傷の危険性，重いうつ症状や解離症状が認められる場合には，二次被害を深め，症状の重篤化につながる危険性が懸念される。ある程度症状をコントロールできるようになった後に，治療を勧めることが重要である」と述べている。

D. 被害者と協働的に支援方針を定める

　生命の安全の確保，維持といった緊急性が高い状況で相談を受けることの多い被害者支援においては，支援者から来談者に必要な情報を提供したり，被害者にとって苦痛を伴う選択を依頼することも多い。その場合，支援者が正しい知識や選択肢を来談者に一方的に提供するような関わりになることが懸念される。支援の方向性を決めるに当たっては，**来談者の意志やニーズを**

把握して，優先して取り組むべき，もしくは取り組むことの困難な課題を特定し，共同的に進めていくことが必要となる。犯罪被害の影響で一時的に本来の力を失っているようであっても，来談者の意思を確認したり自己決定を促しながら支援方針を整えていくよう心がけることが重要である。

E．被害体験が被害者に及ぼす影響を理解したうえで，被害者に対応する

　事件や被害に関して話すことは，被害者に**二次被害**や**トラウマ反応**（不信感や過覚醒，感情麻痺など）を生じさせる可能性があることを認識し，配慮する必要がある。事件について話をはじめた後に，緊張や恐怖感の再現，意識がぼんやりとすること，涙が止まらなくなること，感情や記憶が生き生きと感じられなくなるといったトラウマ反応が生じる可能性を伝え，症状の理解を深める心理教育を早い段階で行っておくことは，後の支援に取り組む安心につながるであろう。対話が困難になるほどの情動的な混乱が認められた場合には，休憩を挟んだり中断を挟んだり，来談者の同意を得たうえで**主治医との連携**を判断することも必要となろう。

　被害の影響として，**嗜癖や依存に関する問題**，**性問題行動等**の不適応行動が認められる場合がある。被害者の家族や支援に携わる関係者の中には，こうした不適応行動に困惑したり，否定的に捉えたり，行動改善をしたいと考えて強行に不適応行動の中断を迫りたくなるような心情に駆られることが想定される。被害者本人および被害者家族や周囲の関係者に対しても，被害直後に認められるトラウマ反応としての不適応行動に関する心理教育や情報提供が，来談者理解の助けとなろう。例えば，過食や拒食，インターネットの長時間使用といった行動が不安や緊張を緩めることにつながっているようであれば，呼吸法や安心できる他者との交流の時間を取り入れるといった，心理機能を特定して不適応行動に置き換わる工夫を検討することは，心理専門職が提供できる支援の一つである。

F．社会資源活用を後押しする

　被害者には心理的な支援だけでなく，経済的支援や法律に関する支援が提供されている。しかし，事件の影響によって社会と関わることに消極的であったり，援助を受けることをためらったり，援助を受けるための気力が生じずに孤立することが想定される。したがって，それらを活用するためには，被害者や関係者がそうした支援について知る機会を提供し，援助の要請がで

きるように支援することもまた必要となる。

G. 支援者自身の心身の健康への配慮

　被害者支援に携わり，来談者と接する中で，支援者は被害状況について客観的な事実を詳しく知ることとなる。また，来談者に生じている深刻な苦痛や恐怖を追体験することにもなる。トレーニングを受けた心理専門職であっても，**二次受傷**や**代理受傷**，**共感疲労**が生じる可能性があることを認識しておく必要がある。

　支援者は心身の状態を整えるため，安定した支援を提供する**ストレスマネジメント**の技法を活用したり，**呼吸法や筋弛緩法**のような**リラクセーション法**やソーシャルサポートを受けることが重要である。

　被害者支援に携わる中で支援者が対応に困難を感じるケースでは，来談者の心身のダメージや回復可能性のアセスメント，適切なケアの選択の判断，他機関との連携の手段等，幅広い観点から被害者にとって必要かつ実行可能な支援を検討するために，支援機関内外におけるケースカンファレンスやスーパーバイズを活用することが必要となろう。

H. 被害者の支援に関わる専門機関や制度の知識をもち，最新の情報にアップデートする

　支援者は心理的な支援についてはもちろん，医療機関，司法機関，弁護士，精神保健福祉センター，民間支援団体の役割を知り，来談者にとって必要な情報や知識を有し，適切な連携を図りながら支援することが望まれる。被害者支援に関する法律や支援制度は犯罪被害者等基本計画の策定・進展によって変化している。支援者は常に被害者支援にまつわる情報の収集に努め，知識をアップデートしていくことが求められる。

I. 被害者の個別性に応じて対応を工夫する

　被害者が子どもの場合は言語や情緒の発達段階に応じて，専門用語を使わずに図やイラスト等を用いるなど，相手が支援内容を理解しやすく説明する必要がある。開かれた質問を用い，誘導的にならないような配慮が必要となる。これは高齢者にも当てはまる。また，被害者の中には性別について丁寧な対応を提供する必要性も想定される。SOGI（性的指向・性自認），セクシャルマイノリティ等にも配慮して，幅広い来談者に安心して支援を受ける

環境を提供することが必要である。

J. 家族内で加害─被害が生じた際の留意点

　DVや虐待のように被害が家庭内で生じる場合，加害者は環境的にも心理的にも身近な対象となる。被害者にとって加害者が憎悪や非難や恐怖であると同時に，愛情や経済的なつながりをもつために，簡単には関係を断つことができないアンビバレントな状況が生じる。このように，加害者への愛着と恐怖のような心情が生じている場合に，支援者が加害者を一方的に否定したり決めつけたりするような言動をとると，来談者との間の信頼関係を削ぐ可能性もあるため，慎重でなくてはならない。また，被害者と加害者の関係だけではなく，兄弟や配偶者，原家族などとの関係性が，被害者が被った心身へのダメージや不調の開示を制限することもあり，家族の関係性にも留意して対応したい。例えば，長子である被害者が父から受けた被害について質問を受けても「転んでけがをした」「覚えていない」と答える背景に，「自分が耐えて他言しなければ，他の兄弟への被害を食い止めることができる」という考えが影響していた，といったケースが挙げられる。

　さらに，支援者は被害者のアンビバレントな心情を理解しようとして，安易に加害者を擁護するような言動をとらないこともまた重要である。例えば，児童虐待のケースで暴力をふるった親の行動について，被害者である子どもに対して「親にも悪気だけがあったわけではなく，あなたのことを思っていたからだよ」と説明したり，DVのケースで被害者である妻に対して「夫も仕事で苦労していたから暴力をふるっただけなのではないか」といった発言を不用意にしないよう注意し，被害者の安全や安心を最優先する態度で支援に臨む必要がある。

13.3節 ｜ トラウマへの対応

　犯罪だけでなく，地震や戦争被害，災害，事故，性的被害など，その人の生命や存在に強い衝撃をもたらす出来事を外傷性ストレッサーとよび，その体験を外傷（トラウマ）体験とよぶ。トラウマ体験とは，何らかの外的出来事により，急激に押し寄せる強い不安で，個人の対処や防衛の能力の範囲を凌駕する体験である。これらの外傷体験による精神的な変調をトラウマ反応とよぶ。トラウマ反応の多くは一過性に経過し，症状が軽く済む場合も多い。

しかし一部には，PTSD（Post Trumatic Stress Disorder：外傷後ストレス障害）を発症し，長期にわたって強い心身の苦痛や生活上の困難を抱えるケースもある。しかし，一部には**レジリエンス**とよばれる心身の回復力や，被害者や被災者自身が有しているストレス耐性や自己回復力によって，自然と困難が軽減したりトラウマ反応が消失するケースもあり，被害に遭遇したすべての人に長期的で深刻なトラウマ反応が生じるわけではない。個々の状態や経過を把握し，ケースに応じた個別的な対応が必要となる。

A. 単回性のトラウマと複雑性トラウマ

　トラウマには，震災の被害や突発的に遭遇した傷害事件のような，短い期間に非常に強いストレスを経験する**単回性のトラウマ**と，DVや虐待，ハラスメントの被害のように一回のストレスの強度は必ずしも強くないものの，日常生活の中でくり返し，長期的に被害を受けることで生じる**複雑性トラウマ**がある（白川，2016）。

B. 心的外傷後ストレス障害（PTSD：単回性のトラウマ）

　DSM-5（APA，2014）によれば，心的外傷後ストレス障害とは実際にまたは危うく死にそうになったり重傷を負ったり性的暴力を受けるといった出来事が自分や他人に生じたり目撃したりして，強い恐怖や無力感や戦慄を伴い，その体験から1ヶ月以上が経過しても以下の症状が持続している状態を指す。主な症状として，以下のようなものがある。

①**トラウマの再体験**：侵入的な記憶の想起，フラッシュバック，悪夢，トラウマ体験の再演

②**回避**：トラウマを思い起こさせる思考，感情，活動，状況，人などを避ける

③**過覚醒**：入眠や睡眠の困難，苛立ち，怒り，集中困難，過度の警戒

C. 複雑性心的外傷後ストレス障害（複雑性のトラウマ）

　複雑性PTSDは最も一般的には，逃れることが困難もしくは不可能な状況で，長期間／反復的に，著しい脅威や恐怖をもたらす出来事に曝露された後に出現する（例：拷問，奴隷化，集団虐殺，長期間の家庭内暴力，反復的な小児期の性的虐待・身体的虐待）。診断はICD-11（WHO，2020）によればPTSDの診断に加えて，**表13.2**に示す自己組織化の障害とされる深刻

かつ持続する症状によって特徴づけられる。これらの症状は，個人・家庭・社会・教育・職業・その他の重要な領域で深刻な機能不全をもたらす要因となる。

表13.2　複雑性PTSDの症状

症　状	説　明
感情の調節異常	感情コントロールの困難さ
否定的自己像	トラウマ的出来事に関する恥辱・罪悪・失敗の感情を伴った，自己卑下・挫折・無価値感
対人関係の障害	他者と持続的な関係をもつことや親近感を感じることの困難さ

D. 3段階のトラウマケア

　トラウマへの支援や介入においては，その段階に応じた関わり方や支援内容を工夫する必要がある。米国薬物乱用・精神保健サービスが推進したトラウマインフォームドケアでは，トラウマによって生じた問題を危機的状況への対処や正常な反応と捉え，トラウマへのケアをその役割と目的からトラウマインフォームドケア，トラウマレスポンシブケア，トラウマスペシフィックケアの3段階に分けて説明している（野坂，2019，**図13.1**）。

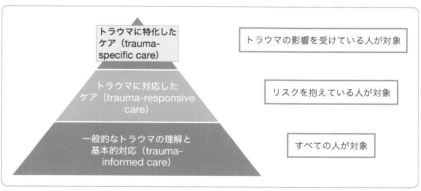

図13.1　3段階のトラウマケア（野坂, 2019）

ⅰ）一般的なトラウマの理解と基本的対応（trauma-informed care）

　トラウマに関する知識や影響に関する心理教育を行ったり，初期対応を

行うことでトラウマへの支援をスムーズに受けることができるような関わりが目的となる段階である。支援者は問題行動の背景にトラウマの影響を想定し，困難が継続されている要因を理解しようとすることで，健康な状態の回復や維持を図る。必要に応じて以下のケアに引き継いでいく。

ⅱ）トラウマに対応したケア（trauma-responsive care）

一般的な心理教育をふまえ，支援を必要とする来談者のニーズに合わせてレジリエンスを高め，個別の症状や影響を最小限に抑えるような支援を行う。

ⅲ）トラウマに特化したケア（trauma-specific care）

トラウマによるPTSD症状に焦点を当てた介入や支援を行う。その技法として，成人を対象とした認知行動療法の**持続エクスポージャー法**（PE療法）や**眼球運動による脱感作と再処理法**（EMDR），子どもを対象とした認知行動療法である**トラウマフォーカスト認知行動療法**（TF-CBT）などがPTSD症状の軽減に対する治療法として推奨されている（飛鳥井，2008），（兵庫県心のケアセンター，2004）。これらについては13.5節で説明する。

13.4節 | **事件の概要や被害の影響，被害者が抱える困難のアセスメント**

A. 犯罪被害の影響をアセスメントするに当たっての留意点

被害者が支援を受けるに当たっては，被害を受けたことを第三者に伝えなければならない。対応する支援者は，第一には目下の身体面や生活状況に関する困難や苦痛を聞き取り，把握することが必要となる。被害直後に来談している場合には，警察への届出や医療的なケアといった緊急性の高い対応がなされているかの確認が不可欠である。また，被害の直後だけではなく，犯人を特定するための捜査や，刑罰を確定するための裁判の過程，マスコミ対応等でも生じるし，支援を受けるための過程でも事件や被害状況の説明，被害の程度の説明等を繰り返し求められることが想定される。被害直後に加え，心身および生活への影響に関する継続的な見立てが必要である。

B. アセスメントツール

被害者はトラウマ症状を呈していることが想定され，トラウマのアセスメントをすることは，心理職に求められる重要な役割である。アセスメントに

当たっては，支援者の経験や主観ではなく客観的な評価をするために構造化面接や標準化された尺度について知り，活用できることが必要である。

ⅰ）質問紙法

IES-R（Impact of Event Scale–Revised，改訂出来事インパクト尺度）：侵入症状（再体験症状）・回避症状・過覚醒症状について，最近1週間の22項目を強度0～4点で評価する。短時間に実施可能であり，スクリーニングのための尺度として有用だが，確定診断には適用されない。心理検査として診療報酬点数が認められている。

ⅱ）構造化面接法

①CAPS（Clinician-Administered PTSD Scale，PTSD臨床診断面接尺度）：DSMの診断基準を基に作成・各症状の程度をアンカーポイントに沿って評価する。最も精度の高い診断法であり信頼性と妥当性が検証されている。心理検査として診療報酬点数が認められている。

②SCID（Structured Clinical Interview for DSM−Ⅳ，DSM−Ⅳのための構造化臨床面接）：DSMの診断基準を基に症状の有無のみを質問する。17項目の質問に「あり」か「なし」で問うので比較的簡便である。

C. 被害者の安全を脅かすリスク要因について

加害者が逮捕勾留されていれば再被害のリスクは低いが，DV加害者と被害者のように同居を継続しているケースなど，加害者が社会内にとどまっている状況では被害者の安全を再び脅かす可能性が高い。居住の状況といった物理的な距離等，再被害を被るリスクについて加害者との直近の関係性や状況を評価することが非常に重要である。

D. 被害者がもつ強みやサポート資源についての評価

リスク要因だけではなく心身の健康的な側面，家族や友人等の対人関係，医療や福祉サービスといった社会資源の利用可能性，経済的な状態など，被害者のもつ強みや資源となる要因について評価する態度も支援者に求められる。

　支援者は来談者が抱えている支援ニーズや問題に対して, 介入の緊急度を判断しながら適切な心理的ケアを提供する必要がある。ここでは心理職として提供が期待される心理的介入や技法を示す。

A. 被害直後から全般的に有効な技法

ⅰ) リラクセーション法

　深呼吸などの**呼吸法**, 身体の緊張を末端から体の中心部に向かって順を追って緩めていく**全身筋弛緩法**を用いて心身のリラックスした状態を維持する。頭の中で安心できる場所やものなどをイメージしたり, 好きな音楽を聞いたりしながら行うなど, 本人にとってリラックスできる工夫を取り入れて行われることもある。

ⅱ) グランディング

　足で床を踏み締めて, 現実の感覚を確認する, 数を声に出したり心の中でカウントする, 目に見える物の名称を声に出すなど, 現実の感覚を確認して, 現実感の薄れる解離症状に対処する。

ⅲ) エクスポージャー法（曝露療法）

　トラウマを想起させるような場面に接近したり, あえてとどまることをくり返しながら, 回避を続けるために維持される不安や緊張に慣れ（馴化）, 日常の適応的な行動を取り戻していく技法である。実施に当たっては不安や緊張をその強さの程度から10段階等で評価・分類した**不安階層表**を作成し, その中から取り組めそうな課題を選択する。エクスポージャー法にはトラウマ体験の記憶を想起して, その時の感覚や感情を賦活しながら行う**イメージ暴露**と, 実際の生活場面の中で来談者が接近したり体験することを回避している状況に徐々に近づいていく**実生活内暴露**とがある。エクスポージャー方は, 被害後に一人になったり, 短時間の外出が困難であるような日常生活上の不都合の軽減のように, 被害後の早い段階から用いることで生活の安定を図ることができる。また, 強いトラウマ反応を和らげていくトラウマに焦点化した介入であるPE療法（後述）もエクスポージャーの技法であり, 幅広いトラウマ反応の回復に適用可能な技法である。

iv）支持的な心理療法

　　外傷体験の影響が強い場合やトラウマに焦点化した心理療法への抵抗が強い場合，支持的な心理的支援が来談者の安心や治療への動機づけを高めるために役立つ場面も想定される。

B. トラウマに焦点化した技法

　　トラウマに焦点化した技法では，来談者に被害体験の想起や報告を求めるので，心身への負担や抵抗が強く生じる可能性が考えられる（飛鳥井，2008）。しかし症状の軽減には，以下に示すような効果が実証されている心理療法を用いることが重要である。

i）持続エクスポージャー法（PE療法）

　　アメリカの心理学者フォア（Foa, E.）らにより開発されたPTSD治療のための認知行動療法であり，成人のPTSDに対してエビデンスをもつ治療法である。情動の処理（トラウマ記憶の処理）がPTSD症状を軽快させると考え，恐怖を覚える事物，状況，記憶などを安全な環境下で想起し，語ることを通して，被害がくり返されることの恐怖や日常生活の不安と被害を受けたことから生じる不安とを弁別する力を回復させる。世界全体への不信や不安，自己への無力感につながる信念が和らぎ，恐怖場面の回避によって困難になっていたそれ以外の対処法を行うことができるようになる。

ii）EMDR（眼球運動による脱感作と再処理法）

　　眼球運動を通してネガティブな外傷記憶に慣れ，ポジティブな部分も合わせて適切に過去の記憶として処理していく。トラウマの原因になった過去の出来事をイメージし，思い出したことに対して治療者は解釈を加えずに，「そのまま」にして眼球運動を行う。

iii）TF-CBT（トラウマフォーカスト認知行動療法）

　　コーエン（Cohen, J.），マナリーノ（Mannarino, A.），デブリンジャー（Deblinger, E.）らによって，米国で開発された子どもを対象とした治療プログラム。養育者にも参加してもらい，子どもと養育者がトラウマ体験の記憶を適切に処理し，トラウマに関連する非機能的な認知や思考，コントロール不全に陥っている感情，不適応的な行動を，うまく管理できるようになることを目的とする。

A. 他職種との連携の必要性

　被害者への支援は多岐にわたることが多く，他の専門職や他機関の役割や専門性について理解し，適切な情報共有や支援依頼を依頼することが求められる。連携は一度だけで終わるものではなく，被害当事者の置かれる状況や支援機関の変遷に応じて，心理的ケアや見立ての共有など継続的に行うことが求められる。

B. 犯罪被害者を支援する主な機関と支援制度

ⅰ) 被害者支援センター

　都道府県に設置されている民間支援団体。具体的な支援方法として，電話相談，面接相談，警察や裁判所・病院や弁護士事務所などへの付き添い，裁判の代理傍聴，各種手続きの手伝い等の直接相談を無償で行う。

ⅱ) 都道府県警察

　殺人事件などの凶悪・粗暴犯罪，性犯罪，悪質商法，暴力団関連，交通事故，恋愛感情等のもつれに起因する暴力的事案等の被害者への情報提供，相談・カウンセリング体制の整備，犯罪被害給付制度（**コラム**），被害者の安全確保等の支援を行う。

🐻 Column　犯罪被害給付制度

　殺人などの故意の犯罪行為により不慮の死を遂げた犯罪被害者の遺族，または重傷病といった被害を受けた犯罪被害者に対して，国が犯罪被害者等給付金を支給し，犯罪被害によって生じる心身や経済的な影響を早期に軽減するとともに，再び平穏な生活を営むことができるように支援する制度。日本国籍を有する人または日本国内に住所を有する人が対象となる。給付される犯罪被害者等給付金には遺族給付金，重傷病給付金，障害給付金の3種類があり，申請は住所地を管轄する都道府県公安委員会に行う。

ⅲ) 司法制度

　①**被害者参加制度**：一定の事件の被害者や遺族等が，刑事裁判に参加して公判期日に出席したり，被告人質問などを行う。

②**意見陳述制度**：被害者や遺族等が法廷で，被害や事件について意見を述べることができる。裁判所の判断によって，証人出廷の際，証人への付添い，証人への遮へい，ビデオリンク方式での証人尋問の措置をとる。

③**被害者等通知制度**：被害者や親族等に対して事件の処分結果，刑事裁判の結果，犯人の受刑中の刑務所における処遇状況，刑務所からの出所時期等の情報を提供する。

iv）**法テラス（正式名称：日本司法支援センター）**

犯罪被害者支援の専用ダイヤルを設け，被害者等に対して情報提供や支援を行っている。刑事手続，少年審判等手続，行政手続に関する活動を希望する際の弁護士費用を国が負担する制度が整備されている。

v）**弁護士会**

各地の弁護士会では，犯罪被害者支援に関する研修を受け，犯罪被害者支援の理解や経験のある弁護士が告訴や事情聴取への同行，加害者側弁護士への対応，マスコミ対応等の相談に応じる。弁護士費用の負担のため「犯罪被害者法律援助」制度がある。

vi）**医療機関**

被害に遭った際の怪我，性暴力を受けた際の検査や治療，緊急避妊措等の身体的な問題，カウンセリングや精神科の専門的な治療や支援を担う。性犯罪被害者に対してはワンストップセンターと連携して被害者への支援を提供する。

vii）**地方自治体**

犯罪被害のさまざまな問題に対して，被害者等からの相談や問い合わせに対応する**総合的対応窓口**の設置が進められている。被害の程度（死亡・傷害など）に応じた一定額の給付金を支給したり，犯罪被害により従前の住居に住めなくなった場合に公営住宅に優先的に入居できる制度もある。

章末演習問題

1　犯罪被害者等支援法における「犯罪被害者等」とは何か説明せよ。
2　犯罪被害者等基本計画における4つの基本方針と5つの重点課題を説明せよ。
3　犯罪被害者支援において支援者が留意すべき態度について説明せよ。
4　トラウマ症状の軽減に有効な心理療法について説明せよ。
5　他職種との連携の必要性と連携先について説明せよ。

〈引用文献〉
飛鳥井望（2008）．エビデンスに基づいたPTSDの治療法．精神神経学雑誌，110（3）．
飛鳥井望（2010）．「心の傷」のケアと治療ガイド．保健同人社．
American Psychiatric Association（2013）．Diagnostic and Statistical Manual of Mental Disorders: DSM-5（5th ed.），American Psychiatric Publishing Inc.（高橋三郎・大野裕（監訳）（2014）．DSM-5 精神疾患の診断・統計マニュアル，医学書院）
兵庫県心のケアセンター（2004）．子どものトラウマ（心的外傷）．
　　https://www.j-hits.org/document/child/page1.html
警察庁（2021）．第4次犯罪被害者等基本計画
　　https://www.npa.go.jp/hanzaihigai/kuwashiku/keikaku/pdf/dai4_basic_plan.pdf
公益社団法人被害者支援都民センター．被害者にみられる心理的反応．
　　http://www.shien.or.jp/information/index.html
文部科学省（2003）．在外教育施設安全対策資料【心のケア編】．
　　https://www.mext.go.jp/a_menu/shotou/clarinet/002/003/010.htm
仲真紀子（2018）．子どもの司法面接・協同面接の現状と課題．社会安全・警察学誌，第5号．
仲真紀子（2017）．性的虐待の調査（司法面接）と多機関連携．児童成年精神医学とその近接領域誌，58（5）．
野坂祐子（2019）．トラウマインフォームドケア．日本評論社．
白川美也子（2016）．赤ずきんとオオカミのトラウマ・ケア．アスクヒューマンケア．
World Health Organization（2020）：ICD-11 for Mortality and Morbidity Statistics（ICD-11 MMS）．
　　https://icd.who.int/browse11/l-m/en

〈参考文献〉
男女共同参画局（2022）．女性に対する暴力の根絶．
　　https://www.gender.go.jp/policy/no_violence/index.html
警察庁（2018）．平成29年度犯罪被害類型別調査．
　　https://www.npa.go.jp/hanzaihigai/kohyo/report/h29-1/index.html#013
コーエン, J. A., マナリノ, A. P., デブリンジャー, E.（著）．亀岡智美・紀平省悟・白川美也子（監訳）（2015）．子どものためのトラウマフォーカスト認知行動療法．岩崎学術出版社．
ミッチェル, J. T., エヴァリー, J. S.（著）．高橋祥友（訳）（2002）．緊急事態ストレス・PTSD対応マニュアル．金剛出版．

第14章 家事事件

14.1節 家事事件・人事訴訟事件に関連する法律と制度

　家庭裁判所では，少年事件のほかに家事事件と人事訴訟事件も扱っている。家事事件も人事訴訟事件も，主に夫婦や親子関係等の争いを解決するために利用されるものである。その中で代表的な離婚を例に挙げると，家事事件として申し立てられると，話し合いで合意による円満解決を目指す調停手続をとる一方，人事訴訟事件として提起されると，言い分を述べ合い，それを裏づける証拠を出し合ったうえで，裁判官の判決による解決を図るという違いがある。また，家事事件は非公開である一方，人事訴訟事件は基本的には公開の法廷で行われるといった違いもある。以下，両事件に関する法律や手続きについて説明する。

A. 民法

　民法は，総則編，物権編，債権編，親族編，相続編の5つから成り立っており，このうち，夫婦，親子，親族の身分関係や財産関係について定めている親族編と相続編を合わせて家族法とよぶ。家事事件および人事訴訟事件は，家族法に基づいて解決を図ることになる。

B. 家事事件手続法
ⅰ）概要

　家事事件手続法は，家事事件の問題解決手続きについて定めているものである。2011（平成23）年5月に成立し，2013（平成25）年に施行された。家事事件手続法は家事審判法を全面的に改正したものであり，手続きの基本的事項（管轄の規定等）を整備し，当事者等の手続保障を図るための制度（記録の閲覧・謄写等）を充実させ，利用しやすい手続きにしたこと（電話会議システム等の利用等）に特徴がある。未成年である子どもが影響を受ける親子，親権または未成年後見等に関する事件では，子の陳述の聴取や家庭裁判所調査官による調査などの方法により，子どもの意思を

把握するように努めること，子どもの年齢および発達の程度に応じて，子どもの意思を考慮しなければならないことが新たに定められた。そして，子の監護に関する処分（養育費を除く，監護者の指定，面会交流，子の引渡し），養子縁組の許可，親権喪失・停止，親権者の変更といった審判事件において，子どもが15歳以上の場合には，子の陳述を聴取しなければならないことが義務づけられた。

ⅱ）審判事件と調停事件

家事事件は，大きく審判事件と調停事件に分かれる。

審判とは，家事事件手続法別表第一及び第二に掲げる事項について，裁判官が，当事者から提出された書類や家庭裁判所調査官が行った調査結果などの資料に基づいて判断し決定（審判）するものである。家事事件手続法別表第一事件の例としては，後見・保佐・補助開始，失踪宣告，子の氏の変更許可，養子縁組許可，特別養子縁組成立，親権喪失・停止，未成年後見人選任，相続放棄，児童福祉法に基づく事件などがある。これらは，比較的紛争性がなく，公益に関することから，家庭裁判所が後見的な立場から判断する。一方，別表第二事件の例としては，婚姻費用分担，子の監護に関する処分（監護者の指定，面会交流，子の引渡し，養育費の請求等），親権者変更，遺産分割などがある。これらは，当事者間に紛争性があり，第一次的には当事者間の話し合いによる自主的な解決が期待されるため，審判だけでなく調停でも扱われる。

調停とは，当事者間の話し合いによる合意で紛争の解決を図るもので，裁判官と調停委員（通常男女2名）から構成される調停委員会が，当事者双方から事情や意見を聴き，中立，公正な立場から助言，あっせんする。調停委員とは，社会生活上の豊富な知識経験や専門的な知識をもつ非常勤の裁判所職員である。当事者双方に合意ができると，その内容を記した調停調書が作成され，調停成立となる。調停調書は，審判または確定した判決と同一の法的効力をもつ。調停の対象は，家事事件手続法別表第二事件，特殊調停事件（親子関係の不存在確認，嫡出否認，認知など），一般調停事件（離婚や夫婦関係の円満調整など）である。なお，家庭に関する紛争は，できるだけ当事者間の話し合いで解決することが望ましいという考えから，人事訴訟を提起する前にまず調停を申し立てなければならないとされており，これを調停前置主義という。

C. 人事訴訟法

人事訴訟法は，人事訴訟事件の問題解決手続きについて定めているものである。人事訴訟事件とは，離婚や認知など，夫婦や親子等の身分関係に関する訴訟（裁判）のことであり，裁判官の判決または和解によって解決する。元々は地方裁判所で扱われていたが，2004（平成16）年の人事訴訟法施行により，家庭裁判所に移管され，親権者の適格性などについて家庭裁判所調査官が調査を行ったり，参与員が審理や和解の試みに立ち会って意見を述べたりすることが可能になった。参与員とは，社会人としての健全な良識，人望を備えた非常勤の裁判所職員である。

14.2節 主な家事事件

A. 離婚

離婚には，協議離婚，調停離婚，審判離婚，裁判離婚，和解離婚がある。協議離婚は，当事者間での協議に基づき離婚届を戸籍役場に提出することで成立する。調停離婚は，上述の家庭裁判所の調停手続きを利用するものである。このほか，行政機関や民間機関による裁判外紛争解決手続（Alternative Dispute Resolution：ADR）を利用し，当事者間の合意による自主的な解決を目指す方法もある。審判離婚は，家庭裁判所の調停手続きにおいて，当事者の主張にわずかな食い違いがあったり，当事者の欠席が続くなど解決意欲を欠いていたりするときに，裁判官がすべての事情を考慮し，調停委員の意見を聴いたうえで決定を出すものであり，当事者から異議が出なければ確定する。裁判離婚は，調停で合意が得られず，人事訴訟が提起されたとき，裁判官が，民法第770条に規定された内容（配偶者の不貞行為，配偶者からの悪意の遺棄，配偶者が3年以上生死不明，配偶者が回復し難い強度の精神病，その他婚姻を継続し難い重大な事由）を認定して，離婚の判決を下すものである。人事訴訟の中で和解により離婚が成立することもある。

日本は，離婚後に単独親権制度を採用しているため，離婚時に父母のどちらか一方を親権者と定める必要がある。2011（平成23）年の民法第766条改正により，親権者だけでなく，面会交流，養育費の分担等についても協議で定めること，その際には子の利益を最優先に考慮しなければならないことが定められ，協議離婚する際の離婚届には，面会交流と養育費の分担に関する取り決めの有無を回答する欄が設けられた。これに伴い，法務省は，養育

費と面会交流の取り決め方やその実現方法を説明した「子どもの養育に関する合意書作成の手引きとQ&A」（法務省，2020）を作成している。

　このほか，離婚時には，夫婦で形成した財産を分け合う財産分与，精神的苦痛への損害賠償としての慰謝料等を取り決めることもある。

B. 親権，監護権

i）親権

　親権とは，親が未成年の子の利益のため，監護養育，教育，財産管理，法律行為の代理などを行う権限であり義務である。なお，親権の濫用に当たる児童虐待が社会的問題になる状況にあり，法務大臣の諮問機関である法制審議会民法（親子法制）部会において，2022（令和4）年2月1日，「懲戒権」（民法第822条）の規定を民法から削除する改正要綱案がまとめられた。

　離婚時，父母のどちらが親権者になるか合意ができない場合には，離婚裁判において裁判官が，これまでの監護状況，父母それぞれの監護能力や監護環境，子どもの年齢，発達状況，父母との親和性，子どもの意向，その他の個別事情を総合的に考慮して親権者を定めることになる。

ii）子の監護者の指定

　親権のうち，監護養育等に関する権限を身上監護権（**監護権**）という。別居中や離婚後，父母のどちらが子どもを監護するか合意ができない場合には，家庭裁判所の手続きによって定めることができる。調停が不成立になった場合には，自動的に審判手続きが開始され，裁判官がすべての事情を考慮して決定する。

iii）親権者変更

　離婚後に親権者を変更する場合には，必ず家庭裁判所の手続きによって行う必要がある。調停が不成立になった場合には，自動的に審判手続きが開始され，裁判官がすべての事情を考慮して決定する。

iv）子の引渡し

　離婚後，親権者でない親に連れ去られた子どもを取り戻すときや，離婚前であっても，別居中の子どもの引渡しを求めるときなどには，家庭裁判所の手続きによって定めることができる。子の引渡しは，子どもの生活の場が変化することになるため，子どもの福祉に十分配慮する必要がある。調停が不成立になった場合には，自動的に審判手続きが開始され，裁判官

がすべての事情を考慮して決定する。

　また，子どもに差し迫った危険があるなどの場合には，子どもを仮に引き渡すように命ずる処分（保全処分）を併せて申し立てることができる。

ⅴ）国際的な子の奪取の民事上の側面に関する条約（ハーグ条約）

　1989年，国連総会において，18歳未満のすべての人の基本的人権の尊重を促進することを目的とする児童の権利に関する条約が全会一致で採択され，日本は1994年に批准した。この条約は，生命に対する固有の権利，登録・氏名・国籍等に関する権利，意見を表明する権利，表現の自由，家庭環境における児童の保護，医療および福祉分野に関する権利，教育および文化分野に関する権利などのほか，父母からの分離についての手続きおよび児童が父母との接触を維持する権利について規定している。

　1980年，国際私法の統一を目的とするハーグ国際私法会議（HCCH）が国際的な子の奪取の民事上の側面に関する条約（ハーグ条約）を作成した。ハーグ条約は，子どもの監護権は常居所地国の法令に基づいて決められるのが子の利益に合致するとの基本的な考えのもと，国境を越えた子どもの不法な連れ去り（一方の親の同意なく子どもを元の居住国から出国させること）や留置（一方の親の同意を得て一時帰国後，約束の期限を過ぎても子どもを元の居住国に返さないこと）の発生を防止し，迅速に子どもを元の居住国等に返還するための国際協力の仕組みや，国境を越えた親子の交流の実現のための協力を定めたものである。日本は，2014年に同条約を締結し，「国際的な子の奪取の民事上の側面に関する条約の実施に関する法律」が施行された。同法は，ハーグ条約に規定されている内容を日本国内で実施するための法律であり，日本国の中央当局を担う外務省（外務大臣）の役割や裁判所における手続き（子の返還申立て）等が定められている。

　2020年（令和2年）に民事執行法が改正され，子の引渡しの強制執行に関する規律が明確化された。この改正によって，それ以前は動産と同じにみなされていた子どもについて，子どもの福祉の観点から，引渡しの現場における子どもの心情を配慮しながら執行されるよう手続きが改められた。具体的な執行手続きにおいて，「国際的な子の奪取の民事上の側面に関する条約の実施に関する法律」における強制執行を参考に，児童心理の専門家として，公認心理師など心理専門職や社会福祉司等が執行の補助者として同行する事例が出てきた。この際，心理専門職は子どもの引渡しを

命じられた親が落ちついた状態で，子どもの心情の安定を図りながら直接執行を完了できるよう支援する役割を担うことがある。

C. 面会交流

面会交流とは，父母の別居中または離婚後に，子どもが離れて暮らしている親（別居親）と定期的，継続的に交流することである。子どもにとっての面会交流の意義について，小田切（2009）は，①親から愛されていることの確認，すなわち，自分に愛される価値があると実感して自信を持つことでやがて他人を尊重できる基盤ができること，②親離れの促進，すなわち，一方の親の意見や感情に巻き込まれず両親から等距離を置くことによって青年期の発達課題である親からの心理的自立を達成しやすくなること，③アイデンティティの確立，すなわち，自分のルーツを深く知ることで親とは異なる自分らしさの発見につながることを挙げている。ただし，別居親から子どもに対する虐待，配偶者への暴力があるなど，子どもや配偶者の心身の状態や心情に配慮を欠き，悪影響を与える危険性が高い場合には，面会交流は禁止，制限される。

交流方法としては，親子が直接会う，電話や手紙などでやり取りする，別居親が子どもにプレゼント等を送る，一緒に暮らしている親（同居親）が別居親に子どもの写真等を送るなどがある。また，親子が直接交流するに当たり，父母間で実施が難しい場合には，面会交流を支援している第三者機関を利用することが考えられる。第三者機関は，自治体や法人・民間団体が運営しており，支援の種類としては，交流の場に付き添う方法，子どもの受け渡しを仲介する方法，父母双方と連絡を取って交流の日時や場所などを調整する方法などがある。

面会交流について，父母の協議が調わないときには，家庭裁判所の手続きによって定めることができる。面会交流は，子どもの発達状況・心身の状況・生活状況・意向等に加え，親の状況，親子の関係性，親同士の紛争性の高さ，家庭環境等を総合的に考慮して調整が図られる。調停が不成立になった場合には，自動的に審判手続きが開始され，裁判官がすべての事情を考慮して審判する。面会交流の実施に当たっては，夫婦関係から子どもの父母という立場に気持ちを切り替え，子どもの健全な成長のために協力し合う姿勢が求められる。

D. 親権制限事件，児童福祉法に規定される事件

児童虐待といった親権の濫用が認められるとき，家庭裁判所では，以下の事件について，事実の調査のうえ，その可否の審判を行っている。

ⅰ）親権制限事件

親権を制限する審判事件としては，親権喪失（民法第834条），**親権停止**（民法第834条の2），管理権喪失（民法第835条）がある。

親権喪失は，親権の行使が著しく困難または不適当であることで子の利益を著しく害するときに親権を失わせる制度である。子どもの親族，子ども本人，児童相談所長などに請求権がある。2011（平成23）年の民法改正により，家庭裁判所が2年以内の期間に限って親権を制限する親権停止制度が新たに創設された。これにより，虐待をする親から子どもを一時的に引き離して子どもの心身の安全を守ると同時に，虐待した親や家庭環境を改善して親子の再統合を図ることが可能になった。

ⅱ）児童福祉法に規定される事件

児童福祉法関係の審判事件としては，児童福祉法第28条第1項の規定による「都道府県の措置についての承認」がある。これは，児童を虐待したり，著しく監護を怠っている保護者が，児童の施設入所等の措置に反対した場合に，児童相談所長等から申し立てられるものである。施設入所等の措置は2年以内とされており，期間の更新が必要な場合には，同条第2項ただし書の規定による「都道府県の措置の期間の更新についての承認」が申し立てられる。また，一時保護は2ヶ月以内とされており，引き続き一時保護を行う必要があるにもかかわらず，保護者が反対している場合には，同法第33条第5項の規定による「児童相談所長又は都道府県知事の引き続いての一時保護についての承認」が申し立てられる。

14.3節 ┃ 家事事件に関連する心理学的知見

家事事件に関する問題，例えば父母のどちらを監護者・親権者とするか，面会交流はどうあるべきかなどについて検討，調整するうえでは，**子どもの福祉**（利益）に十分配慮した解決を探る必要がある。本節では，子どもの福祉を考えるうえで必要となる心理学的知見について紹介する。なお，知見を体系的に概観するに当たり，「子の利益に資する面会交流に向けた調査実務の研究」（小澤ほか，2020），および「子が面会交流を拒否する事例での調

査及び調整の方法の検討―Friedlander & Walters（2010）の家族介入モデルを参考に―」（横山，2018）を参照した。

A. 親の紛争が子どもに与える影響

ⅰ）離婚に対する親子の心理的課題

　　離婚を経験した親は，①無感覚・情緒危機の段階（離婚による精神的打撃），②混乱による思慕と探求・怒りと否認の段階（離婚の悲しみ，挫折，他方親への怒り，不信感，子どもをひとり親にした罪悪感），③断念・絶望の段階（状況を諦めて受け入れる），④離脱・再建の段階（新たな生活スタイルの確立）といった一連の悲哀の過程を経て，離婚から心理的に立ち直る（小田切，2001a，2001b）。親の離婚を経験した子どももまた，喪失体験（片方の親との分離，片方の親との分離による発達課題の遂行困難，生活環境の変化，友人関係の喪失など）を乗り越えるためには，悲哀の過程を経る必要があるが，離婚した親同士の感情的対立があるがゆえに，離別した親への思いや喪失体験を同居親と支え合うことが難しいことを指摘されている（野口，2007）。

ⅱ）親の別居・離婚に対する子どもの発達段階ごとの反応

　　小澤（2009）は，両親の別居や離婚に伴う子どもの反応について，子どもの発達段階の特徴をふまえ，以下のように整理している。

　　乳児期（～1歳6ヶ月）の子どもは，養育者との愛着を形成し，人に対する基本的信頼感を獲得する時期であり，この時期に父母の紛争を経験すると，不安や恐れを示し，食事や排せつ，睡眠などの習慣に影響が生じることがある。幼児期前半（～3歳）の子どもは，自分と他者を区別しはじめ，分離不安を経験する時期であり，この時期に父母の紛争を経験すると，主たる養育者から離れる時に著しい分離不安を示したり，かんしゃくを起こしたり，無気力になることがある。幼児期後半（～6歳）の子どもは，愛着対象についてのイメージを支えとして，ある程度一人でいられるようになるが，外界に対する認知が自己中心的で，現実把握が不十分であるため，空想と現実の境目が曖昧になりやすい。この時期に父母の別居や紛争を経験すると，両親がいずれ仲直りしてくれるはずだと空想したり，両親の不和が自分の責任であると感じたり，親から捨てられるのではないかと恐れたりすることがある。乳幼児期に共通するこれらの点に配慮した親の関わり方としては，予測可能なスケジュールやルーティンを保ち，紛争を

長期化させないことが必要とされている。

　学童期前半（〜9歳）の子どもは，具体的な事柄については抽象的な思考ができるが，良い・悪いという極端な評価をしたり，現実離れした空想をしたりする。また，社会性が発達し，ルールに従った行動を身につけ，秘密を少しもてるようになる。この時期に父母の紛争を経験すると，両親の不和は理解できるようになるものの，両親の問題と自分の問題とを分けて考えられず，自分のせいだと感じたり，両親とも裏切れないと感じて忠誠葛藤を抱いたりし，そうした気持ちを内にため込みやすい。学童期後半（〜12歳）は，親との心理的距離ができ，現実認識力が向上するが，一人で問題解決するまでには至らない。物事を良い・悪いという二分法で見ており，公平であることを求める。また，友人との関係の重要度が増し，塾やスポーツクラブなど課外活動が増える。この時期に父母の紛争を経験すると，忠誠葛藤を抱いたり，一方の親と強く結び付いて，他方の親に強い敵意を示したりすることがある。学童期に共通するこれらの点に配慮した親の関わり方としては，一貫性のある養育の仕方や，交友，学業，課外活動をサポートすることに加え，紛争を長期化させず，父親，母親として信頼・協力関係を再構築することが大切とされている。

　思春期（〜15歳）は，両親から自立し，親とは別のアイデンティティを確立する時期である。抽象的な思考力が発達するが，言動が一致しないことも多い。この時期に父母の紛争を経験すると，自立に困難を生じたり，父母の不和を男女関係の失敗と認識して自分の異性関係に不安を抱くなどのことが生じる。また，親の養育力が弱まって子どもの行動をうまく統制できなくなることもある。子どもの自律性や独立性が増すことを支持し，子どもの選択を尊重しながらも，最終決定は親がするという関わりが大切とされている。

B. 片親疎外

ⅰ）片親疎外症候群とは

　児童精神科医であるガードナー（Gardner, 1985）は，両親による親権・監護権の争いの中で，子どもが一方の親に対し，正当な理由のない誹謗中傷を行うことについて，**片親疎外症候群**（Parental Alienation Syndrome：PAS）という概念を提唱した。片親疎外症候群は，一方の親（同居親）が子どもをプログラミング（洗脳）することと，子ども自身

が他方の親（別居親）に対する中傷行為に寄与することが組み合わさって引き起こされる障害と定義され，子どもが示す中核症状としては，①誹謗中傷キャンペーン（単発的ではなく持続的に拒絶し続けること），②根拠のない不合理な拒絶，③疎外における両面感情の欠如（同居親を全面的に肯定し，別居親を全面的に否定すること），④拒絶しているのは自分自身の考えであるという主張，⑤両親の紛争場面における同居親への反射的な支持，⑥疎外的言動を示すことへの罪悪感の欠如，⑦シナリオの借用（同居親の発言をなぞるなど），⑧別居親の親族や友人にまで敵意が拡張することが挙げられている。

ii）片親疎外に関する研究

ケリーとジョンストン（Kelly & Johnston, 2001）は，子どもの拒否の背景要因として同居親の言動に過度に焦点を当てているとガードナーを批判し，同居親の言動やパーソナリティだけでなく，夫婦間の葛藤の高さ（紛争性の高さ），別居親の反応やパーソナリティ，子ども自身の特性などが肯定的にも否定的にも影響していると多要因モデルを示した。また，同居親の行動よりも子どもの状態像に焦点を当てて「疎外された子（Alienated Child）」と表現し，症候群として認められるだけの科学的妥当性がないことを指摘して単に「片親疎外」とした。

ベイカー（Baker, 2018）は，片親疎外が存在するためには，①子どもと別居親との間に以前は良好な関係があったこと，②別居親による虐待など不適切な養育はなかったこと，③同居親による疎外的言動があったこと，④子どもが疎外的言動を示していること，の4つすべてに当てはまる必要があるとしている。なお，同居親による疎外的言動の例については，ベイカー（Baker, 2005）が，別居親に対する悪口を言ったり，けなしたりすること，面会交流を制限すること，子どもが別居親に肯定的態度を示した際に怒りを示すこと，別居親は子どものことを愛していないと伝えることなど12タイプを挙げている。

また，これに関連する概念として，ゲートキーピングがある。オースティンら（Austin et al., 2013）は，ゲートキーピングをもう一方の親と子どもの関わりの質に影響をおよぼすような親の態度や行動と定義し，促進的なものから制限的なものまでの連続体として整理している。**促進的ゲートキーピング**は，同居親が面会交流の時間など柔軟に対応する，子どもに関する出来事などを別居親に連絡する，子どもに対して別居親につい

て肯定的な発言をするなど，他方親と子どもの関係への積極的・建設的な態度や行動のことである。一方，**制限的ゲートキーピング**は，同居親が面会交流の取り決めの順守を厳格に求める，子どもの活動などを別居親に教えない，別居親と子どもとの接触を絶つなど，他方親の関与と親子関係の質を低下させる一連の態度や行動のことをいう。

　片親疎外が見られる子どもの特徴については，認知発達の影響が指摘されており，倫理的判断に基づいて拒否すること，拒否の態度を一貫して保持することが可能になる9〜15歳が多いとされている（Kelly & Johnston, 2001）。

iii）片親疎外が子どもにおよぼす影響

　片親疎外による子どもへの長期的な影響について，大学生等を対象とした研究では，子どもの頃に同居親による疎外的言動を見聞きしていた程度の高さは，現在の自己充足の程度の低さや自尊感情の低さ（Baker & Ben-Ami, 2011）に加え，抑うつ傾向の高さ，他者との協力の程度の低さ，アルコール乱用の割合の高さ（Baker & Verrocchio, 2013）やアタッチメントの不安定さ（Ben-Ami & Baker, 2012）と関連があることが示されている。一方で，自尊感情や抑うつの程度に統計的な有意な関連はみられなかったとする研究（Baker & Chambers, 2011）もある。また，モネとビリンゲン（Moné & Biringen, 2006）は，子どもの頃に同居親による疎外的言動を見聞きしていた大学生は，別居親との現在の関係だけでなく，同居親との現在の関係についても，悪いものと報告する傾向があることを示している。以上のように，片親疎外が長期的に子どもにネガティブな影響を与える可能性があることが示唆されている。

　一方，ケリーとジョンストン（Kelly & Johnston, 2001）は，親のDV，虐待，養育能力の深刻な欠陥（例えば，未熟で自己中心的な性格傾向，怒りっぽく，頑固で，制限的な養育スタイル，精神病理，物質乱用など）などの理由により，別居後に子どもが親を拒絶している場合には，子どもが安全を実感することにつながる適応的な反応であるといえると指摘している。ジャフら（Jaffe et al., 2005）も，DV事案において子どもが恐怖心に基づき拒否している場合には，片親疎外を想定した分析は適さず，子どもや同居親の安全な環境の確保に向けた介入がより重要であると指摘している。また，オースティンら（Austin et al., 2013）は，DVや虐待があり，子の感情，行動，発達に悪影響が生じるおそれがある場合

等には、「制限的ゲートキーピング」は正当であると考えられ、「保護的キーピング」といえると指摘している。

　以上のように、片親疎外の概念に関しては、長年、その定義、子どもが親を拒否する原因、症候群と認められるか否か、正当な理由による子どもの拒否との鑑別などについて、さまざまな議論や研究がなされている状況である。

C. ステップファミリー

ステップファミリーとは、再婚（事実婚含む）により、夫婦のいずれかと生物学的には親子関係のない子どもがともに生活する家族形態のことであり、野沢（2016）は、「スクラップ＆ビルド型」と「連鎖・拡張するネットワーク型」という一対の家族形成モデルを提唱している。「スクラップ＆ビルド型」は、日本の従来型の家族観で、親の離婚によってそれまでの家族が消滅して、親権をもつ同居親と子どもからなるひとり親世帯を形成し、同居親の再婚によって新たな二人親世帯が再構成される。同居親の再婚相手である継親が、実親である別居親に入れ替わって親役割を担い、別居親は子どもに関与しなくなる形態である。一方、「連鎖・拡張するネットワーク型」は、世帯や戸籍を家族の範囲の境界としておらず、親の離婚、再婚後も、別居親は子どもに関与し続け、継親や継きょうだいとの関係が追加されて子どものネットワークが連鎖的に拡張する形態である。多くの欧米諸国では、親の離婚、再婚後も子どもが実親との関係を維持することを重視する理念に基づく社会制度の整備等の変化を反映し、「連鎖・拡張するネットワーク型」の考え方が新しい標準になりつつある。

　野沢ら（2006）によれば、子どもは継親（特に継母）の関与に対抗する傾向があり、特に継母は疎外感を抱いたり、親役割を担わなければというプレッシャーを感じたりしやすいことが指摘されている。ギャノンら（Ganong et al., 1999）は、継子関係の構築のためには、継親がしつけ役割から距離を置き、別居親を排除せず、継親子2人きりで継子の好きな活動を行うといった「仲良くなろうとする戦略（affinity-seeking strategies）」で、友達のような関係を築くことが有効と指摘している。別居親との関係を従来どおり維持し、継親が別居親を代替する「新しい親」となるのではなく、別居親とは別の存在として関係を築くことで、子どもの抵抗感が減り、継親を受容しやすくなると考えられる。また、継親子関係の形成や子どもの適応に

は同居親の果たす役割の重要性が指摘されており，同居親は，子どもが疎外感を募らせないように配慮して子どもと同居親のみの共有時間を確保したり，しつけ役割を継続したりし，子どもと継親との間で媒介者の位置に立ち，保護・仲介・調整という役割を果たすことが有効であると指摘している（野沢，2015）。

D. ドメスティック・バイオレンス，児童虐待

i）ドメスティック・バイオレンス（DV）

ドメスティック・バイオレンス（DV）とは，配偶者等（事実婚，離婚後も含む）から振るわれる暴力のことをいい，DVの目撃は，心理的虐待に位置づけられている。「**配偶者からの暴力の防止及び被害者の保護に関する法律（DV防止法）**」は，DVに係る通報，相談，保護，自立支援等の体制を整備し，DV防止，被害者の保護を図ることを目的に制定された。DV被害者の支援は，都道府県が設置する配偶者暴力相談支援センターが中核的役割を果たしており，相談・カウンセリング，相談機関の紹介，一時保護を行うほか，自立生活促進のための情報，保護施設に関する情報，保護命令制度の利用に関する情報等を提供している。2019（令和元）年に同法が一部改正されたことにより，相互に連携・協力すべき機関として児童相談所が明記された。保護命令には，被害者への接近禁止命令（6ヶ月），電話等禁止命令（6ヶ月），子どもへの接近禁止命令，親族等への接近禁止命令，退去命令（2ヶ月）があり，被害者からの申立てにより地方裁判所で扱われる。

ケリーとジョンストン（Kelly & Johnson, 2008）は，DVの類型について，①力と支配に基づく暴力（Coercive Controlling Violence：CCV），②暴力による抵抗（Violent Resistance：VR），③対等な関係性の中で状況的に起こる暴力（Situational Couple Violence：SCV），④関係を破綻させる出来事が引き起こす暴力（Separation-Instigated Violence：SIV）とまとめている。中でもCCVは，身体的暴力だけでなく威圧的な言動や性的強要，加害の脅しなどにより被害者を強く支配する特徴があり（Rossi et al., 2016），子どもの福祉を害する危険性が最も高いと考えられる。CCVの深刻度に関するリスクアセスメントの着眼点として，スタール（Stahl, 2011）は，加害者側の過去の暴力・虐待歴，情緒的な依存症，関係性の問題，コントロールの歴史，精神健康

上の問題，薬物依存の問題，深刻な被害についての脅し，武器の使用，脅迫的な態度と行動，権威の無視と侮蔑，直近のストレス要因の存在について把握することが重要であるとしている。

DVが被害親に与える影響として，春原（2011）は，身体的な影響，心的外傷後ストレス障害（PTSD），うつ状態，解離，自己評価の低下，判断力・決断力の低下，社会的孤立等を挙げている。また，ベイカーとカニンガム（Baker & Cunningham, 2004）は，DV被害を受けた母親への影響として，①アタッチメント対象としての機能が制限，障害され，子どもに安心感を提供できなくなる，②自分は親として不適格だと思う，③子どもからの尊敬を失う，④加害親が自分の行動を正当化するための言い逃れやこじつけを正しいと信じる，⑤加害親のやり方に自分の養育方法を合わせる，⑥物事の処理能力が極端に落ちる，⑦生き延びるために有害な結果をもたらす手段すら使う可能性がある，⑧母子の絆が弱まる，⑨子どもの忠誠心を獲得しようとする競争に巻き込まれることを挙げており，DVにより被害親の養育能力が低下することで，子どもに悪影響が生じると考えられる。

ii）児童虐待

児童虐待の防止等に関する法律では，虐待を**身体的虐待，性的虐待，ネグレクト，心理的虐待**の4類型に分類している。身体的虐待とは，殴る，蹴る，叩く，投げ落とす，激しく揺さぶる，火傷を負わせる，溺れさせる，首を絞めるなど暴行を加えること，性的虐待とは，子どもに性的行為をする（見せる），性器を触る（触らせる），ポルノグラフィの被写体にするなどわいせつな行為をする（させる）こと，ネグレクトとは，家に閉じ込める，食事を与えない，ひどく不潔にする，自動車の中に放置する，重い病気になっても病院に連れて行かないなど監護を著しく怠ること，心理的虐待とは，言葉による脅し，無視，きょうだい間での差別的扱い，子どもの面前でのDVなど著しい心理的外傷を与える言動をいう。

同法には，児童虐待の禁止，児童虐待の防止に関する国および地方公共団体の責務や被害児童の保護のための措置等が定められており，2019（令和元）年，児童の権利擁護，児童相談所の体制強化，関係機関間の連携強化の観点から一部改正された。例えば，しつけに際して体罰を加えてはならないことが明記され，国および地方公共団体は，関係地方公共団体相互間ならびに市町村，児童相談所，福祉事務所，配偶者暴力相談支援セン

ター，学校および医療機関間の連携強化のための体制を整備すること，児童虐待を受けた児童の移転により管轄する児童相談所が変わる場合に速やかに情報提供を行い，要保護児童対策地域協議会において速やかに関係者間で情報交換，支援に関する協議を行うことなどが定められた。

虐待が子どもに与える心理的影響として，西澤（2018）は，対人関係様式においてトラウマを再現したり，無差別的に接近したり，逆に親密な関係の回避を示したりするなどアタッチメント関連の問題を示すこと，体調や睡眠や排せつなどの生理的調節，不快感や興奮などの感情的調節，注意や衝動性などの行動上の調節といった自己調節の各側面において困難を示すことを指摘している。また，友田（2015）は，①性的虐待を受けた子どもは脳の視覚野の容積が減少し，特に11歳未満の被害の場合に影響が大きいこと，②小児期に親からの暴言にさらされ続けると聴覚野の発達に影響がおよび，知能や理解力の発達にも影響が生じること，③過度の体罰を4歳から15歳までに受けた子どもは感情や思考や抑制力に関わる内側前頭皮質のサイズが小さいこと，④小児期に継続的にDVを目撃した子どもは視覚野の容積が減少し，特に11歳から13歳の時期に影響が大きいこと，さまざまなトラウマ反応が生じやすく知能や語彙理解力にも影響があることなどを明らかにしている。

14.4節 ｜ 家事事件における調査，調整活動

司法領域では，事実に重点が置かれる。事実には客観的事実と心理的事実があり，客観的事実とは，5W1H（いつ，どこで，誰が，何を，なぜ，どのように）を含む他者から見て明確な具体的出来事のことであり，心理的事実とは，その人の主観的な心情や認識のことである。

例えば，離婚調停事件において，妻が「いつも夫からひどい暴言を吐かれていた」と言い，夫は「仕事がうまくいかなくなってから，妻から嫌味を言われるようになり，つい強く言い返してしまったことがある」と述べた場合について考える。まずは夫婦の口論の具体的な状況（5W1H），発言内容，頻度といった客観的事実を把握することを中心に据える必要があるが，一方で，夫婦関係の実情把握や調整のためには，「妻が夫の減収に不安を感じていたこと」や「夫が妻に労いを求めていたこと」などの心理的事実を把握することもまた重要な位置を占める。また，当事者が語る心理的事実（例えば，

「いつも」，「ひどい暴言」）と客観的事実（実際の頻度，暴言の内容）とに齟齬が見られることがあることにも留意する必要がある。

家庭裁判所調査官

　家事事件の問題解決・改善に向けては，この両事実を的確に把握し，その人の特性等をふまえて効果的に働きかけることが求められることから，家庭裁判所には**家庭裁判所調査官**が置かれ，裁判官の命令により，行動科学の知見等（医学，心理学，社会学，経済学その他の専門的知識）に基づく事実の調査および調整を行ったり，調停期日または審判期日に立ち会ったりしている。家庭裁判所調査官は，家事事件の中でも監護権，親権，面会交流など子どもをめぐる紛争のある事件において，子どもの福祉に沿った紛争解決を目指して関与することが主要な役割であり，当事者等から必要な事実を聴取し，子どもにどのような影響があるかといった将来予測に関するアセスメント（分析・評価）をしている。このような事実の聴取と分析・評価を重ね，合理的な推論を行って最終的な意見を導き，裁判官に対して報告書を提出して意見を述べる。また，事実の聴取，分析・評価と同時並行的または循環的に当事者への働きかけを行っている。

調査，調整活動の例

　家庭裁判所調査官は，子どもの監護状況を把握するため，父母の面接に加え，必要に応じて，家庭訪問を行って住環境を確認したり，親子関係を観察したり，保育園・幼稚園，学校，児童相談所などの関係機関を訪問して担当職員の面接を行ったりして，多角的な情報収集を行う。父母に対しては，事実の聴取だけでなく，夫婦としての対立関係から父母としての協力関係を築けるよう，子どものためにどのような行動をとることが望ましいかといった心理教育を行うこともある。また，子どもの意向や心情を把握することを目的に子どもの面接を行う場合には，必要に応じて，事前に父母の面接，関係機関の担当職員の面接，父子や母子の交流場面の観察をするなどして，子どもの生活状況，子どもの発達状況，親子関係等を把握する。このように，子どもの発言内容だけでなく，父母や関係機関から得られた情報，すなわち子どもの言動の背景をふまえ，子どもの意向・心情の形成過程を分析している。そして，面会交流の調整に当たり，家庭裁判所内の児童室において親子の交流場面を観察する試行的面会交流を行うことがあり，そこで得られた結果に

基づき，面会交流を実施するうえでの課題を父母双方と共有し，父母双方がより良い交流に向けて子どもへの配慮姿勢を示せるよう働きかけている。

調査，調整活動の中では，司法面接，動機づけ面接といった面接技法を適宜取り入れることが有用と考えられている。

A. 司法面接

司法面接（仲，2016など）は，事件，事故，虐待等の被害を受けた子どもから事実確認をする際に，子どもの認知発達の特徴である被暗示性による供述の変遷と被害体験をくり返し聴取されることによる精神的二次被害を防ぎ，誘導することなく客観的事実を正確に聴取する方法である（詳細は第11章を参照）。事実確認を目的としているため，治療目的のカウンセリングとは異なるものと位置づけられる。司法面接は，被害を受けた後，早い時期に原則として一度だけ面接し，その様子をビデオ録画により記録する。面接は，定められた特定のプロトコルを用いて行われ，ラポールを築いた後，①誘いかけ，②時間の分割，③手がかり質問，④それから質問を用いて，子どもの自発的な自由報告を励まし，促す。質問をする際には，誘導的にならないよう，初めはオープンな質問を用い，その後，より焦点化した質問，誰・何・どこといったWH質問，クローズド質問に移っていく。

2015年に最高検察庁，警察庁，厚生労働省は，児童が被害者である刑事事件に対して，児童の負担軽減および児童の供述の信用性確保の観点から，検察，警察，児童相談所の三機関のうちの代表者が聴取する取り組み（代表者聴取）を行うよう通知しており，複数の関係機関が連携して司法面接を用いた協同面接を行う取り組みが広がっている。

家庭裁判所調査官による調査面接は，原則録音・録画は行わず，決められたプロトコルもなく，客観的事実だけでなく主観的な体験やイメージも扱うなど，司法面接と異なる点はあるが，子どもの認知的発達の特徴を十分に把握，配慮して，できる限り誘導することなく子どもの主体的な語りを引き出す必要があることは共通するため，可能な範囲で司法面接の技法を取り入れることが有用と考えられる。

B. 動機づけ面接

動機づけ面接（Miller & Rollnick, 2012）は，人が行動変容に取り組むのを支援するエビデンスに基づく方法である。アルコールや薬物への依存

症，減量，その他の不健康な行動の変化に取り組む人々を支援するために用いられ，効果を示している。司法・犯罪分野においても，司法手続きに関係する実務家が動機づけ面接を採用し，対象者らの前向きな変化を促すという支援と同時に，同対象者による再度の加害行為を防ぐために，対象者が遵守事項等に従わない場合の不良措置についての説明責任を果たし統制するという二重の役割を行うために活用している（Clark, 2017）。

　動機づけ面接は，クライエントを何らかの方向に説得するのではなく，個人の自律性を尊重しながら，その人の変化への欲求を明らかにし，支援することを目的としている。クライエントの価値観，内的資源を受容・尊重し，クライエントと協働して両価性（葛藤）が生じている状況とそれに関する感情や考えを明確化し，変化に向かう内的動機を引き出す。その主な方略は，チェンジトーク（変化への願望，変化できるとの楽観視，変化の理由，変化の必要性，変化のための具体的行動計画など）を引き出すことであり，その際に面接者は，開かれた質問（O：Open Question），是認（A：Affirming），聞き返し（R：Reflection），サマライズ（S：Summarizing）などのスキル（略してOARS）を用いることが推奨される。これに加え，クライエントにとって真に必要な情報をクライエントが受け取りやすいように，クライエントのニーズを引き出し（E：Elicit），専門家としての情報を提供し（P：Provide），クライエントの解釈や理解といった反応を求める（E：Elicit）。

　これらスキルを効果的に活用できる関係性を支える面接者の基本的な態度としての精神（スピリット），いつ，どのようにスキルや戦略を用いるのかといった面接の流れであるプロセス（関わり，フォーカスする，引き出す，計画する）も重要な要素である（**図14.1**）。

　動機づけ面接は，家族間の紛争を解決する調停においても用いられている。調停に関わる対話は，すべてが変化に関わる対話である。当事者が調停に参加するのは，少なくとも一方の当事者は，現状に満足していないからである。紛争や当事者間の対立を和らげ，激化する傾向がある当事者の感情に対処し，変化を模索するために，調停の分野においても動機づけ面接が用いられている（Yamada & Speck, 2019）。家事調停手続きにおいて，親権や面会交流について合意に達した当事者は，何らかの変化についての合意をしているといえる。このような合意を当事者間で行うことができるよう支援するためには，当事者それぞれがどのような状況にあることを望んでいるのか，現状

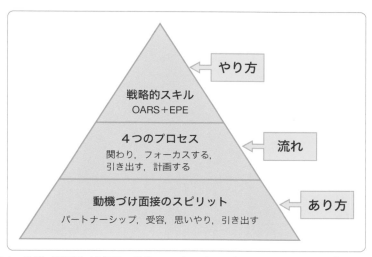

図14.1　動機づけ面接のピラミッド（ミラー & ロルニック, 2019より一部改変）

や変化のための資源を一番よく知っている当事者双方が，双方の視点について理解しながら，子どもの最善の利益という共通の価値のために，どのような行動をしたいのか，また，できるのかについて，当事者自ら選択肢を引き出し，それぞれの立場から当面できそうな行動についての計画を立て，実行することを促すコミュニケーションのスタイルが有効である。当事者間のコミュニケーションを改善し，当事者双方が変化に向けての小さな行動を重ねることで，双方の信頼感を醸成して，解決を図ることができる面接法である（8.7節も参照）。

章末演習問題

問　以下の空欄に適切な語句を選択しなさい。

　5歳の女児A。Aの父母はけんかが絶えず，母がAを連れて，母の実家に転居し，別居を開始した。母が（a）に夫婦関係調整（離婚）調停を申し立てると，父は面会交流調停を申し立て，同期日に両事件の調停が開かれた。（b）が父母双方の主張を傾聴しながら調整を進めたところ，Aの親権を巡って対立した。父は，突然別居となり，Aに会えない日々が続いていることから，Aが元気にしているか心配しており，一日も早くAに会いたい気持ちが

強い。母は，これまでの父子関係が良好であったことは認めつつ，別居直前の父母の言い合いを見た後，「パパ，大きい声，怖い。」と母に言うことがあったため，久しぶりに父と会った際にＡがどのような反応をするか不安だと述べた。そこで，裁判官は，調停に立ち会っていた（ｃ）に対し，（ｄ）の実施を命じた。（ａ）内の児童室において，（ｃ）が立ち会って父子交流を行ったところ，Ａはすぐに父に抱き着き，終始和やかな雰囲気で遊んでいた。その後の調停において，父はＡが元気そうで安心したと述べ，母はＡが父と遊べて喜んでいたと述べ，父母双方に歩み寄りの姿勢が見られた。調整を続けた結果，母を親権者として離婚すること，面会交流を月１回程度行うこと，父は母にＡの養育費として月５万円を支払うことなどを取り決めて，両事件の調停は成立した。なお，面会交流事件は，仮に協議がまとまらず，調停が成立しなかった場合には，（ｅ）手続きに移行する。

(a) 1. 家庭裁判所　2. 法律事務所　3. 市区町村役場　4. 児童相談所
(b) 1. 弁護士　2. 調停委員　3. ADR　4. 公証役場
(c) 1. 調停委員　2. 家庭裁判所調査官　3. 児童福祉司　4. 第三者機関
(d) 1. 試行的面会交流　2. 間接交流　3. 子の引渡し　4. ADR
(e) 1. 間接強制　2. 人事訴訟　3. 審判　4. 保全処分

〈引用文献〉

Austin, W. G., Fieldstone, L. & Pruett, M. K. (2013). Bench book for assessing parental gate-keeping in parenting disputes: Understanding the dynamics of gate closing and opening for the best interests of children. *Journal of Child Custody*, 10, 1-16.

Baker, A. J. L. (2005). Parent alienation strategies: A qualitative study of adults who experienced parental alienation as a child. *American Journal of Forensic Psychology*, 23(4), 41-63.

Baker, A. J. L. (2018). Reliability and validity of the four-factor model of parental alienation. *Journal of Family Therapy*, 42(1), 100-118.

Baker, A. J. L. & Ben-Ami, N. (2011). To turn a child against a parent is to turn a child against himself: The direct and indirect effects of exposure to parental alienation strategies on self-esteem and well-being. *Journal of Divorce & Remarriage*, 52(7), 472-489.

Baker, A. J. L. & Chambers, J. (2011). Adult recall of childhood exposure to parental conflict: Unpacking the black box of parental alienation. *Journal of Divorce & Remarriage*, 52(7), 472-489.

Baker, A. J. L. & Verrocchio, M. C. (2013). Italian college student-reported childhood exposure to parental alienation: Correlates with well-being. *Journal of Divorce & Remarriage*, 54(8), 609-628.

Baker, L. L. & Cunningham, A. J. (2004). Helping children thrive: Supporting woman abuse survivors as mothers. Center for Children & Families in the Justice System, London Family Court Clinic, Inc.

Ben-Ami, N. & Baker, A. J. L. (2012). The long-term correlates of childhood exposure to parental alienation on adult self-sufficiency and well-being. *American Journal of Family Therapy*, 40 (2), 169-183.

Ganong, L., Coleman, M., Fine M., & Martin, P. (1999) Stepparents' affinity-seeking and affinity-maintaining strategies with stepchildren. *Journal of Family Issues*, 20 (3), 299-327.

Gardner, R. A. (1985). Recent Trends in Divorce and Custody Litigation. *Academy Form*, 29 (2), 3-7.

法務省 (2020). 子どもの養育に関する合意書作成の手引きとQ＆A.
https://www.moj.go.jp/content/001322060.pdf

Jaffe, P. G., Crooks, C. V. & Bala, N. (2005). Making appropriate parenting arrangements in family violence cases: Applying the literature to identify promising practices. Department of Justice Canada.

Kelly, J. B. & Johnston, J. (2001). The alienated child: A reformulation of parental alienation syndrome. *Family Court Review*, 39 (3), 249-267.

Kelly, J. B. & Johnson, M. P. (2008). Differentiation among types of intimate partner violence: Research update and implications for interventions. *Family Court Review*, 46 (3), 476-499.

Miller, W. R. & Rollnick, S. (2012). Motivational interviewing: Helping People Change, 3rd ed. Guilford Press. (ミラー, W. R. & ロルニック, S. (著) 原井宏明・岡嶋美代・山田英治・黒澤麻美 (訳) (2019). 動機づけ面接〈第3版〉上. 星和書店)

Moné, J. G. & Biringen, Z. (2006). Perceived parent-child alienation. *Journal of Divorce & Remarriage*, 45 (3-4), 131-156.

仲真紀子 (2016). 子どもへの司法面接：考え方・進め方とトレーニング. 有斐閣.

西澤哲 (2018). 子どもの虐待. 家裁調査官研究紀要, 25, 1-27.

野口康彦 (2007). 親の離婚を経験した子どもの精神発達に関する文献的研究. 法政大学大学院紀要, 59, 133-142.

野沢慎司・茂木尚子・早野俊明・SAJ編 (2006). Q＆Aステップファミリーの基礎知識：子連れ再婚家族と支援者のために. 明石書店.

野沢慎司 (2015). ステップファミリーの若年成人子が語る同居親との関係：親の再婚への適応における重要性. 成城大学社会イノベーション研究, 10 (2), 59-84.

野沢慎司 (2016). ステップファミリーは『家族』なのか. 家族療法研究, 33 (2), 72-82.

小田切紀子 (2001a). 日本の離婚に関する調査報告. 東京国際大学論叢人間社会学部編, 7, 105-119.

小田切紀子 (2001b). 心理学的観点から見た離婚. 人文学と情報処理, 37, 14-19.

小田切紀子 (2009). 子どもから見た面会交流. 自由と正義, 60 (12), 28-34.

小澤真嗣 (2009). 家庭裁判所調査官による「子の福祉」に関する調査：司法心理学の視点から. 家裁月報, 61 (11), 1-60.

小澤真嗣・小野裕輝・吉永宏之他 (2020). 子の利益に資する面会交流に向けた調査実務の研究. 家裁調査官研究紀要, 27, 1-388.

Rossi, F. S., Holtzworth-Munroe, A. & Rudd, B. N. (2016). Intimate Partner Violence and Child Custody, 346-373, In Drozd, L., Saini, M. & Olesen, N. (Eds.), Parenting Plan Evaluations: Applied Research for the Family Court, (2nd ed.). Oxford University Press.

Stahl, P. M. (2011). Conducting Child Custody Evaluations: From Basic to Complex Issues. Sage.

Stinson, J. D. & Clark, M. D. (2017). Motivational Interviewing with Offenders: Engagement, Rehabilitation, and Reentry. Guilford Press.

春原由紀, 武蔵野大学心理臨床センター子ども相談部門 (2011). 子ども虐待としてのDV：母親と子どもへの心理臨床的援助のために. 星和書店.

友田明美 (2015). 児童虐待による脳への傷と回復へのアプローチ. 自由と正義, 66 (6), 24-31.

Yamada, E. & Speck, K. (2019). Family Mediation and Motivational Interviewing: An Exploration of Neutrality and Behaviour Change. In MINT Forum, 2019.

横山和宏 (2018). 子が面会交流を拒否する事例での調査及び調整の方法の検討：Friedlander & Walters (2010) の家族介入モデルを参考に. 家裁調査官研究紀要, 25, 55-109.

索引

編著者紹介

原田　隆之
はらだ　たかゆき
筑波大学人間系　教授

NDC 140　　271 p　　21cm

公認心理師ベーシック講座　司法・犯罪心理学
こうにんしんりし　　　　こうざ　　　しほう　はんざいしんりがく

2022 年 10 月 19 日　第 1 刷発行

編著者	原田隆之 はらだたかゆき	
発行者	髙橋明男	
発行所	株式会社　講談社	KODANSHA

〒112-8001　東京都文京区音羽 2-12-21
　　　　販　売　(03) 5395-4415
　　　　業　務　(03) 5395-3615

編　集　株式会社　講談社サイエンティフィク
　　　　代表　堀越俊一

〒162-0825 東京都新宿区神楽坂 2-14　ノービィビル
　　　　編　集　(03) 3235-3701

本文データ制作　株式会社双文社印刷

印刷・製本　株式会社ＫＰＳプロダクツ

落丁本・乱丁本は，購入書店名を明記のうえ，講談社業務宛にお送り下さい．送料小社負担にてお取り替えします．なお，この本の内容についてのお問い合わせは講談社サイエンティフィク宛にお願いいたします．
定価はカバーに表示してあります．

Printed in Japan

ISBN 978-4-06-517486-9